Au Nom

d'ALLAH

le Miséricordieux, le Compatissant

Le Paradis et l'Enfer

- Titre: ***Le Paradis et l'Enfer***
- Auteur: Dr Omar S. AL-ACHQAR
- Traducteur: Cheikh GUEYE
- Edition Française 1ère édition - 2007
- Mise en page: Hicham Challah
- Cover Design: Samo Press Group
- Filming: Samo Press Group

LA FOI ISLAMIQUE - 7/8
à la lumière du Coran et de la Sunna

Le Paradis et l'Enfer

الجنة والنار

Dr Omar Souleiman AL-ACHQAR

Traduit par:
Cheikh GUEYE

INTERNATIONAL ISLAMIC PUBLISHING HOUSE

King Fahd National Library Cataloging-in-Publication Data

Al-Ashqar, Umar S.
Le Paradis et l'Enfer ./ Umar S. Al-Ashqar; translated by Cheikh Gueye ., - Riyadh, 2007

...p ; 22 cm, - (Serie: la Foi islamique / 7)

ISBN Hard cover: 978-9960-9983-2-9

1- Islamic creed 2- Paradise and hell
I-Cheikh Gueye (translator) II-Title III-Series

243 dc 1428/5249

Legal Deposit no. **1428/5249**
ISBN Hard Cover: **978-9960-9983-2-9**

AL-ACHQAR, Omar S.
Le Paradis et l'Enfer ./ Omar S. AL-ACHQAR; Traduit par Cheikh GUEYE ., - Riyadh, 2007

(Série: la Foi islamique / 7)

1- Islam 2- Foi islamique 3- Le Paradis et l'Enfer
I-Cheikh GUEYE (traducteur) II- Titre III- Série

International Islamic Publishing House (IIPH)
P.O.Box 55195 Riyadh 11534, Saudi Arabia
Tel: 966 1 4650818 – 4647213 – Fax: 4633489
E-Mail: iiph@iiph.com.sa – iiphsa@gmail. com
www.iiph.com.sa

INTRODUCTION

Louange à Allah (سبحانه وتعالى) qui a créé le Paradis et l'Enfer, assigné à chacun d'eux des habitants et des compagnons, faisant du Paradis la demeure de Ses bien-aimés, et de l'Enfer, celle de Ses ennemis. Que la paix et les bénédictions d'Allah (سبحانه وتعالى) soient sur le Sceau de Ses Messagers, la plus noble de Ses créatures, celui qui a invité les hommes à rechercher l'entrée au Paradis, en éveillant en eux le désir de goûter à ses délices, et qui les a mis en garde contre l'Enfer et ses tourments. Je bénis et salue la famille du Messager ainsi que ses Compagnons et ceux qui les ont suivis dans le bien, ceux qui se sont préparés pour le Jour dernier, passant leurs nuits à prier, à implorer le pardon [d'Allah], *à converser confidentiellement avec Allah, à réciter le Coran, endurant la soif et la faim pendant le jour par volonté de se rapprocher d'Allah par le jeûne, car ils savaient que l'affaire est sérieuse, qu'il n'y a aucun moyen d'échapper aux affres de l'Enfer et qu'il n'y a aucun espoir d'entrer au Paradis sauf en se mettant courageusement à la tâche. Voici le troisième tome de la collection* «le Jour Dernier» *qui traite du Paradis et de l'Enfer. Nous l'avons divisé en deux parties.*

LA PREMIERE PARTIE traite de l'Enfer. Elle comprend dix chapitres précédés d'un avant-propos portant sur la définition de l'Enfer.

Nous avons consacré le premier chapitre *à la présentation de la position des gens de la Sunna et de la Communauté* (Ahl As-Sunna wa Al-Jamâ'a) *selon laquelle le Paradis et l'Enfer sont des créatures et nous y avons réfuté par la même occasion les propos des sectes qui soutiennent le contraire.*

Le deuxième chapitre *traite des gardiens de l'Enfer - ce sont ceux qui sont chargés de veiller sur lui, de leur nombre et de l'importance de leur création.*

Le troisième chapitre *s'articule autour de la description de l'Enfer. Il traite de son emplacement, de ses dimensions, décrit ses abîmes, ses portes, ses combustibles, évoque sa chaleur intense, le tumulte qui y règne, les caractéristiques de sa création et de son influence sur le bas monde et ses habitants.*

Nous montrons dans le quatrième chapitre *que l'Enfer est éternel et répondons à ceux qui prétendent le contraire.*

Le cinquième chapitre *traite des gens de l'Enfer qui se divisent en deux groupes: l'un y demeurera éternellement; il est constitué des mécréants polythéistes, tandis que l'autre n'y fera qu'un séjour pour un temps déterminé; il s'agit des transgresseurs parmi les monothéistes.*

Nous avons évoqué chaque groupe en détail, en faisant mention des crimes qui leur ont valu l'Enfer.

Le sixième chapitre *traite de l'importance numérique des gens de l'Enfer.*

Nous y avons cité des textes qui montrent à quel point sera élevé le nombre de gens réprouvés et combien sera réduit celui des personnes sauvées, et nous en expliquons la raison. Un passage du chapitre est consacré aux femmes; il montre qu'elles formeront la majorité des gens de l'Enfer, et donne une explication à leur situation.

Le septième chapitre *met l'accent sur la taille et les dimensions des gens de l'Enfer.*

Le huitième chapitre traite spécialement de la nourriture et de la boisson des gens de l'Enfer.

Le neuvième chapitre, *qui est particulièrement long, évoque le châtiment des gens de l'Enfer. Maints exemples des châtiments qu'ils y subiront sont cités. On y voit aussi que la situation des damnés variera selon les cas; ils ne seront pas tous logés à la même enseigne. Il est ensuite fait mention des différents types de châtiments qu'Allah (﷾) leur a préparés, parmi lesquels le fait qu'ils seront soumis à la fonte et à la chaleur, qu'on les traînera sans ménagement, que leurs visages seront noircis, leurs peaux brûlées, leurs boyaux déversés, et le feu montera jusqu'à leurs cœurs. Nous avons également cité des textes explicites qui décrivent leurs menottes, ainsi que les carcans, les chaînes et les marteaux avec lesquels ils sont châtiés.*

Nous avons consacré le dixième et dernier chapitres, *aux moyens par lesquels le serviteur se protège de l'Enfer.*

LA DEUXIEME PARTIE de l'ouvrage est réservée à l'évocation du paradis. elle comporte sept chapitres précédés d'un avant-propos sur la définition du paradis.

Le premier chapitre *est consacré à l'accès au Paradis. Nous y montrons la scène de l'entrée des croyants au Paradis, l'Intercession du Messager* [d'Allah] *(ﷺ) en leur faveur afin qu'ils y entrent, et la manière avec laquelle ils y entreront après leur purification. Nous y mentionnons le premier croyant qui entrera au Paradis, les soixante-dix mille croyants de cette Nation qui entreront au Paradis sans jugement, leurs caractéristiques, et aussi le fait que les pauvres Emigrés précèderont les riches Emigrés au Paradis.*

Nous avons mis en évidence dans un long passage le fait que les transgresseurs parmi les monothéistes qui seront entrés en Enfer, en sortiront par la miséricorde du Très-Miséricordieux et de l'intercession des intercesseurs. Nous avons mis l'accent sur le point de vue des gens de la Sunna par rapport à l'Intercession

(Chafâ'a) *et répondu à ceux qui l'ont niée et rejetée. Ce chapitre s'achève avec deux développements: le premier portant sur le dernier homme qui entrera au Paradis, et le second sur celui qui entrera au Paradis avant le Jour dernier.*

Le deuxième chapitre *traite du fait que le Paradis est éternel et que ses occupants y vivront éternellement, répondant à cet égard à ceux qui soutiennent le contraire.*

Le troisième chapitre *traite des caractéristiques du Paradis. Nous y avons parlé de l'importance de ses délices, de ses portes, de sa terre, de ses fleuves, de ses sources, de ses palais, de sa lumière, de son odeur, de ses arbres, de ses fruits, de ses plantes aromatiques et de sa faune.*

Le quatrième chapitre *décrit les gens du Paradis, les œuvres grâce auxquelles ils le méritent, de la manière avec laquelle les gens du Paradis hériteront des parts des gens de l'Enfer; on y explique aussi que les plus faibles seront plus nombreux que les riches et les hommes plus nombreux que les femmes. Nous avons également procédé à une recherche sur l'entrée des enfants des croyants et des polythéistes au Paradis.*

Ce chapitre englobe maintes subdivisions qui mentionnent les maîtres du Paradis parmi les vieillards, les jeunes gens et les femmes, la liste des dix personnes à qui la bonne annonce du Paradis a été faite et le nom de certaines personnes qui sont au Paradis.

Est rappelée à la fin de ce chapitre l'idée selon laquelle le Paradis n'est pas le prix des œuvres; ces dernières ne sont qu'une cause qui permet d'entrer au Paradis. Le Paradis ne se mérite que par la miséricorde et la grâce d'Allah (سبحانه وتعالى).

Le cinquième chapitre *traite des caractéristiques des gens du Paradis.*

Le sixième chapitre *est le chapitre le plus long de cette partie, il est consacré aux délices des gens du Paradis. On y met en évidence le mérite des délices du Paradis sur les jouissances terrestres. Nous y avons évoqué les types d'aliments et de boissons dont jouissent les gens du Paradis, ainsi que leurs couches, leurs serviteurs, leurs marchés, leurs ustensiles, les vêtements qu'ils portent, les désirs qu'ils formulent et qui se réaliseront de façon extraordinaire: ils n'ont point d'égal ici-bas.*

Nous avons fait un développement sur les femmes des croyants au Paradis, qu'il s'agisse des houris aux grands yeux ou de leurs épouses parmi les femmes sur cette terre.

Nous mettons aussi l'accent sur le fait que le privilège le plus grandiose qui sera offert aux croyants sera l'agrément d'Allah et le plaisir de voir Son Visage Noble. Parmi les délices de la demeure des délices, il y a la glorification du Maître [Allah] (سبحانه وتعالى), Sa purification et la proclamation de Sa grandeur.

Le septième chapitre *et le dernier traite de la dispute entre le Paradis et l'Enfer et le jugement d'Allah (سبحانه وتعالى) tranchant entre eux. J'implore Allah - Exalté soit-Il - de nous faciliter le succès dans les œuvres accomplies dans Son obéissance, de nous préserver de l'Enfer par Sa Générosité et Sa Grâce et de nous faire accéder au Paradis par Sa Clémence et Ses grâces. Il est Certes Audient, Répondant et Proche. Que la paix et les bénédictions d'Allah soient sur Son Serviteur et Messager, Mohammed (ﷺ).*

Dr Omar Souleiman AL-ACHQAR

PREMIERE PARTIE:

L'ENFER

AVANT-PROPOS

DEFINITION ET DESCRIPTION

L'Enfer est la demeure qu'Allah (ﷻ) a préparée à ceux qui ont mécru en Lui, à ceux qui se sont rebellés contre Sa loi et à ceux qui ont traité Ses Messagers (Paix et bénédictions d'Allah sur eux) de menteurs. L'Enfer est Son châtiment, par lequel Il punit Ses ennemis et il est aussi Sa prison dans laquelle Il emprisonne les criminels. C'est la plus grande humiliation, la plus grande perte qu'on puisse encourir. Allah dit:

> ﴾Seigneur! Celui que Tu voues au Feu, Tu le couvres vraiment d'ignominie. Et pour les *[gens]* injustes, il n'y a pas de secouristes!﴿ *[Coran 3: 192]*

> ﴾Ne savent-ils pas qu'en vérité quiconque s'oppose à Allah et à Son Messager, aura le feu de l'Enfer pour y demeurer éternellement? Et voilà l'immense opprobre!﴿ *[Coran 9: 63]*

> ﴾Dis: les perdants sont ceux qui, au Jour de la Résurrection, auront causé la perte de leurs propres âmes et celles de leurs familles. C'est bien cela la perte évidente.﴿ *[Coran 39: 15]*

Comment l'Enfer ne serait-il pas tel que nous l'avons décrit alors qu'il renferme des châtiments, des douleurs et des tristesses que les plumes et les langues ne peuvent décrire? L'Enfer est éternel et ses habitants y vivront éternellement. C'est pour cela qu'Allah a insisté sur le blâme des gens de l'Enfer.

﴾Quels mauvais gîte et lieu de séjour!﴿ *[Coran 38: 66]*

﴾Voilà! Alors que les rebelles auront certes la pire retraite. L'Enfer où ils brûleront. Et quel affreux lit!﴿

[Coran 38: 55-56]

CHAPITRE PREMIER

LE PARADIS ET L'ENFER SONT DEUX CREATURES

At-Tahawi a dit dans l'ouvrage intitulé *Al-'aqidah as-salafiya* qu'on lui attribue, et qui est connu sous le nom de *Al-'aqidah at-tahawiya:* "Le Paradis et l'Enfer sont des créatures. Ils ne sont pas appelés à disparaître. Allah - le Très Haut - a créé le Paradis et l'Enfer avant les créatures. Il leur a aussi créé des êtres pour les occuper. Il fait entrer qui Il veut au Paradis par Sa Grâce, et fait entrer qui Il veut en Enfer par Sa Justice. Chacun agit en fonction de ses limites et poursuit son destin. Le bien et le mal sont prédestinés à l'endroit des serviteurs."

Mohammed Ibn Mohammed Ibn Abi-I-'Izz Al-Hanafi, le commentateur de l'ouvrage *Tahawiya* dit en commentant cet extrait: s'agissant de ses propos: "Le Paradis et l'Enfer sont des créatures", les gens de la Sunna ont toujours convenu que le Paradis et l'Enfer sont deux créatures qui existent à l'heure actuelle; mais les Mu'tazilites et les Jabriya apparurent bientôt, apportant leurs croyances innovées. Ils ont dit qu'Allah les créera le Jour dernier.

Ce qui les a portés à soutenir cela, c'est leur principe corrompu grâce auquel ils ont établi une législation censée régir ce qu'Allah fait, et déterminant qu'il conviendrait qu'Il fasse *[plutôt]* ceci et non cela. Ils L'ont comparé à Ses créatures dans leurs actes. Ils sont les *Muchabbiha* (Anthropomorphistes) dans les actes. Les idées de Jahm les ont conquis et ils sont devenus des *Mu'attila* (Négateurs). Ils ont affirmé ceci: Il a créé le Paradis avant la récompense en vain car... ils ont rejeté des textes qui contredisent la législation corrompue qu'ils ont mise sur pied pour le Seigneur et ont dévié les textes de leurs sens. Ils se sont égarés et ont accusé d'innovation ceux qui contredisaient leur législation. Ensuite l'auteur a cité des arguments tirés du Coran et de la Sunna qui montrent que le Paradis et l'Enfer sont des créatures.

Parmi les versets du Livre relatifs au Paradis, il y a ceux-ci:

﴾Préparé pour les *[gens]* pieux.﴿ *[Coran 3: 133]*

﴾Préparé pour ceux qui ont cru en Allah et en Ses Messagers.﴿ *[Coran 57: 21]*

Il y a aussi ceux qui ont trait à l'Enfer:

﴾Préparé pour les mécréants.﴿ *[Coran 3: 131]*

﴾L'Enfer demeure aux aguets, refuge pour les transgresseurs.﴿ *[Coran 78: 21-22]*

Le Très-Haut a dit:

﴾Il l'a pourtant vu, lors d'une autre descente, à côté du Lotus de la limite, Là où se trouve l'asile paradisiaque.﴿
[Coran 53: 13-14-15]

Le Prophète (ﷺ) a vu le Lotus de la Limite et a vu auprès de celui-ci le Paradis, comme cela est rapporté dans les deux *Sahih* de Boukhari et de Muslim, d'après le Hadith d'Anas ayant trait au récit du Voyage nocturne, et qui dit à la fin: «*Ensuite, Gabriel m'emmena jusqu'au Lotus de la Limite resplendissant de couleurs chatoyantes que je n'arrivais pas à identifier. Par la suite, j'accédai au Paradis dont la luminosité est incomparable et le sol fait de musc.*»

Il est rapporté dans les deux *Sahih*, d'après Abdallah Ibn Omar, que le Messager d'Allah (ﷺ) a dit: *«Lorsque l'un d'entre vous meurt, on lui montre matin et soir, là où il séjournera. Ainsi, s'il fait partie des gens du Paradis, il ira au Paradis; et s'il fait partie des gens de l'Enfer, il ira en Enfer. On lui dit: ceci sera ta place jusqu'au moment où Allah te ressuscitera au Jour de la Résurrection.»*

Le Hadith d'Al-Bara' Ibn 'Azib a été déjà cité et il y est dit: *«Une voix appellera du haut du ciel, disant: "Mon serviteur a raison. Etendez-lui une couche au Paradis! Ouvrez-lui une porte donnant accès au Paradis!" Il dit: l'odeur et le parfum du Paradis lui parviendront.»*

Le Hadith d'Anas qui a été précédemment cité, va dans le même sens que celui d'Al-Bara'.

Il est rapporté dans le *Sahih* de Muslim que 'Aïcha (qu'Allah soit satisfait d'elle) a dit: le soleil a connu une éclipse à l'époque du Messager d'Allah (ﷺ) et alors elle fit mention du Hadith dans lequel il est dit: le Messager d'Allah (ﷺ) a dit: *«J'ai vu depuis ma place-ci tout ce que je vous avais promis, si bien que, lorsque vous m'avez vu avancer, c'est parce que je voulais cueillir une grappe de fruits du Paradis. J'ai vu l'Enfer dans ses fracassantes convulsions: c'était lorsque vous m'avez vu reculer.»*

Dans les deux *Sahih* - l'expression est de Boukhari -, d'Abdallah Ibn 'Abbas, s'expriment en ces termes: il y eut une éclipse solaire au temps du Messager d'Allah (ﷺ). Alors, les gens dirent: ô Messager d'Allah! Nous t'avons vu saisir quelque chose, là où tu étais et ensuite, nous t'avons vu le mâcher. Il (ﷺ) dit: *«J'ai vu le Paradis et j'en ai saisi une grappe de fruits. Cette grappe si je l'avais atteinte, vous en mangeriez jusqu'à la fin des temps. J'ai vu l'Enfer. A ce jour, je n'ai jamais vu quelque chose d'aussi horrible. J'ai constaté que la plupart des gens de l'Enfer étaient des femmes.»* Ils dirent: pour quelle raison, ô Messager d'Allah? Il répondit: *«Pour leur mécréance.*» On reprit: mécroient-elles en Allah? Il répondit: *«Elles ne sont pas reconnaissantes à l'endroit du mari ni à l'endroit d'une bienfaisance. Si tu te montres tout le temps bienfaisant à l'égard de l'une d'entre elles, et qu'un jour cette dernière trouve quelque chose à te reprocher, alors tu l'entendras dire: tu ne m'as jamais fait un bien.*»

Dans le *Sahih* de Muslim, d'après le Hadith rapporté d'Anas: le Messager d'Allah (ﷺ) a dit: *«Je jure par celui Qui tient ma vie en Sa Main que si vous aviez vu ce que j'ai vu, vous ririez peu et pleureriez beaucoup.*» Sur ce, les gens dirent: et qu'as-tu vu, ô Messager d'Allah? Il répondit: *«J'ai vu le Paradis et l'Enfer.*»

Ka'b Ibn Mâlik dit dans *Al-Muwatta'* et dans les *Sunan*: le Messager d'Allah (ﷺ) a dit: *«L'âme du croyant est un oiseau que l'on suspend sur un arbre du Paradis jusqu'au moment où Allah décide de la ramener dans le corps de celui-ci, au Jour de la Résurrection.*» Il est donc évident que l'âme entrera au Paradis avant le Jour dernier.

Il est rapporté dans le *Sahih* de Muslim, dans les *Sunan* et dans le *Musned,* d'après Abu Houreira que le Messager d'Allah (ﷺ) a dit: *«Après avoir créé le Paradis et l'Enfer, Allah a envoyé Gabriel au Paradis et, à cet égard, il lui dit: "Vas-y jeter un coup d'œil! Va voir ce que j'ai préparé pour ses gens". Ainsi, Gabriel s'en alla, y jeta un coup d'œil, vit ce qu'Allah avait préparé pour les gens du Paradis, avant de revenir s'exprimer en ces termes: par Ta puissance! Personne n'en entendra parler sans y entrer. Alors, Allah fit entourer le Paradis de désagréments, puis, dit: "Retourne! Vas-y jeter un coup d'œil. Va voir ce que j'ai préparé pour ses gens!" Gabriel alla y jeter un coup d'œil, puis revint dire: par Ta puissance! Je crains que personne n'y accède. Ensuite, l'envoyant visiter l'Enfer, Allah lui dit: "Vas-y jeter un coup d'œil! Va voir ce que j'ai préparé pour ses gens!" L'Ange alla y jeter un coup d'œil et le trouva agité de convulsions de toutes parts. Alors, il revint s'exprimer en ces termes:*

par Ta puissance! Personne qui en aura entendu parler, n'y entrera. Sur ce, Allah fit entourer l'Enfer de plaisirs, puis il dit: "Retourne et jettes-y un coup d'œil! Regarde ce que j'ai préparé pour ses gens". Gabriel s'en alla, y jeta un coup d'œil et ensuite revint dire: par Ta puissance! Je crains que personne ne puisse résister à la tentation d'y entrer.»

Des propos de ce genre sont légion dans la Sunna. Dans son *Sahih*, Boukhari y a consacré une partie, intitulée "Ce qui a été rapporté au sujet des caractéristiques du Paradis et le fait qu'il soit une créature''. Il y cite de nombreux Hadiths qui montrent qu'il est une créature. Parmi ces Hadiths, on peut citer: celui qui précise que le Très-Haut montre au défunt sa demeure (le Paradis ou l'Enfer) au moment de son inhumation, celui relatif à la connaissance qu'avait le Prophète (ﷺ) du Paradis et de l'Enfer, celui établissant que le Messager d'Allah (ﷺ) avait vu le palais d'Omar Ibn Al- Khattab au Paradis, et bien d'autres Hadiths. Ibn Hajar avait parfaitement raison lorsqu'il disait: le plus clair de ce qu'a mentionné Boukhari dans ce sens est ce qu'Ahmed et Abu Daoud ont extrait, sur la base d'une solide référence, des propos d'Abu Houreira, selon qui, le Prophète (ﷺ) dit: *«Après avoir créé le Paradis, Allah dit à Gabriel: Vas-y jeter un coup d'œil!»*

Présomption de ceux qui disent que l'Enfer n'a pas encore été créé

Le commentateur de la *Tahawiya* a débattu de la présomption de ceux qui disent que l'Enfer n'a pas encore été créé et leur a répondu en ces termes: s'agissant de la présomption de ceux qui disent que l'Enfer n'a pas encore été créé, c'est-à-dire que "s'il était déjà créé, il disparaîtrait obligatoirement au Jour de la Résurrection et que tous ceux qui s'y trouvent périraient'', conformément à la Parole d'Allah (ﷻ):

﴾Tout doit périr sauf Son Visage.﴿ *[Coran 28: 88]*

﴾Toute âme goûtera à la mort.﴿ *[Coran 3: 185]*

Dans son *Jami'e*, Tirmidhi cite le Hadith rapporté par Ibn Massoud dans lequel il dit: le Messager d'Allah (ﷺ) a dit: «*J'ai rencontré Ibrahim la nuit même de mon Voyage nocturne et il m'a dit: ô Mohammed! Salue ton peuple de ma part et informe-le que le Paradis a un excellent sol et une eau agréable, qu'il est constitué de bas-fonds et que ses plantes sont "Gloire à Allah, Louange à Allah, il n'y a d'autre divinité qu'Allah et Allah est le plus Grand*".» Il a dit: c'est un Hadith bon et étrange.

On note aussi, dans ce cadre, le Hadith du Prophète (ﷺ) rapporté par Jâbir d'après Abu Az-Zubair dans lequel le Prophète (ﷺ) a dit: «*Quiconque dit "Gloire à Allah et Louange à Allah" se verra planter un palmier au Paradis.*» Il a dit: ce Hadith est bon, authentique.

Les détracteurs disent que si l'Enfer était créé et de surcroît vide, il n'y aurait pas de bas-fonds et, par voie de conséquence, la mention des plantes n'aurait aucun sens. Ils disent: c'est le cas de la Parole d'Allah en ce qui concerne la femme de Pharaon, qui a dit:

﴾Seigneur, Construis-moi auprès de Toi une maison au Paradis.﴿ *[Coran 66: 11]*

Voici la réplique à vos arguments:

Si vous voulez dire à travers votre argumentation que le Paradis n'existe pas encore, de la même façon que le souffle dans la Trompe et la résurrection des hommes ne sont pas encore survenus, vous nagez dans l'absurde. A cet égard, les arguments qui précèdent, ainsi que bien d'autres dont il n'a pas été fait mention, vous répondent. Si vous voulez dire qu'il ne comporte pas encore tout ce qu'Allah réserve aux gens intéressés, que le Très-Haut, peu à peu, continue d'en créer les parures et qu'après que les croyants y auront accédé, Allah continuera d'y créer un certain nombre de choses, là, il s'agit bien d'une vérité irréfutable; mais vos arguments, à ce propos, se limitent à cela. Pour ce qui est de votre argument fondé sur la Parole d'Allah:

﴾Tout doit périr sauf Son Visage.﴿ *[Coran 28: 88]*

Vous avez mal compris le verset et le fait que vous le preniez comme argument pour démontrer l'inexistence du Paradis et de l'Enfer est semblable à l'argumentation de vos frères concernant leur anéantissement et la mort de leurs habitants. vous n'avez pas la capacité, vous et vos frères, de comprendre le verset; une telle capacité ne se retrouve que chez les Imams de l'Islam qui précisent, entre autres, que le sens de «tout» englobe ce qu'Allah prédestine à la fois à la disparition et au péril. Or, le Paradis et l'Enfer ne sont pas appelés à disparaître parce qu'ils sont éternels, tout autant que le Trône (*Al-'Arch*) qui est le plafond du Paradis. Certains ont dit: tout, c'est-à-dire à l'exception de Son royaume. D'autres ont précisé: à l'exception du visage. On a dit aussi: lorsque Allah, le Très-Haut a fait descendre:

﴾Tout ce qui est sur elle *[la terre]* doit disparaître.﴿

[Coran 55: 26]

Les Anges dirent: "Les gens de la terre périront, or ils convoitaient l'éternité''. Alors, Allah informa les gens des cieux et de la terre qu'ils sont tous appelés à mourir, disant:

﴾Tout doit périr, sauf Son Visage.﴿ *[Coran 28: 88]*

Car seul Allah est Vivant et ne meurt pas. Sur ces mots, les Anges furent convaincus de la réalité de la mort. Ils dirent cela par concordance entre eux et les textes qui ne prêtent pas au doute, montrent que le Paradis et l'Enfer sont éternels. S'il plaît à Allah, ce point fera l'objet d'une étude dans les pages qui suivent.

CHAPITRE 2

LES GARDIENS DE L'ENFER

Veillent sur l'Enfer des Anges immenses et à la force terrible, des Anges qui ne désobéissent jamais à leur Créateur et qui respectent toujours les ordres qu'ils reçoivent de Celui-ci, conformément à ce qu'Allah (ﷻ) a dit:

> ﴾Ô Vous qui croyez! Préservez vos personnes et vos familles, d'un Feu dont le combustible sera les gens et les pierres, surveillé par des Anges rudes, durs, ne désobéissant jamais à Allah en ce qu'Il leur commande et faisant strictement ce qu'on leur ordonne.﴿ *[Coran 66: 6]*

Ils sont au nombre de dix-neuf:

> ﴾Je vais le brûler dans le Feu intense (*Saqar*). Et qui te dira ce qu'est *Saqar?* Il ne laisse rien et n'épargne rien. Il brûle la peau et la noircit. Ils sont dix-neuf à y veiller.﴿
> *[Coran 74: 26-30]*

Les mécréants furent trompés par ce nombre et crurent qu'ils pouvaient vaincre ce petit nombre. Ils oublièrent qu'un seul de ces Anges possède une force qui lui permet d'affronter l'Humanité entière. C'est pour cela qu'Allah (ﷻ) a fait suivre ce qui précédait par:

> ﴿Nous n'avons assigné comme gardiens du Feu que des Anges. Cependant, nous n'en avons fixé le nombre que pour éprouver les mécréants.﴾ *[Coran 74: 31]*

Ibn Rajab a dit: ce qui est connu chez les Prédécesseurs *(Salaf)*, c'est que cette épreuve consistait en la mention du nombre, les mécréants ont été trompés par leur petit nombre [19] Ils crurent qu'ils pouvaient leur résister. Ils ne savaient pas qu'il était impossible à l'Humanité, même si elle s'unissait en bloc, de s'opposer à eux. Ces Anges-là sont ceux qu'Allah (سبحانه وتعالى) a appelés "Gardiens de la Géhenne'' dans Sa Parole que voici:

> ﴿Ceux qui seront dans le Feu diront aux Gardiens de l'Enfer: priez votre Seigneur de nous alléger un jour de *[notre]* supplice.﴾ *[Coran 40: 49]*

CHAPITRE 3

LES CARACTERISTIQUES DE L'ENFER

1.- L'emplacement de l'Enfer

Les Savants ont divergé au sujet de l'emplacement actuel de l'Enfer. Certains d'entre eux le situent dans les profondeurs de la terre, et d'autres, dans le ciel. Cependant, il existe un troisième groupe qui, pour sa part, s'abstient de le localiser et ce sont ceux-là qui ont raison, dans la mesure où aucun texte précis et authentique n'a localisé un tel emplacement. *Al-Hâfidh* Suyuti dit: il faut s'abstenir de localiser l'Enfer, Seul Allah (ﷻ) en connaît l'emplacement actuel.

Pour ma part, il n'existe aucun Hadith que je pourrai faire valoir dans ce sens. Dans son dogme, le cheikh Wali Allah Ad-Dahlawi dit: il n'existe aucun texte précisant l'emplacement du Paradis et de l'Enfer. Il faut dire que ceux-ci sont là où Allah (ﷻ) veut qu'ils soient. En effet, nous ne connaissons aucunement l'ensemble des créatures et des mondes créés par Allah (ﷻ). Hassan Khân a dit, après avoir cité cette parole d'Ad-Dahlawi: je dis que ce point de vue est le plus probable, s'il plaît à Allah (ﷻ).

2.- L'immensité et la profondeur de l'Enfer

L'Enfer est vaste, très profond et d'une très grande étendue; cela est démontré par ce qui suit:

1 - Ceux qui entreront en Enfer sont très nombreux.

Malgré leur grand nombre, il est dit qu'un habitant de l'Enfer est si grand que l'une de ses molaires en Enfer est semblable au mont Ouhoud *[près de Médine]*. La distance entre ses épaules est de trois jours de marche. Malgré cela, l'Enfer renferme un nombre spectaculaire de damnés, comptant tout ce que le monde aura connu comme malfaiteurs, aux différentes époques de son histoire et il lui restera encore des places à remplir. C'est de cette réalité qu'Allah (ﷻ) nous informe dans la sourate *Qâf* en ces termes:

> ﴿Le jour où Nous dirons à l'Enfer: tu t'es rempli? Et il dira: y en a-t-il encore?﴾ *[Coran 50: 30]*

L'Enfer est semblable à un moulin dans lequel on introduit des milliers et des milliers de tonnes de grains qu'il moud avec une grande facilité. La moulure terminée, le moulin continue de tourner dans l'attente de tonnes de grains supplémentaires. Dans le Hadith de la dispute entre le Paradis et l'Enfer, Allah (ﷻ) dit à l'Enfer: *«Tu n'es que Mon châtiment et par toi, Je châtie qui Je veux.»* Chacun des deux se remplira. S'agissant de l'Enfer, il ne sera jamais rempli, avant qu'Allah (ﷻ) n'y mette Son pied. Et, dans une autre variante: *«Avant qu'Allah (ﷻ) n'y mette le Pied. Alors l'Enfer dira: "Cela me suffit! Cela me suffit!", et aussitôt ses parties se replieront. Allah n'est injuste à l'endroit d'aucune de Ses créatures.»* Hadith rapporté par Boukhari et Muslim d'après Abu Houreira.

D'après Anas, le Prophète (ﷺ) a dit: *«A mesure qu'on jettera les gens en Enfer, celui-ci continuera de dire: "Y en a-t-il encore?" Jusqu'au moment où le Seigneur de la puissance y aura placé Son pied. Alors, ses parties se replieront, l'Enfer se mettra à dire: "C'est assez! C'est assez! Par Ta puissance et Ta Générosité!''*» Rapporté par Boukhari et Muslim

2 - Ce qui montre aussi la profondeur ahurissante de l'Enfer, c'est que si une pierre y est jetée, elle mettra beaucoup de temps pour atteindre son fond.

Abu Houreira (ﷺ) a dit dans le *Sahih* de Muslim: nous étions avec le Messager d'Allah (ﷺ) lorsque, soudain, nous entendîmes quelque chose tomber. Alors, il dit: *«Savez-vous ce que c'est?»* Nous répondîmes: Allah et son Messager le savent mieux que quiconque. Il reprit: *«C'est une pierre qu'on a jetée en Enfer depuis soixante-dix* [années] *et qui vient d'atteindre son fond.»*

Al-Hâkim rapporte d'après Abu Houreira et Tabari d'après Mu'adh (ﷺ) et Abu Oumamah (ﷺ) que le Prophète (ﷺ) a dit: *«Si l'on jetait une pierre à partir du rebord de la Géhenne, celle-ci tomberait pendant soixante-dix* [années] *sans en atteindre le fond.»*

3 - Le grand nombre d'Anges qui viendront avec l'Enfer au Jour de la Résurrection.

Le Messager d'Allah (ﷺ) nous a décrit la venue de l'Enfer au Jour de la Résurrection à propos de laquelle Allah (ﷻ) dit:

﴿Et que ce jour-là, on amènera l'Enfer.﴾ *[Coran 89: 23]*

Il dit: *«Ce jour-là on amènera l'Enfer en le tirant avec 70.000 brides dont chacune est tenue par 70.000 Anges.»* Hadith d'Ibn Massoud, rapporté par Muslim.

Imaginez l'énormité de cette redoutable créature qui a besoin d'un aussi grand nombre d'Anges dont la force et la puissance ne sont connues que d'Allah le Très-Haut, Béni et Exalté.

4 - Ce qui montre aussi les vastes dimensions de l'Enfer, c'est que d'immenses créatures comme le soleil et la lune y seront enroulés en spirales.

Dans *Mouchkel Al-Athâr* d'At-Tahawi, Salama Ibn Abdarrahman s'exprime en ces termes: nous parlant du Prophète (ﷺ), Abu Houreira (رضي الله عنه) a dit: “Le soleil et la lune seront enroulés en spirales en Enfer le Jour de la Résurrection.''[1]

3.- Les degrés de l'Enfer

La chaleur de l'Enfer varie selon le châtiment qu'Allah (سبحانه وتعالى) a préparé pour ses occupants. Sa température n'est pas uniforme. Allah (سبحانه وتعالى) dit:

﴿Les hypocrites seront, certes, au plus bas fond du Feu, et tu ne leur trouveras jamais de secouriste.﴾ *[Coran 4: 145]*

Les Arabes donnent le nom de *darak* (degré inférieur) à tout ce qui va vers le bas et de *daraja* (échelon) à tout ce qui va vers le haut. Dans ce sens, on dit que le Paradis comporte des *darj* et l'Enfer des *darak*. Plus on descend dans l'Enfer, plus la chaleur devient élevée et les flammes intenses.

Les hypocrites auront la plus grande part du châtiment, raison pour laquelle ils seront au niveau le plus bas de l'Enfer. Il arrive également qu'on appelle l'Enfer *darakête* (profondeurs). Ainsi, dans la sourate *Les Bestiaux*, Allah (سبحانه وتعالى) fait mention des gens du Paradis et de l'Enfer. Ensuite Il dit:

﴿A chacun des Grades selon ses œuvres.﴾ *[Coran 6: 132]*

Il dit aussi:

﴿Est-ce que celui qui se conforme à l'agrément d'Allah ressemble à celui qui encourt le courroux d'Allah? Son

---

[1] Ce Hadith a été aussi rapporté par Beihaqi dans Al-Ba‘th wa an-nouchour]. C'est aussi le cas d'Al-Bazzar Al-Isma'ili et Al-Khatabi avec une chaîne de transmission authentique, selon la condition de Boukhari]. Il l'a rapporté dans son recueil de Hadiths authentiques en suivant cette variante: “Le soleil et la lune seront enroulés en spirales en Enfer''].

refuge sera l'Enfer, et quelle mauvaise destination! Ils ont des degrés *[différents]* auprès d'Allah.﴿ *[Coran 3: 162-163]*

Selon Abd Ar-Rahman Ibn Zeyd Ibn Aslam, les degrés du Paradis vont de bas en haut et ceux de l'Enfer, de haut en bas. Il a été rapporté de certains Prédécesseurs *(Salaf)* pieux, que les transgresseurs monothéistes qui entreront en Enfer seront au niveau supérieur. Les juifs seront au deuxième niveau, les chrétiens au troisième, les Sabéens au quatrième, les zoroastriens (les mages) au cinquième, les polythéistes arabes au sixième et les hypocrites au septième.

L'appellation de ces degrés a été rapportée dans certains livres; le premier est appelé *Jahannama*, le second *Ladhaa*, le troisième *Houtamah*, le quatrième *Sa'iir*, le cinquième *Saqar*, le sixième *Jahîme* et le septième *Hâwiyah*.

Il n'est pas certain que les gens de l'Enfer soient répartis sur la base d'une telle classification. Aussi n'est-il pas certain que les niveaux de l'Enfer soient dénommés conformément à ce qui précède. Ce qui est certain, c'est que chacune des appellations mentionnées: *Jahannama, Ladhâ, Houtamah,* etc., est un nom propre désignant l'Enfer dans sa globalité et non une dénomination exclusive d'une partie déterminée. Il est vrai cependant que les gens diffèrent les uns des autres par leur impiété et leurs péchés.

4.- Les portes de l'Enfer

Allah (ﷻ) nous informe que l'Enfer a sept portes conformément à ce verset:

﴾Et l'Enfer sera sûrement leur lieu de rendez-vous à tous. Il a sept portes; et chaque porte en a sa part déterminée.﴿

[Coran 15: 43-44]

Ibn Kathîr a dit à propos de l'exégèse de *[ce]* verset: le sens en est qu'Allah (ﷻ) réserve chacune de ces portes à une frange des acolytes de Satan qui l'emprunteront inexorablement. Qu'Allah (ﷻ) nous préserve de telles portes! Chacun entrera par une porte en fonction de ses œuvres et occupera un niveau en fonction de celles-ci. On a rapporté d'Ali Ibn Abi Tâlib (رضي الله عنه) qui, un jour, faisait son sermon, les propos suivants: «Les portes de l'Enfer sont ainsi...» - Abu Haroun a dit: des étages superposés les uns sur les autres. On a aussi rapporté de lui que les portes de l'Enfer, au nombre de sept, sont placées les unes sur les autres. La première se remplira, puis la seconde, puis la troisième jusqu'à ce qu'elles se remplissent toutes. Au moment où les mécréants arriveront en Enfer, cette dernière leur ouvrira ses portes. Ensuite ils y entreront pour y séjourner éternellement:

> ﴿Et ceux qui avaient mécru seront conduits par groupes en Enfer. Puis, quand ils y parviendront, ses portes s'ouvriront et ses gardiens leur diront: des Messagers *[choisis]* parmi vous ne vous sont-ils pas venus, vous récitant les versets de votre Seigneur et vous avertissant de la rencontre de votre jour que voici? Ils diront: si, mais le décret du châtiment s'est avéré juste contre les mécréants.﴾ *[Coran 39: 71]*

Après cet aveu, on leur dira:

> ﴿Entrez, *[leur]* dira-t-on, par les portes de l'Enfer, pour y demeurer éternellement. Qu'il est mauvais, le lieu de séjour des orgueilleux!﴾ *[Coran 39: 72]*

Ces portes seront ensuite refermées sur les criminels. Ils n'auront aucun désir d'en sortir après cela, conformément à ce qu'Allah (ﷻ) dit:

> ﴿Alors que ceux qui ne croient pas en Nos versets sont les gens de la gauche. Le Feu se refermera sur eux.﴾ *[Coran 90: 19-20]*

Selon Ibn 'Abbas, le mot *mou'ssada* utilisé dans la sourate signifie: aux portes fermées. Pour Moujahid, l'expression *assada-al-*

bab, selon la langue de Quraych, signifie: il a fermé la porte. Dans la sourate *Le Diffamateur*, le Très-Haut dit:

> ﴿Malheur à tout diffamateur calomniateur, qui amasse une fortune et la compte, pensant que sa fortune l'immortalisera. Mais non! Il sera, certes, jeté dans la *Houtamah.* Et qui te dira ce qu'est la *Houtamah?* Le feu attisé d'Allah qui monte jusqu'aux cœurs. Il se refermera sur eux, en colonnes *[de flammes]* étendues.﴾ *[Coran 104: 1-9]*

Allah (سبحانه وتعالى) dit que ses portes sont refermées sur les damnés. Selon Ibn 'Abbas (رضي الله عنه), *Fi 'amadine moumaddadah,* c'est-à-dire les portes qui sont étendues. Dans sa lecture d'Ibn Massoud, Qutada a dit: ils s'y verront encerclés par d'immenses colonnes étendues. Pour 'Atiya, il s'agit là de colonnes de fer. Mouqatil note pour sa part que les portes seront fermées sur eux, puis renforcées par des étaux de fer, de manière à les exposer à sa chaleur. S'il en est ainsi, le mot *moumaddada* (étendues) fonctionne comme épithète de 'colonnes'.

En d'autres termes, les colonnes à l'aide desquelles les portes seront renforcées resteront étendues, allongées, or, ce qui est long et étendu est plus ferme et plus fixe que ce qui est court et étendu

Il se peut qu'on ouvre et referme les portes de l'Enfer avant le Jour de la Résurrection. A ce sujet, le Prophète (ﷺ) précise que l'on ferme les portes de l'Enfer au mois du Ramadan. D'après Abu Houreira (رضي الله عنه) le Prophète (ﷺ) a dit: *«Quand le mois de Ramadan arrive, les portes du Paradis sont ouvertes et celles de l'Enfer closes. Du coup, les diables et les rebelles parmi les djinns sont enchaînés.»*

Tirmidhi a rapporté du Hadith d'Abu Houreira (رضي الله عنه) que le Messager d'Allah (ﷺ) a dit: *«Pendant la première nuit du Ramadan, les diables et les rebelles parmi les djinns sont enchaînés et les portes de* l'Enfer *sont fermées. Aucune d'elles n'est ouverte. Les portes du Paradis sont ouvertes et aucune d'elles n'est fermée.»*

5.- Le combustible de l'Enfer

Les pierres et les mécréants pervers constitueront le combustible de l'Enfer, ce que, d'ailleurs, Allah (ﷻ) énonce en ces termes:

﴿Ô vous qui avez cru! Préservez vos personnes et vos familles, d'un Feu dont le combustible sera les gens et les pierres.﴾ *[Coran 66: 6]*

Il dit également:

﴿Aussi parez-vous donc contre le Feu qu'alimenteront les hommes et les pierres, lequel est réservé aux infidèles.﴾ *[Coran 2: 24]*

Les hommes utilisés comme combustible seront les mécréants et les polythéistes. S'agissant de la nature des pierres qui seront le combustible de l'Enfer, Allah (ﷻ) la connaît mieux que quiconque.

Certains Prédécesseurs ont prétendu qu'il s'agit là de pierres de soufre. A cet égard, Abdallah Ibn Massoud (رضي الله عنه) a dit: «Ce sont des pierres de soufre qu'Allah (ﷻ) les a créées le jour même de la création des cieux et de la terre et ensuite entreposées au ciel le plus bas, les réservant aux mécréants.» Hadith rapporté par Ibn Jarir, Ibn Abu Hatim et Al-Hâkim dans *Al-Moustadrak.* Ibn 'Abbas, Moudjahid et Ibn Jureij ont aussi avancé cette opinion.

Si un tel propos vient du Messager d'Allah (ﷺ), nous l'adoptons sans discussion. Si c'est une interprétation personnelle fondée sur une connaissance de la nature et des propriétés des pierres, cela ne reste qu'une hypothèse, car il y a des pierres dont la force et l'inflammabilité dépassent celles du soufre. Les anciens étaient d'avis que la pierre de soufre possédait des propriétés que l'on ne saurait trouver dans les autres pierres.

Ainsi, ils ont dit que c'est une matière inflammable. Ibn Rajab a dit: la majorité des exégètes pensent que les pierres dont on parle sont les pierres de soufre qui serviront de combustible pour l'Enfer. De telles pierres, selon certains, comportent cinq types de supplice que l'on ne saurait trouver dans les autres pierres. Ces supplices proviendraient de leurs caractéristiques suivantes: inflammabilité rapide, mauvaise odeur, caractère fumigène, adhérence à la peau et production d'une forte chaleur quand elles s'enflamment.

Il faut dire, néanmoins, qu'Allah (ﷻ) peut créer des pierres dont les propriétés soient supérieures à celles du soufre. A notre niveau, nous affirmons que ce qu'il y a dans l'Au-delà diffère de ce qu'il y a ici-bas.

Les divinités qui étaient adorées en dehors d'Allah (ﷻ) sont ce avec quoi on attisera le feu:

﴾Vous serez, vous et ce que vous adorez en dehors d'Allah, le combustible de l'Enfer. Vous vous y rendrez tous. Si ceux-là étaient vraiment des divinités, ils n'y entreraient pas et tous y demeureront éternellement.﴿ *[Coran 21: 98-99]*

D'après Al-Jawhari: tout ce avec quoi on attise et stimule le feu de l'Enfer fonctionne comme combustible. Selon Abu Oubeydah: tout ce que l'on jette en Enfer fonctionne comme combustible.

6.- Son intense chaleur, l'abondance de sa fumée et ses étincelles

Allah (ﷻ) dit:

﴾Et les gens de la gauche; qui sont les gens de la gauche! Ils seront au milieu d'un souffle brûlant et d'une eau bouillante, à l'ombre d'une fumée noire, ni fraîche, ni douce.﴿ *[Coran 56: 41-44]*

Ce verset évoque ce avec quoi les gens ici-bas se rafraîchissent d'ordinaire pour se débarrasser des tourments résultant de la chaleur, c'est-à-dire trois choses: l'eau, l'air et l'ombre. Or, le même verset précise que de telles choses ne serviront à rien aux gens de l'Enfer.

L'air de l'Enfer porte le nom de *Samoûme*, c'est-à-dire un vent d'une chaleur terrible. Son eau, *Hamîme*, est bouillante. Son ombre *Yahmoume* provient de ses nuages de fumée. De même, Il a montré sous un jour horrible le sort des gens de la gauche à l'intérieur de l'Enfer, et a dépeint de façon effroyable l'Enfer. A ce propos, Allah (ﷻ) dit:

﴿Celui dont la balance sera légère, sa mère *[sera]* un abîme très profond. Et qui te dira ce que c'est? C'est un Feu ardent.﴾ *[Coran 101: 8-11]*

L'ombre à laquelle le verset fait allusion:

﴿A l'ombre d'une fumée noire﴾ *[Coran 56: 43],*

est celle de la fumée de l'Enfer.

L'ombre, en principe, procure une sensation de fraîcheur et de froideur, de telle sorte que les gens la recherchent et s'y reposent. S'agissant de l'ombre dont il est question ici, elle n'est ni fraîche, ni douce: c'est l'ombre d'une fumée noire. D'ailleurs, le Coran nous parle de cette ombre qui n'est rien d'autre que la fumée s'élevant au-dessus de l'Enfer:

﴿Allez vers une ombre *[fumée de l'Enfer]* à trois branches; qui n'est ni ombreuse, ni capable de protéger contre la flamme, car, *[le feu]* jette des étincelles volumineuses comme des châteaux, et qu'on prendrait pour des chameaux jaunes.﴾ *[Coran 77: 30-31-32-33]*

Le verset affirme que la fumée qui monte au-dessus de ce feu forme une nuée importante par ses dimensions, qui comprend trois parties. Celle-ci jette une ombre sans pour autant protéger de la chaleur. Elle ne préserve pas des flammes. S'agissant des étincelles qui s'en détachent, elles sont comparables à des châteaux gigantesques. Aussi, de telles étincelles ressemblent-elles à des chameaux jaunes, c'est-à-dire des chameaux de couleur sombre.

Illustrant la force de ce feu ainsi que son effet sur les châtiés, le Très-Haut dit:

> ﴾Je vais le brûler dans le Feu intense (*Saqar*). Et qui te dira ce qu'est *Saqar*? Il ne laisse rien et n'épargne rien. Il brûle la peau et la noircit.﴿ *[Coran 74: 26-29]*

Ce feu consomme tout, détruit tout, ne laisse rien et n'épargne rien, brûle la peau, parvient jusqu'aux os, fait fondre ce qu'il y a dans les ventres et monte aux cœurs.

Le Messager d'Allah (ﷺ) nous a informés que: *«Notre feu est la soixante-dixième partie de celui de la Géhenne.»* A l'occasion, les gens lui dirent: ô Messager d'Allah! Si tel est le cas, ce feu suffit. Le Prophète (ﷺ) reprit: *«Celui de la Géhenne est soixante-neuf fois plus incandescent que lui.»* Hadith rapporté par Boukhari et Muslim.

L'expression est de Boukhari. Et selon l'expression de Muslim: *«Votre feu que le 'fils' d'Adam allume...»*.

Un tel feu ne perdra ni de son ardeur ni son incandescence avec le temps:

> ﴾Goûtez donc. Nous n'augmenterons pour vous que le châtiment.﴿ *[Coran 78: 30]*

> ﴾... Chaque fois que son feu s'affaiblit, Nous accroîtrons la flamme ardente pour eux.﴿ *[Coran 17: 97]*

Aussi, les infidèles ne pourront jamais trouver le repos. Jamais leur châtiment ne connaîtra de réduction, quelle qu'en soit la durée:

> ﴾Eh bien, leur châtiment ne sera pas diminué. Et ils ne seront point secourus.﴿ *[Coran 2: 86]*

L'Enfer est attisé chaque jour comme cela est rapporté dans le *Sahih* de Muslim d'après le Hadith de 'Amr Ibn 'Abassa dans lequel le Prophète d'Allah (ﷺ) a dit: *«Effectue la prière de l'aube! Puis cesse de prier jusqu'au lever du soleil, jusqu'à ce que celui-ci soit en train de monter car il se lève entre les deux cornes de Satan. A ce moment-là, les mécréants se prosternent devant lui. Après cela, prie, car la prière a des témoins jusqu'à ce que l'ombre se soit rétrécie de la longueur d'une lance; après quoi, cesse de prier, car à ce moment, l'Enfer se réchauffe. Quand l'ombre* [ré]*apparaît, alors prie.»*

Le Prophète (ﷺ) a dit, dans les deux *Sahih* de Boukhari et de Muslim, d'après Abu Houreira (رضي الله عنه): *«Quand la chaleur est excessive, attendez la fraîcheur pour faire la prière, car la chaleur intense est une émanation de la Géhenne.»*

L'Enfer sera attisé au Jour de la Résurrection lorsqu'il accueillera ses habitants:

﴾Et lorsque la fournaise sera attisée et le Paradis rapproché.﴿
[Coran 81: 12-13]

7.- L'Enfer est doué de la parole et de la vision

Quiconque prend connaissance des textes du Coran et de la Sunna qui décrivent l'Enfer, constatera que celui-ci est bien une créature, qui parle, voit et se plaint. Le Saint Coran mentionne que l'Enfer voit de loin ses habitants avancer vers lui. Alors, il fait retentir des bruits terribles exprimant à la fois sa rage et sa colère à l'égard de tels criminels.

A ce propos, Allah (سبحانه وتعالى) dit:

﴾ Lorsque, de loin, elle *[la Géhenne]* les voit, ils entendront sa fureur et ses pétillements.﴿ *[Coran 25: 12]*

Rapportant des propos d'Ibn 'Abbas (رضي الله عنه), Ibn Jarir a dit: «Quelqu'un sera traîné vers l'Enfer qui se tordra alors de convulsions. Au vu de cela, le Clément dira: "*Qu'as-tu, Enfer?*" Celui-ci répondra: il cherche protection contre moi! Alors Allah (سبحانه وتعالى) dira: "*Relâchez donc mon serviteur*!" On traînera un homme vers l'Enfer qui dira: ce n'est pas ce que je pensais de Toi. Alors Allah (ﷻ) dira: "*Que pensais-tu*?" L'homme répondra: que Ta Clémence me couvrirait. A cela, Allah (ﷻ) dira: "*Relâchez donc mon serviteur*!"»

Il y aura un homme traîné vers l'Enfer qui poussera à son endroit un cri semblable au braiment d'un mulet se dirigeant vers un chameau. Il émettra aussi un gémissement de nature à terrifier tout le monde.

L'imam Ahmed et Tirmidhi ont rapporté d'après le Hadith transmis successivement par Abu Saleh et Abu Houreira (رضي الله عنه) que le Prophète (ﷺ) a dit: *«Au Jour de la Résurrection, un cou sortira de l'Enfer, il aura deux yeux qui voient, deux oreilles qui entendent et une langue qui parle. A cet égard, l'Enfer dira: trois types de personnes m'ont été confiés: l'oppresseur inflexible, celui qui aura invoqué à côté d'Allah une autre divinité et les faiseurs d''images'* (figurations).» Hadith considéré comme étant authentique par Tirmidhi.

8.- Le songe de l'Enfer fait par Ibn Omar

On a rapporté d'Ibn Omar, dans les deux *Sahih*, et selon l'expression de Boukhari, les propos que voici: «J'ai fait un songe dans lequel deux Anges sont venus me voir, tenant chacun à la main une matraque de fer. Ensuite un autre Ange ayant à la main une matraque de fer m'a croisé. Alors, les trois Anges m'ont dit: tu ne seras jamais effrayé. Quel homme vertueux tu es, si *[seulement]* tu multipliais tes prières nocturnes. Sur ce, ils m'ont pris et emmené au bord de la Géhenne qui avait la forme d'un puits. Elle avait des cornes semblables à celle d'un puits. Il y avait un Ange sur chaque corne qui tenait entre ses mains une matraque en fer. Il y avait dans la Géhenne des hommes suspendus à des chaînes avec la tête dirigée vers le bas. J'ai reconnu parmi ces hommes quelques hommes de Quraych. Les Anges m'ont ensuite déplacé vers la droite.»

Ce rêve, je l'ai raconté à Hafsa qui, à son tour, l'a raconté au Messager d'Allah (ﷺ). Celui-ci a, alors, dit: *«Abdallah est certes un homme pieux.»*

9.- Est-ce que quelqu'un verra l'Enfer de ses propres yeux avant le Jour de la Résurrection?

Ce que nous savons à cet égard, c'est que notre Messager (ﷺ) a, de son vivant, vu le Paradis et l'Enfer. Dans les deux *Sahih*, Abdallah Ibn 'Abbas, parlant de la prière d'éclipse solaire, a rapporté que le Prophète (ﷺ) a dit: *«J'ai vu le Paradis et même tendu la main pour en cueillir une grappe* [de fruits] *Si j'avais cueilli une telle grappe vous en mangeriez jusqu'à la fin des temps. J'ai, également, vu l'Enfer, mais à ce jour, je n'avais jamais vu un spectacle aussi horrible. J'ai constaté que la majorité des gens de l'Enfer était des femmes.»*

D'après Asma dont les propos sont rapportés dans le *Sahih* de Boukhari, le Messager d'Allah (ﷺ) a dit: *«Le Paradis a été rapproché de moi si bien que si j'avais osé le faire, je vous en aurais rapporté des fruits. L'Enfer a été aussi rapproché de moi au point que je finisse par dire: ô Seigneur! Serai-je moi aussi avec eux? Tout à coup, j'ai vu une femme griffée par une chatte et j'ai aussitôt interrogé les Anges à son sujet. Alors les Anges m'ont dit: elle l'a emprisonnée jusqu'à ce qu'elle meure de faim; elle ne l'a ni nourrie ni laissée manger les bestioles de la terre.»*

Dans le *Musned* d'Ahmed, le Hadith suivant est rapporté du Prophète (ﷺ) par Al-Moughirah Ibn Chou'bah: *«On rapprocha de moi l'Enfer si bien qu'il souffla sa chaleur sur mon visage. J'y vis l'homme au bâton crochu, celui qui été plongé dans le lac, la propriétaire de l'âne et celle de la chatte.»*

Dans le *Sahih* de Muslim, on a rapporté de Jâbir le Hadith du Prophète (ﷺ) que voici: *«On m'a montré le Paradis et l'Enfer. Alors, le Paradis a été rapproché de moi, je tendis ma main pour en cueillir des fruits mais je n'ai pu les atteindre. On m'a ensuite montré l'Enfer, mais je me suis mis à reculer de peur qu'il ne me recouvre. Je vis une* [femme] *Himyarite, grande et noire, châtiée pour sa chatte qu'elle avait l'habitude d'attacher sans lui donner à manger ni à boire et qu'elle refusait de libérer de manière à lui permettre de manger des bestioles de la terre. Je vis aussi Abu Thoumamah Omar Ibn Mâlik tirer un tuyau de feu.»*

Lorsque des serviteurs meurent, on leur montre dans le *Barzakh [entre le bas monde et l'Au-delà]* leur place au Paradis s'ils étaient des croyants, ou leur place en Enfer, s'ils étaient des mécréants. Nous avons développé ce point en parlant du *Barzakh.*

10.- Influence de l'Enfer sur le monde et ses habitants

Boukhari rapporte dans son *Sahih* que Abu Houreira (رضي الله عنه) a dit: «L'Enfer se plaignit auprès de son Seigneur en ces termes: Seigneur, mes parties se rongent les unes les autres. Alors, Allah (سبحانه وتعالى) lui accorda deux souffles: l'un en hiver et l'autre en été. C'est pour cela que vous connaissez à certains moments de l'année la chaleur la plus intense et le froid le plus glacial.»

Boukhari a également rapporté d'Ibn Saïd le Hadith du Messager d'Allah (ﷺ) que voici: *«Attendez la fraîcheur pour faire la prière, car la chaleur intense est une émanation de la Géhenne.»*

CHAPITRE 4

L'ENFER EST ETERNEL: IL NE DISPARAITRA PAS

L'Enfer est éternel, et n'est pas appelé à disparaître, comme le dit *At-Tahawi dans son 'Aquidah*: "Le Paradis et l'Enfer sont des créatures qui ne disparaîtront pas."

On a rapporté d'Ibn Hazm ses propos sur l'unanimité de la communauté quant à ce point. En effet, il a été dit dans son livre *Al-milal wa al-nihal*: "Toutes les factions de la communauté, à l'exception d'Al-Jahm Ibn Safwân, sont unanimes pour dire que le Paradis et ses délices sont éternels tout comme l'Enfer et ses supplices."

D'autre part, on lit dans son livre *Maratib Al-Ijma'e:* "L'Enfer est vérité, c'est la demeure du châtiment éternel. Ses gens également y resteront éternellement." Les Textes démontrant l'éternité de l'Enfer sont très nombreux. Beaucoup de ces textes seront mentionnés dans ce livre. A cet égard, qu'il te suffise de savoir qu'Allah (ﷻ) l'a dénommé la demeure éternelle.

Telle est la doctrine des gens de la Sunna et de la communauté (*Ahl As-Sunna wa Al-Jamâ'a*), doctrine selon laquelle l'Enfer est éternel et ne saurait disparaître. Les gens de l'Enfer aussi y resteront éternellement, à l'exception des désobéissants parmi les monothéistes. S'agissant des mécréants et des polythéistes, ils y resteront éternellement.

Cas de ceux qui prétendent que l'Enfer est appelé à disparaître

Il existe sept sectes qui contredisent les gens de la vérité sur cette question.

1 - Les Jahmites

Ils affirment que le Paradis et l'Enfer sont tous deux appelés à disparaître. L'imam Ahmed a rapporté dans son livre intitulé *Ar-Radd 'Ala az-Zanadiqa,* que les *Jahmites* affirment que le Paradis et l'Enfer sont appelés à disparaître. Il leur a répondu en se basant sur des textes démontrant le contraire de ce qu'ils affirment.

2 - Les Kharidjites et les Mu'tazilites

Ils soutiennent que tous ceux qui entreront en Enfer devront y rester, fussent-ils des gens du monothéisme. Une telle assertion s'explique par le fait que les Kharidjites considèrent comme mécréant tout musulman pécheur. A leurs yeux, quiconque commet un péché est un mécréant qui brûlera éternellement en Enfer.

Les Mu'tazilites, eux, considèrent que quiconque commet un péché reste entre deux situations: il n'est ni croyant, ni mécréant. Sous ce rapport, les lois de l'Islam lui sont appliquées ici-bas, tout en étant certain que dans l'Au-delà, l'intéressé brûlera éternellement en Enfer. Notons, à cet égard, que nous avons cité plusieurs textes qui démontrent que les gens du monothéisme sortiront de l'Enfer.

3 - Les juifs

Ils prétendent qu'ils ne seront châtiés en Enfer que pour un temps limité et qu'après cela ils y seront remplacés par d'autres. A cet égard, Allah (ﷻ) leur répond, réfutant leur allégation:

﴾Et ils ont dit: le Feu ne nous touchera que pour quelques jours comptés. Dis: "Auriez-vous pris un engagement avec Allah - alors qu'Allah ne manque jamais à Son engagement -, mais vous dites plutôt sur Allah ce que vous ne savez pas." Bien au contraire! Ceux qui font le mal et qui se font cerner par leurs péchés, ceux-là sont les gens du Feu où ils demeureront éternellement.﴿ *[Coran 2: 80-81]*

﴾N'as-tu pas vu comment agissent ceux qui ont reçu une part du Livre, et qui sont maintenant invités au Livre d'Allah pour les départager; comment un groupe des leurs tourne le dos et s'esquive? C'est parce qu'ils disent: le Feu ne nous touchera que pour un nombre de jours déterminés. Et leurs mensonges les trompent en religion.﴿

[Coran 3: 23-24]

Ibn Jarir a rapporté dans son commentaire selon Ibn 'Abbas que celui-ci note, au sujet de l'exégèse de ces versets de la sourate *La Vache*: les ennemis d'Allah (ﷻ), les juifs, disent: "Allah ne nous mettra en Enfer que pour une période égale à celle au cours de laquelle nous avons adoré le veau, c'est-à-dire quarante jours. A la fin d'une telle période, nous cesserons d'être châtiés."

Ibn Jarir a aussi mentionné ces propos d'As-Sada: les juifs disent: "Allah nous mettra en Enfer pour une durée de quarante nuits. Lorsque le feu aura rongé nos péchés, quelqu'un appellera en disant: faites sortir tous les 'enfants' d'Israël circoncis! Voilà pourquoi la circoncision nous a été ordonnée." Ils disent: "Ils ne mettront aucun d'entre nous en Enfer qu'ils ne fassent sortir."

Il a aussi rappelé ces propos d'Ibn 'Abbas: on mentionne que les juifs ont trouvé écrit dans la Torah: 'La distance séparant les deux extrémités de l'Enfer est une marche de quarante ans aboutissant à un *Zaqqûm* (arbre de l'Enfer) solidement implanté dans la Géhenne.' Or, disait Ibn 'Abbas: "La Géhenne, c'est *Saqar*, là où se trouve l'arbre du *Zaqqûm*. Les ennemis d'Allah (ﷻ) prétendent que le délai qu'ils retrouvent dans leur livre s'écoulera en quelques jours.''

Selon Ibn Jarir: on veut dire à travers cela la marche aboutissant au cœur de la Géhenne (Enfer). A cet égard, les juifs disent: 'Lorsque le délai s'écoulera, le terme se présentera, alors nous ne serons plus châtiés. L'Enfer s'en ira, appelé à périr.' C'est cela que traduit le verset que voici:

> ﴿Le Feu ne nous touchera que pour quelques jours comptés.﴾ *[Coran 2: 80]*

Ce qui veut dire, selon eux, que c'est le délai maximal de leur séjour en Enfer.

D'après Ibn 'Abbas, lorsqu'ils franchiront la porte de l'Enfer, ils seront châtiés jusqu'à ce qu'ils atteignent l'arbre du *Zaqqûm* et cela, au dernier Jour de la période déterminée. Là, le gardien de l'Enfer leur dira: "Vous avez prétendu que le feu ne vous touchera que pour quelques jours déterminés. A présent, le délai des quarante jours s'est écoulé et vous voici toujours dans l'éternité.'' Sur ces mots, il se mettra à les harceler, descendant avec eux dans les profondeurs de l'Enfer.

4 - Ibn 'Arabi At-Tâ'i, l'imam de la doctrine du monisme *(Ittihadiya)*

Il prétend que les gens de l'Enfer seront châtiés pour un temps Au-delà duquel leur essence sera de feu et, en conséquence, leur permettra de prendre plaisir en Enfer du fait que celui-ci deviendra conforme à leur essence. Dans *Al-Fat'h*, Ibn Hajar dit: "Telle est la version des athées qui appartiennent au soufisme.''

5 - Ceux qui prétendent que les gens de l'Enfer en sortiront et qu'alors celui-ci continuera d'être comme il était, c'est-à-dire: éternel, non appelé à disparaître.

6 - Abu Houdhayl Al-'Allâf

Il fait partie des imams mu'tazilites qui soutiennent que la vie des gens de l'Enfer aura un terme et que ceux-ci se verront transformés en matière inerte, et ils ne ressentiront plus la douleur. C'est cela qu'il soutient, car pour lui, il ne saurait y avoir d'événement sans fin

A cet égard, il s'oppose aux arguments à la fois solides et irréfutables, en faisant valoir de bien absurdes paramètres intellectuels.

7 - Ceux qui disent qu'Allah (ﷻ) tirera qui Il veut des flammes de l'Enfer, comme le notent les Hadiths, et laissera qui Il veut, puis, après un certain temps, vouera l'Enfer à la disparition car, en fait, en le créant, Il lui avait fixé un délai de vie.

C'est cette dernière version que défendait aussi *cheikh El-Islam* Ibn Taymiya. Tout comme son illustre disciple Ibn Al-Qayim.

Face à cette situation, les savants se sont accordés à démontrer l'aberration d'un tel point de vue. Ainsi, après avoir cité ce point de vue, Ibn Hajar Al-'Asqalani a dit: "Certains Prédécesseurs ont penché pour ce point de vue et l'ont soutenu sur la base de maints aspects spéculatifs. C'est un point de vue méprisable et à rejeter. As-Soubki Al-Kabir a brillamment mis en évidence la faiblesse de son argumentation."[1]

Hassan Khân a dit: le cheikh Mar'i Al-Karami Al-Hanbali a composé une épître qu'il a intitulée *Tawfiq al-fariqayn 'ala khouloud*

[1] Le livre auquel l'auteur fait allusion s'intitule Al-'Itibar bi baqa'i-I-Jannah Wan-Nar (Propos sur l'éternité du Paradis et de l'Enfer), livre écrit par Taqi Eddine Ali Ibn Abd Al-Bâqi As-Soubki (chafi'ite), mort en l'an 756 de l'Hégire.

ahl ad-darayn. Il y a au début de ce livre une épître de l'imam Mohammed Ibn Ismâ'il Al-Amir et une autre de l'éminent cadi Mohammed Ibn Ali Ach-Chawkani. Le contenu des deux épîtres proclame l'éternité du Paradis et de l'Enfer et le fait que leurs habitants y demeurent éternellement. Il y a des points que nous aimerions illustrer avec plus de détails.

1 - Une telle parole est erronée, même si elle provient de deux éminents savants de l'Islam. En effet, *cheikh El-Islam* Ibn Taymiya et son disciple Ibn Al-Qayim nous ont enseigné que l'amour de la vérité doit passer avant celui des hommes. De nombreux textes qui montrent que l'Enfer est éternel sont là pour prouver la fausseté de leur thèse. Ce sont des textes absolument solides et irréfutables. Nous avons déjà mentionné, à cet égard, les propos de la Communauté des Savants à propos de l'éternité de l'Enfer.

2 - Il ne convient en aucun cas de blâmer *cheikh El-Islam* Ibn Taymiya et son disciple Ibn Al-Qayim à cause de tels propos. On sait que certains les ont traités de mécréants et d'autres de pervers pour cette raison. Or, tout cela n'est pas juste. Ce sont deux exégètes dont la récompense est certaine. Ils auraient suivi la vérité s'ils avaient su que celle-ci était à l'opposé de leur position. La prétention selon laquelle tout contradicteur de cette situation doit être accusé de mécréance, est un propos qui conduit ceux qui le profèrent à accuser de mécréance certains imams de cette communauté, et dont l'imamat est unanimement reconnu. Or Omar Ibn Al-Khattab était d'avis que le voyageur ne devait ni faire le *tayamoum [ablution sèche],* ni prier, s'il ne disposait pas d'eau, alors que la communauté s'était mise d'accord sur le contraire. L'imam Mâlik considérait que la *Basmalah* (Au nom d'Allah, le Clément, le Miséricordieux) n'était pas un verset du Coran, alors que la communauté considérait à l'unanimité que tout ce qu'il y avait entre les deux couvertures du Livre faisait partie du Coran.

D'aucuns ont prétendu que la foi ne saurait ni augmenter, ni diminuer alors que le Coran, la Sunna et la communauté des Savants le certifient clairement.

3 - Par ailleurs, il nous faudra attirer l'attention sur le fait que Ibn Taymiya et Ibn Al-Qayim ont émis d'autres propos dans lesquels ils considèrent l'Enfer comme éternel. En effet, dans la collection de ses réponses juridiques, Ibn Taymiya, répondant à une question, a dit: "Les prédécesseurs et les imams de la Communauté ainsi que le reste des gens de la Sunna et de la communauté s'accordent à penser qu'il y a des créatures qui ne sauraient disparaître totalement, comme c'est le cas du Paradis, de l'Enfer, du Trône, etc."

Seul un groupe innovateur des gens du *Kalam* ("parathéologie") a avancé l'argument de la disparition de toutes les créatures. D'un tel groupe se réclame d'ailleurs Al-Jahm Ibn Safwân et tous ceux qui le suivaient parmi les Mu'tazilites et d'autres encore. Le point de vue d'un groupe pareil est faux; il contredit le Livre d'Allah (ﷻ), la Sunna de Son Messager (ﷺ), le consensus des Prédécesseurs et des imams de la Communauté.

S'il en est ainsi, c'est-à-dire qu'Ibn Taymiya et son disciple ont deux points de vue, nous ne devons leur attribuer de manière définitive le point de vue relatif à la disparition de l'Enfer que lorsque nous sommes vraiment certains que celui-ci est le dernier en date. Au cas où l'on ne parvient pas à identifier le dernier d'entre eux, il convient avant tout de s'abstenir de leur attribuer l'un des deux points de vue.

4 - Certaines preuves que *cheikh El-Islam* et Ibn Al-Qayim ont prises comme arguments en faveur de la disparition de l'Enfer s'avèrent être non valides. En outre, celles d'entre elles qui passent pour valides ne sont pas d'une évidence flagrante. On peut donc les utiliser pour démontrer le caractère éternel de l'Enfer, tout comme on peut les utiliser pour supposer la disparition de l'Enfer dans lequel les

monothéistes désobéissants se retrouveront. Ces arguments, As-San'ani les a examinés dans l'épître où il répondait à la fois à Ibn Taymiya et à Ibn Al-Qayim. Il y a montré que ces preuves n'allaient pas dans le même sens que le point de vue qu'ils ont adopté. Cette épître est intitulée *Raf'e al astar li ibtal adillatu al qa'il bi fana'i an-nar.*

Al-Qortobi fait partie de ceux qui ont abordé cette question, et ce, dans son ouvrage intitulé *At-Tadhkira.* Il y a cité les arguments qui montrent que le Paradis et l'Enfer sont éternels et que la mort sera égorgée entre le Paradis et l'Enfer. Ensuite il dit: quelqu'un dira: "Ô gens du Paradis, restez-y éternellement, car il n'y a plus de mort! Ô gens de l'Enfer, restez-y éternellement car il n'y a plus de mort!"

A cela, Al-Qortobi ajoute: "Ces Hadiths authentiques prouvent que les gens du Paradis et de l'Enfer auront un séjour éternel dans leurs demeures respectives, sans que leur soit fixé un terme ou une limite. Il s'agira d'un séjour éternel, sans mort, ni vie, ni repos, ni secours."

Ensuite il s'est occupé de répondre à ceux qui disent que le Paradis et l'Enfer disparaîtront. Il a montré que ce qui devra disparaître, c'est l'Enfer dans lequel les monothéistes désobéissants entreront. A cet égard, il dit: "Quiconque soutient que les gens sortiront de l'Enfer et que celui-ci sera totalement vidé et désert, et appelé à disparaître, déraisonne et s'oppose à ce qu'a apporté le Messager d'Allah (ﷺ), ainsi qu'au consensus des gens de la Sunna et des imams."

Seule *Jahanname* (la Géhenne) sera vide: c'est le premier niveau où se trouvent les monothéistes désobéissants et au bord duquel pousse le *Jarjil.*

Fadhl Ibn Salih a dit: un jour, nous étions chez Mâlik Ibn Anas qui nous dit: partez! Nous nous en allâmes puis revînmes le voir dans la nuit pour l'entendre dire: je vous dis de partir. C'est tout.

En effet, quelqu'un prétendant venir de Syrie avec une question est venu frapper à ma porte, demandant à entrer et disant: "Ô père d'Abdallah! Que dis-tu de la consommation du *Jarjil*? On raconte qu'il pousse au bord de la Géhenne!'' Ma réponse a été: "Il n'y a pas de mal.'' Alors il a repris: "Je te confie à Allah (ﷻ) et salut à toi.''

Une telle histoire a été mentionnée par l'orateur Abu Bakr Ahmed. Abu Bakr Al-Bazzar a dit d'après 'Amr Ibn Meimoun, d'après Abdallah ibn 'Amr Ibn Al-'As que ce dernier a dit: "Il arrivera en Enfer un moment où le vent fera claquer ses portes car il n'y aura personne.'' C'est-à-dire aucun monothéiste. Ainsi le Hadith a été rapporté de façon *mawkouf* de la parole d'Abdallah Ibn Omar et il n'y a pas la mention du Prophète (ﷺ). Des Hadiths semblables ne font pas partie des opinions; il est donc *marfou'e*.

CHAPITRE 5

LES GENS DE L'ENFER ET LEURS PECHES

1.- Ses habitants qui y demeureront éternellement

Définition de ces gens

Les gens de l'Enfer qui y demeureront éternellement sont ceux d'entre eux qui ne connaîtront ni départ hors de ce lieu ni anéantissement, c'est-à-dire: les mécréants et les polythéistes. A leur sujet Allah (ﷻ) dit:

﴾Et ceux qui traitent de mensonges Nos signes et s'en écartent avec orgueil, sont les gens du Feu et ils y demeureront éternellement.﴿ *[Coran 7: 36]*

﴾Si ceux-là étaient vraiment des divinités, ils n'y entreraient pas et tous y demeureront éternellement.﴿ *[Coran 21: 99]*

﴾Quant aux criminels, ils demeureront éternellement dans le châtiment de l'Enfer.﴿ *[Coran 43: 74]*

﴾Et ceux qui ont mécru auront le feu de l'Enfer: on ne les achève pas pour qu'ils meurent et on ne leur allège rien de ces tourments.﴿ *[Coran 35: 36]*

﴿Et ceux qui ne croient pas *[à Nos Messagers]* et traitent de mensonges Nos révélations, ceux-là sont les gens du Feu où ils demeureront éternellement.﴾ *[Coran 2: 39]*

﴿Ceux qui ne croient pas et qui meurent mécréants, recevront la malédiction d'Allah, des Anges et de tous les hommes. Ils y demeureront éternellement; le châtiment ne leur sera pas allégé, et on ne leur accordera pas de répit.﴾ *[Coran 2: 161-162]*

﴿ Ne savent-ils pas qu'en vérité, quiconque s'oppose à Allah et à son Messager, aura le feu de l'Enfer pour y demeurer éternellement? Et voilà l'immense opprobre.﴾ *[Coran 9: 63]*

﴿Il n'appartient pas aux polythéistes d'entretenir les mosquées d'Allah, puisqu'ils témoignent contre eux-mêmes de leur mécréance. Voilà ceux dont les œuvres sont vaines; et dans le Feu ils demeureront éternellement.﴾ *[Coran 9: 17]*

Montrant qu'ils demeureront éternellement en Enfer, Allah a décrit le châtiment de l'Enfer comme étant permanent, c'est-à-dire ininterrompu. A ce sujet, le Très-Haut dit:

﴿Ils voudront sortir du Feu, mais ils n'en sortiront point. Et ils auront un châtiment permanent.﴾ *[Coran 5: 37]*

﴿Puis, il sera dit aux *[gens]* injustes: goûtez au châtiment éternel! Etes-vous rétribués autrement qu'en rapport de ce que vous acquériez?﴾ *[Coran 10: 52]*

Il est rapporté dans le *Sahih* de Boukhari d'après Ibn Omar (رضي الله عنه) que le Prophète (ﷺ) a dit: «*Les gens du Paradis iront au Paradis et ceux de l'Enfer, en Enfer; ensuite, un annonciateur parmi eux dira: "Ô gens de l'Enfer, il n'y a plus de mort! Ô gens du Paradis, il n'y a plus de mort. Ce qu'il y a, c'est l'Eternité"*.»

On a rapporté qu'Abu Houreira (رضي الله عنه) a dit: le Messager d'Allah (ﷺ) a dit: «*On dira aux gens du Paradis: "Ô gens du Paradis! Il n'y aura plus de mort" et ensuite à ceux de l'Enfer: "Ô gens de l'Enfer! Il n'y aura plus de mort, mais plutôt l'éternité".»*

Ceci sera dit une fois que la mort aura été supprimée, conformément à ce qui est dit dans le Hadith d'Ibn Omar (رضي الله عنه) chez Boukhari: *«Lorsque les gens du Paradis seront au Paradis et que ceux de l'Enfer, en Enfer, on amènera la Mort entre le Paradis et l'Enfer; après quoi, on l'égorgera et ensuite quelqu'un appellera pour dire: "Ô gens du Paradis! Il n'y a plus de mort. Ô gens de l'Enfer! Il n'y a plus de mort." Cela dit, les gens du Paradis auront un surcroît de contentement et ceux de l'Enfer, un surcroît de tristesse.»*

Dans le *Sahih* de Muslim, on rapporte que Abu Saïd (رضي الله عنه) a dit: le Messager d'Allah (ﷺ) a dit: *«Au Jour de la Résurrection, on fera venir la mort sous la forme d'un bouc de couleur grisâtre. On l'arrêtera entre le Paradis et l'Enfer. Alors, on dira: "Ô gens du Paradis! Connaissez-vous celle-ci?" Ceux-ci, se dressant, et se haussant pour mieux voir, diront: "Oui. C'est la mort." Ensuite on dira: "Ô gens de l'Enfer! Connaissez-vous celle-ci?" Ceux-ci, à leur tour, se dressant et se haussant pour mieux voir, diront: "Oui. C'est la mort." A ce niveau, on donnera l'ordre d'égorger la mort; après quoi, quelqu'un dira: "Ô gens du Paradis! Séjournez éternellement; il n'y a plus de mort. Ô gens de l'Enfer! Séjournez éternellement; il n'y a plus de mort".»*

Il dit: le Messager d'Allah (ﷺ) récita ensuite le verset suivant:

﴾Et avertis-les du Jour du Regret, quand tout sera réglé, alors qu'ils sont *[dans ce monde]* inattentifs et qu'ils ne croient pas.﴿ *[Coran 19: 39]*

Tirmidhi a extrait ce Hadith rapporté par Abu Saïd Al-Khoudri (رضي الله عنه) et directement attribué au Prophète (ﷺ): *«Au Jour de la Résurrection, on fera venir la mort sous la forme d'un bouc grisâtre. On l'arrêtera entre le Paradis et l'Enfer pour être supprimée, sous leurs yeux. S'il y en avait qui devraient mourir de joie, ce serait les gens du Paradis et s'il y a en avait qui devraient mourir de tristesse, ce serait les gens de l'Enfer.»* Il a dit: Hadith bon *[et]* authentique.

2.- L'Enfer est la demeure des mécréants et des polythéistes

Puisque les mécréants et les polythéistes séjourneront éternellement en Enfer, il est considéré comme une demeure et un abri pour eux; tout comme le Paradis est la demeure des croyants:

﴾Le feu sera leur refuge. Quel mauvais séjour, que celui des *[gens]* injustes!﴿ *[Coran 3: 151]*

﴾ Leur refuge sera le Feu, pour ce qu'ils acquéraient.﴿ *[Coran 10: 8]*

﴾N'est-ce pas dans l'Enfer une demeure pour les mécréants?﴿ *[Coran 29: 68]*

L'Enfer est leur demeure, il prend leur affaire en charge:

﴾Votre asile est le Feu: c'est lui qui est votre compagnon inséparable. Et quelle mauvaise destination!﴿ *[Coran 57: 15]*

C'est la pire demeure, le pire asile:

﴾L'Enfer lui suffira, exécrable séjour, s'il en est!﴿ *[Coran 2: 206]*

﴾Précipités en Enfer, ils en subiront l'impact brûlant; couche horrible entre toutes!﴿ *[Coran 38: 55-56]*

3.- Ceux qui invitent les gens en Enfer

Les auteurs des principes erronés, des doctrines fausses et contraires à la législation d'Allah ainsi que ceux qui appellent les musulmans à suivre leurs futilités à eux sont ceux qui invitent à aller en Enfer:

﴾Car ceux-là *[les polythéistes]* invitent au Feu.﴿
[Coran 2: 221]

﴾ Nous fîmes d'eux des dirigeants qui appellent les gens au Feu.﴿ *[Coran 28: 41]*

Parmi eux, il y a les diables:

﴾Est-ce donc même si le Diable les appelait au châtiment de la Fournaise?﴿ *[Coran 31: 21]*

﴾Il ne fait qu'appeler ses partisans pour qu'ils soient des gens de la Fournaise.﴿ *[Coran 35: 6]*

Ceux qui, ici-bas, invitent au Feu, conduiront leurs partisans et leurs suiveurs en Enfer, dans l'Au-delà. A titre d'exemple, citons Pharaon:

﴾Il précédera son peuple, au Jour de la Résurrection. Il les mènera à l'aiguade du Feu.﴿ *[Coran 11: 98]*

Les suppôts du mal, l'ensemble de ces gens qui invitent les hommes à embrasser des dogmes et principes contraires à l'islam sont ceux qui invitent à entrer en Enfer, parce que le seul chemin qui préserve de l'Enfer et mène au Paradis est celui de la foi:

﴾Ô mon peuple, mais qu'ai-je à vous appeler au salut, alors que vous m'appelez au Feu?﴿ *[Coran 40: 41]*

Ils l'invitaient *[le croyant]* à suivre Pharaon, à l'impiété et au polythéisme de celui-ci, alors que lui, les exhortait à adorer Allah (ﷻ), à professer l'unicité divine et la foi en Allah (ﷻ). Voyant donc que les infidèles cherchent à les conduire au Feu, Allah (ﷻ) a interdit aux croyants d'épouser des polythéistes. De même, il interdit aux croyantes de se marier avec des polythéistes:

﴾Et n'épousez pas les femmes polythéistes tant qu'elles n'auront pas la foi, et certes une esclave croyante vaut mieux qu'une polythéiste, même si elle vous enchante. Et ne donnez pas d'épouses aux polythéistes tant qu'ils n'auront pas la foi, et certes un esclave croyant vaut mieux qu'un polythéiste, même s'il vous enchante. Car ceux-là *[les polythéistes]* invitent au Feu; tandis qu'Allah invite, de par Sa Grâce, au Paradis et au pardon. Et Il expose aux gens Ses enseignements afin qu'ils se souviennent!﴾

[Coran 2: 221]

4.- Les plus grands crimes commis par ceux qui demeureront éternellement en Enfer

Le Coran s'est étendu sur l'évocation des crimes de ceux qui demeureront éternellement en Enfer, crimes pour lesquels ils ont mérité un séjour éternel en Enfer. Citons dans les lignes suivantes les plus importants de ces crimes:

1- La mécréance, le polythéisme:

Allah (ﷻ) nous informe que les mécréants seront interpellés en ces termes lorsqu'ils seront dans le Feu:

﴿La colère d'Allah contre vous est plus terrible que celle que vous éprouvez et dirigez contre vous-mêmes pour avoir refusé la foi.﴾

Ensuite, Allah (ﷻ) précise que le séjour éternel de ces gens en Enfer est dû à leur mécréance et à leur polythéisme:

﴿A ceux qui n'auront pas cru on proclamera: l'aversion d'Allah *[envers vous]* est plus grande que votre aversion envers vous-mêmes, lorsque vous étiez appelés à la foi et que vous persistiez dans la mécréance. Ils diront: notre Seigneur, Tu nous as fait mourir deux fois et redonné la vie deux fois: nous reconnaissons nos péchés. Y a-t-il un moyen d'en sortir? Il en est ainsi car lorsque Allah était invoqué Seul, vous ne croyiez pas; et si on Lui donnait des associés, alors vous croyiez. Le jugement appartient à Allah, le Très-Haut, le Très-Grand.﴾ *[Coran 40: 10-12]*

Allah (ﷻ) nous a aussi fait savoir que les gardiens de l'Enfer interrogeront les gens quand ils seront emmenés en Enfer en ces termes:

﴾Vos Messagers ne vous apportaient-ils pas les preuves évidentes?﴿ *[Coran 40: 50]*

Et la réponse sera: ils ont mérité l'Enfer pour avoir démenti les Messagers et ce qu'ils ont apporté:

﴾Ils diront: mais si! Un avertisseur nous était venu, certes, mais nous avons crié au mensonge et avons dit: Allah n'a rien fait descendre; vous n'êtes que dans un grand égarement!﴿ *[Coran 67: 9]*

A propos de ceux qui traitent le Livre de faux, Allah (ﷻ) dit:

﴾C'est bien un rappel de Notre part que Nous t'avons apporté. Quiconque s'en détourne *[de ce Coran]*, portera au Jour de la Résurrection un fardeau; ils resteront éternellement dans cet état, et quel mauvais fardeau pour eux au Jour de la Résurrection.﴿ *[Coran 20: 99-101]*

En ce qui concerne ceux qui traitent de faux le Coran et donnent à Allah des associés, le Très Haut dit:

﴾Ceux qui traitent de mensonge le Livre et ce avec quoi Nous avons envoyé Nos Messagers; ils sauront bientôt quand, avec des carcans à leurs cous et avec des chaînes, ils seront traînés dans l'eau bouillante; et qu'ensuite, ils brûleront dans le Feu. Puis, on leur dira: où sont ceux que vous associez à Allah? Ils se sont écartés de nous, diront-ils. Ou plutôt, nous n'évoquions rien, auparavant. Ainsi Allah égare-t-Il les mécréants. Voilà le prix de votre exultation sur terre, sans raison, ainsi que de votre joie immodérée. Franchissez les portes de l'Enfer pour y demeurer éternellement. Qu'il est mauvais le lieu de séjour des orgueilleux!﴿ *[Coran 40: 70-76]*

Au sujet des mécréants et des polythéistes qui considèrent que leurs divinités égalent le Maître des Mondes, Allah dit:

> ﴾Ils y seront donc jetés pêle-mêle ainsi que leurs adorateurs dévoyés et toutes les légions de Satan. Ils diront, tout en s'y querellant: par Allah! Nous étions, certes, dans un égarement évident, quand nous faisions de vous les égaux du Seigneur de l'Univers.﴿ *[Coran 26: 94-98]*

Il dit à l'endroit de ceux qui traitent de mensonge le Jour du Jugement Dernier:

> ﴾Mais ils ont plutôt qualifié l'Heure de *[pur]* mensonge. Nous avons cependant préparé, pour quiconque qualifie l'Heure de *[pur]* mensonge, une Flamme brûlante.﴿ *[Coran 25: 11]*

> ﴾Et si tu dois t'étonner, *[il n'y a]* rien de plus étonnant que leurs dires: quand nous serons poussière, reviendrons-nous vraiment à une nouvelle création? Ceux-là sont ceux qui ne croient pas en leur Seigneur. Et ce sont eux qui auront des jougs à leurs cous. Et ce sont eux les gens du Feu, où ils demeureront éternellement.﴿ *[Coran 13: 5]*

Il dit aussi:

> ﴾L'Enfer sera leur demeure: chaque fois que son feu s'affaiblit, nous leur accroîtrons la flamme ardente. Telle sera leur sanction parce qu'ils ne croient pas en nos preuves et disent: quand nous serons ossements et poussière, serons-nous ressuscités en une nouvelle création?﴿ *[Coran 17: 97-98]*

2 - La non-application des Prescriptions divines, ajoutée au fait de démentir le Jour du Jugement Dernier et de ne pas s'attacher aux dispositions divines

Allah (ﷻ) nous informe que les gens du Paradis interrogeront ceux de l'Enfer en ces termes:

﴾Qu'est-ce qui vous a acheminés à *Saqar [Enfer]*?﴿

[Coran 74: 42]

Alors, ceux-ci répondront:

﴾Nous n'étions pas de ceux qui pratiquaient la prière, et nous ne nourrissions pas le pauvre, et nous nous mêlions dans ceux qui tenaient des conversations futiles, et nous traitions de mensonge le Jour de la Rétribution, jusqu'à ce que nous vînt la vérité évidente *[la mort]*.﴿

[Coran 74: 43-47]

3 - L'obéissance aux chefs égarés et aux dirigeants mécréants dans ce qu'ils ont arrêté comme principes d'égarement et démarches d'impiété, qui détournent de la Voie d'Allah et du fait de suivre les Messagers. Allah (ﷻ) dit au sujet de ceux-ci:

﴾Et Nous leur avons destiné des compagnons inséparables *[des démons]* qui leur ont enjolivé ce qui était devant et derrière eux. Et le Décret s'est avéré juste contre eux, comme contre les autres communautés de djinns et d'hommes qui ont vécu avant eux. Ils sont certes perdants! Et ceux qui avaient mécru dirent: ne prêtez pas l'oreille à ce Coran, et faites du chahut *[pendant sa récitation]*, afin d'avoir le dessus. Nous ferons certes goûter à ceux qui ne croient pas un dur châtiment, et Nous leur ferons certainement expier le pire de ce qu'ils faisaient. Ainsi, la rétribution des ennemis d'Allah sera le Feu où ils auront une demeure éternelle comme punition pour avoir nié Nos versets.﴿ *[Coran 41: 25-28]*

Lorsque les mécréants entreront en Enfer et qu'on y fera retourner leurs visages, ils regretteront de n'avoir pas obéi à Allah (ﷻ) et à Son Messager (ﷺ), et d'avoir obéi à leurs chefs et à leurs meneurs:

﴾Allah a maudit les infidèles et leur a préparé une fournaise, pour qu'ils y demeurent éternellement, sans trouver ni allié ni secouriste. Le jour où leurs visages seront tournés et retournés dans le Feu, ils diront: hélas pour nous! Si seulement nous avions obéi à Allah et obéi au Messager! Et ils dirent: Seigneur, nous avons obéi à nos chefs et à nos grands. C'est donc eux qui nous ont égarés du Sentier.﴿

[Coran 33: 64-67]

4 - L'hypocrisie:

Allah (ﷻ) a promis l'Enfer aux hypocrites, et il s'agit d'une promesse qu'Il tiendra.

﴾Aux hypocrites, hommes et femmes, et aux mécréants, Allah a promis le feu de l'Enfer pour qu'ils y demeurent éternellement. C'est suffisant pour eux. Allah les a maudits. Et pour eux, il y aura un châtiment permanent.﴿

[Coran 9: 68]

Il nous a informé que la place des hypocrites est au plus profond de l'Enfer. C'est l'endroit où la chaleur est la plus intense:

﴾Les hypocrites seront, certes, au plus bas fond du Feu.﴿

[Coran 4: 145]

5 - L'orgueil:

Il s'agit là d'un trait de caractère que l'on retrouve chez la totalité des gens de l'Enfer. A ce propos, Allah (ﷻ) dit:

﴾Et ceux qui traitent de mensonges Nos signes et s'en écartent avec orgueil, sont les gens du Feu et ils y demeureront éternellement.﴿ *[Coran 7: 36]*

Dans son *Sahih*, Muslim a prévu une partie qu'il a intitulée *La porte de l'Enfer par laquelle les oppresseurs passeront et la porte du Paradis par laquelle les faibles passeront.*

Dans cette partie, il mentionne la dispute entre le Paradis et l'Enfer ainsi que leurs propos, et ce qu'Allah (ﷻ) leur a dit. Il y a cité un Hadith qu'Abu Houreira (رضي الله عنه) fait remonter directement au Messager (ﷺ). Il y est dit que l'Enfer a dit: *«Ceux que je reçois sont les oppresseurs et les orgueilleux.»* Et dans une autre variante, il dit: *«On m'a fait préférer les orgueilleux et les oppresseurs.»* Sur ces mots, Allah (ﷻ) lui dit: *«Tu es le châtiment avec lequel Je châtie qui Je veux.»*

Dans les deux *Sahih* de Boukhari et de Muslim et aussi dans les *Sunan* de Tirmidhi, Hâritha Ibn Wahb a dit que le Messager d'Allah (ﷺ) a dit: *«Voulez-vous que je vous informe des gens du Paradis? Ils sont constitués de faibles qui, s'ils juraient par Allah (ﷻ), seraient exaucés par Lui. Voulez-vous que je vous informe des gens de l'Enfer? Ils sont constitués de pervers, d'avares et d'orgueilleux.»*

Et dans une variante de Muslim: *«Ils sont constitués d'avares, d'imposteurs et d'orgueilleux.»*

Tout ceci est confirmé dans le Livre d'Allah (ﷻ):

﴾N'est-ce pas en Enfer qu'il y aura une demeure pour les orgueilleux?﴿ *[Coran 39: 60]*

﴾On vous rétribue donc aujourd'hui, du châtiment avilissant, pour l'orgueil dont vous enfliez injustement sur terre.﴿ *[Coran 46: 20]*

﴾Quant à celui qui aura dépassé les limites et aura préféré la vie présente, alors, l'Enfer sera son refuge.﴿

[Coran 79: 37-39]

5.- L'ensemble des péchés qui font entrer en Enfer

On a interrogé *cheikh El-Islam* Ibn Taymiya en ces termes: quelles sont les œuvres des gens de l'Enfer? Quelles sont les œuvres des gens du Paradis?

A cela, il a répondu: "Les comportements des gens de l'Enfer auront été: le polythéisme, le démenti des Messagers, la mécréance, la jalousie, le mensonge, la trahison, l'injustice, les turpitudes, la lâcheté, la rupture des liens de parenté, la lâcheté à l'endroit du jihad, l'avarice, la contradiction entre les paroles et les actes, le fait de désespérer de la miséricorde d'Allah (سبحانه وتعالى), celui de prétendre être à l'abri de la ruse d'Allah (سبحانه وتعالى), la panique lors des malheurs, la fierté et l'arrogance dans l'opulence, l'abandon des obligations imposées par Allah (سبحانه وتعالى), la transgression de Ses limites bien fixées, la violation de Ses choses sacrées, le fait de craindre les créatures à l'exception du Créateur, l'ostentation, le fait de contredire le Coran et la Sunna, tant sur le plan de la croyance que sur celui des actes, l'obéissance à une créature dans la désobéissance au Créateur, le fait de s'attacher futilement au faux, de prendre les versets d'Allah (سبحانه وتعالى) en raillerie, de nier la vérité, de dissimuler ce qui doit être divulgué en matière de Savoir et de Témoignage, la magie, la désobéissance envers les parents, le meurtre, l'abus dans l'usage des biens d'orphelins, l'usure, la fuite lors du combat, la calomnie des femmes chastes, vertueuses et croyantes."

Le Messager d'Allah (ﷺ) a mentionné l'ensemble des péchés menant en Enfer. Ainsi, 'Iyadh Ibn Ammar rapporte dans le *Sahih* de Muslim, que le Messager d'Allah (ﷺ) a dit dans l'un de ses longs sermons: *«Les gens de l'Enfer sont cinq catégories: le faible sans cervelle, les conformistes parmi vous: ceux qui n'ont ni parents ou richesse à suivre, le traître qui ne dissimule pas son avidité, qui ne laisse passer aucune occasion, même insignifiante, de trahir, celui qui, matin et soir te trompe et te leurre dans ta famille et tes biens.»* Il a aussi mentionné l'avarice, le mensonge et la grossièreté.

6.- Personnes nommément citées dans les textes comme devant aller en Enfer

Les mécréants et les polythéistes sont actuellement en Enfer à cela il n'y a aucun doute. Le Saint Coran et le Messager d'Allah (ﷺ) nous ont aussi informés que des personnes nommément citées brûlent actuellement en Enfer... Parmi celles-ci, on note Pharaon, le contemporain de Moïse:

﴾Il précédera son peuple au Jour de la Résurrection. Il les mènera à l'aiguade du Feu.﴿ *[Coran 11: 98]*

Il y a aussi la femme de Noé (Nouh) et celle de Loth:

﴾Allah a cité en parabole, pour ceux qui ont mécru, la femme de Noé et celle de Loth. Elles étaient sous l'autorité de deux hommes vertueux parmi Nos serviteurs. Toutes deux les trahirent et ils ne furent d'aucune aide pour *[elles]* vis-à-vis d'Allah. Et il *[leur]* fut dit: entrez au Feu, toutes les deux, avec ceux qui y entrent.﴿ *[Coran 66: 10]*

Il y a Abu Laheb et sa femme:

﴾Que périssent les mains d'Abu Laheb et que lui-même périsse. Sa fortune ne lui sert à rien, ni ce qu'il a acquis. Il sera brûlé dans un Feu plein de flammes, de même que sa femme, la porteuse de bois; à son cou, une corde de fibres.﴿ *[Coran 111: 1-5]*

Il y a 'Amr Ibn 'Amir Al-Khouza'i. Le Messager d'Allah (ﷺ) l'a vu en train de traîner ses entrailles en Enfer. Parmi ces damnés, il y a aussi celui qui a tué et dépouillé 'Ammâr. Dans le *Mu'jame* de Tabarani, 'Amr Ibn Al-'As rapporte de son fils que le Prophète (ﷺ) a dit: *«Celui qui a tué et dépouillé Ammâr est en Enfer.»*

7.- Les mécréants parmi les djinns iront en Enfer

Les mécréants parmi les djinns iront en Enfer tout comme les mécréants parmi les humains. En effet, les djinns ont les mêmes obligations que les humains:

﴾Je n'ai créé les djinns et les hommes que pour qu'ils M'adorent.﴿ *[Coran 51: 56]*

Au Jour de la Résurrection, les djinns et les hommes seront tous rassemblés:

﴾Et le jour où Il les rassemblera tous: ô communauté des djinns, vous avez trop abusé des humains.﴿*[Coran 6: 128]*

﴾Par ton Seigneur! Assurément! Nous les rassemblerons, eux et les diables. Puis, Nous les placerons en les faisant s'agenouiller autour de l'Enfer. Ensuite, nous arracherons de chaque groupe ceux d'entre eux qui étaient les plus obstinés contre le Tout-Miséricordieux. Puis nous sommes Le meilleur à savoir ceux qui méritent le plus d'y être brûlés.﴿ *[Coran 19: 68-70]*

Puis on dira aux mécréants parmi eux:

﴾Entrez dans le Feu, parmi les djinns et les hommes des communautés qui vous ont précédés.﴿ *[Coran 7: 38]*

Une fois cela dit, on les jettera, pêle-mêle, au feu:

﴾Ils y seront donc jetés pêle-mêle ainsi que leurs adorateurs dévoyés et toutes les légions de Satan.﴿ *[Coran 26: 94-95]*

De cette manière, Allah (ﷻ) accomplira Sa promesse de remplir l'Enfer de mécréants parmi les djinns et les humains:

﴾Et la parole de ton Seigneur s'accomplit: très certainement, J'emplirai l'Enfer de djinns et d'hommes, tous ensemble.﴿ *[Coran 11: 119]*

﴿Et le Décret s'est avéré juste contre eux, comme contre les autres communautés de djinns et d'hommes.﴾ *[Coran 41: 25]*

8.- Ceux qui ne demeureront pas éternellement en Enfer

Leur définition

Ceux qui entreront en Enfer et ensuite en sortiront sont les monothéistes qui n'auront pas donné d'associé à Allah (ﷻ), mais qui auront un nombre de péchés supérieur à celui de leurs bonnes œuvres, ce qui rendra leur pesée légère. Ceux-ci entreront en Enfer pour une durée qu'Allah (ﷻ), Seul, sait. Ensuite ils en sortiront grâce à l'intercession des intercesseurs. Allah (ﷻ), par Sa Grâce, fera aussi sortir de l'Enfer des gens qui, de leur vivant, n'avaient jamais fait de bien.

Les péchés pour lesquels l'Enfer a été promis

Ici, nous mentionnerons certains péchés à propos desquels les textes informent que les coupables seront châtiés en Enfer.

1 - Les sectes contraires à la Sunna

Abu Daoud, Darimi, Ahmed, Al-Hâkim et d'autres, rapportent que Mu'awiya Ibn Abi Soufiane a dit: le Messager d'Allah (ﷺ) s'est levé parmi nous et a dit: *«Ceux qui vous ont précédé parmi les Gens du livre s'étaient séparés en soixante-douze sectes. Quant à cette religion, elle se scindera en soixante-treize sectes dont soixante-douze iront en Enfer et une seule ira au Paradis: la Communauté.»* Hadith authentique.

Al-Hâkim a dit, après avoir cité ses chaînes de transmission: "Elles sont utilisées pour dresser une preuve dans la vérification du Hadith.'' Dhahabi aussi l'a approuvé.

Cheikh El-Islam Ibn Taymiya a dit: "C'est un Hadith authentique, célèbre''.

Ach-Châtibî l'a authentifié dans l'ouvrage intitulé *Al-i'tissam.* Le cheikh Nasser Eddine Al-Albani a rassemblé ses chaînes. Il les a étudiées et montré qu'il s'agit là d'un Hadith authentique dont la validité n'est entachée d'aucun doute.

Hassan Khân, lui, soutient que le supplément du Hadith, c'est-à-dire: *«Les sectes périront toutes sauf une»* et aussi *«soixante-douze d'entre elles iront en Enfer»*, s'avère être un supplément de faible validité. Cette attitude lui vient de son professeur cheikh Ach-Chawkani et, avant celui-ci, d'Ibn Al-Wazir et d'Ibn Hazm. Il a approuvé le propos de celui qui a dit: "Un tel supplément est un complot des athées''. C'est une façon d'écarter les gens de l'Islam et de les décourager d'y entrer.

Le cheikh Nasser Eddine Al-Albani a répondu à ceux qui considèrent ce supplément comme faible, et cela à deux niveaux:

A) La critique scientifique moderne des Hadiths a déjà apporté la preuve de la validité de ce supplément. En conséquence, il n'y a rien à tirer des propos des détracteurs.

B) Ceux qui l'ont considéré comme étant authentique font légion et sont plus instruits qu'Ibn Hazm qui, d'ailleurs, reste connu dans les milieux scientifiques pour la sévérité de ses critiques. En conséquence, nul ne doit se fonder sur ses propos, s'il se distingue par l'orthodoxie, et qu'en serait-il alors, s'il la contredisait.

S'agissant d'Ibn Al-Wazir, il rejette le supplément du point de vue du sens et non de la chaîne de transmission. Hassan Khân en a parlé dans *Yakadhatou oulou al-i'tibar*, précisant que le sens du supplément est que très peu de gens de cette Communauté iront au Paradis. Les textes authentiques et solides montrent que les gens de cette Communauté qui entreront au Paradis sont très nombreux et que leur nombre atteindra la moitié de l'effectif des gens du Paradis. La réponse à une telle assertion s'articule en plusieurs aspects.

a.- La division de la Communauté en soixante-treize sectes n'implique pas que la plupart des membres de celle-ci iront en Enfer, car la majorité de la Communauté ne fait pas partie de ces sectes. Ceux qui se sont séparés en sectes contraires à la Sunna sont peu nombreux, comparés à ceux qui n'adoptent pas la même attitude qu'eux.

b.- Toute personne qui s'oppose à la Sunna dans une question donnée ne doit pas être considérée comme faisant partie des sectes contraires à la Sunna. Il s'agit plutôt de ceux qui ont adopté des principes qui font d'eux un groupe indépendant, à part entière et qui ont abandonné bon nombre de textes du Coran et de la Sunna. C'est le cas des Kharidjites, des Mu'tazilites et des Râfidites. Quant à ceux qui ont adopté le Coran et la Sunna, sans en dévier, on ne les considère pas comme formant une secte s'il leur arrive de s'y opposer sur une question déterminée.

c.- Le supplément montre que les sectes concernées iront en Enfer mais cela ne signifie pas qu'elles passeront l'éternité en Enfer. On sait par ailleurs que certains adeptes de ces sectes sont des mécréants qui séjourneront éternellement en Enfer, comme c'est le cas des extrémistes ésotériques qui affichent la foi et dissimulent la mécréance, des Ismaélites, des Druzes, des Nussaïrites, etc.

Il y a aussi le cas de ceux qui contredisent les gens de la Sunna sur des questions importantes, mais dont la situation n'atteint pas le stade de la mécréance. Ceux-là n'ont pas la promesse absolue qu'ils iront au Paradis. Leur sort dépend de la volonté d'Allah (ﷻ) qui peut leur pardonner ou les châtier. Il se peut qu'ils aient des œuvres pieuses qui les préservent de l'Enfer. Il est également possible qu'ils échappent aux affres de l'Enfer grâce à l'intercession des intercesseurs. Il se peut encore qu'ils passent en Enfer un temps qu'Allah (ﷻ) aura voulu et qu'ils en sortent grâce à l'intercession des intercesseurs et grâce à la clémence du plus Clément des cléments.

2 - Ceux qui refusent d'"émigrer'

Il n'est pas permis au musulman de résider sur le territoire des mécréants s'il existe une Demeure islamique, surtout lorsque son séjour sur le territoire des mécréants l'expose à des préjudices. Allah (ﷻ) n'a pas accepté l'excuse de ceux qui refusent d'émigrer. Allah (ﷻ) nous a informés que les Anges réprimanderont ce groupe de gens aussitôt après leur mort, rejetant leur excuse selon laquelle ils étaient impuissants sur terre:

> ﴾Ceux qui ont causé du tort à eux-mêmes, les Anges enlèveront leurs âmes en disant: où en étiez-vous? - Nous étions impuissants sur terre, dirent-ils. Alors les Anges diront: la terre d'Allah n'était-elle pas assez vaste pour vous permettre d'émigrer? Voilà bien ceux dont le refuge est l'Enfer. Et quelle mauvaise destination! A l'exception des impuissants: hommes, femmes et enfants incapables de se tirer d'affaire, et qui ne trouvent aucune voie.﴿
>
> *[Coran 4: 97-98]*

Allah (ﷻ) n'a pas accepté l'excuse des impuissants qui ne trouvaient pas de solution pour sortir et n'arrivaient pas à trouver la voie menant au pays de l'Islam.

3 - Les tyrans

Allah (ﷻ) a révélé la *Chari'a* afin que l'homme fasse preuve d'équité. A tous Ses serviteurs, Il a ordonné la justice:

﴾Certes, Allah commande l'équité et la bienfaisance.﴿ *[Coran 16: 90]*

Il a imposé aux gouvernants et aux juges d'appliquer la justice et de s'abstenir de toute injustice:

﴾Certes, Allah vous commande de rendre les dépôts à leurs ayants droit, et quand vous jugez entre des gens, de juger avec équité.﴿ *[Coran 4: 58]*

Il a menacé d'envoyer en Enfer ceux qui ne jugent pas avec équité. Burayda Ibn Al-Hassib a rapporté que le Messager d'Allah (ﷺ) a dit: *«Les juges sont de trois sortes: un parmi eux ira au Paradis et deux en Enfer. Le juge qui ira au Paradis est celui qui a connu la vérité et a jugé selon elle. Le juge qui a connu la vérité et l'a bafouée ira en Enfer, et le juge ignorant ira également en Enfer.»* Hadith rapporté par Abu Daoud.

4 - Mentir sur le compte du Messager d'Allah (ﷺ)

Ibn Al-Athîr a consacré dans son livre *Jâmi'e al-ossole* un chapitre dans lequel il mentionne bon nombre de Hadiths qui mettent en garde contre le fait de mentir sur le compte du Messager d'Allah (ﷺ). Parmi eux, il y a celui rapporté par Boukhari, Muslim, Tirmidhi d'après Ali Ibn Abi Tâlib (رضي الله عنه) qui a dit: le Messager d'Allah (ﷺ) a dit: *«Ne mentez pas sur moi, car quiconque ment sur moi ira en Enfer.»*

Parmi eux, il y a le Hadith, rapporté par Boukhari d'après Salama Ibn Al-Akwa'e: *«Quiconque me fait dire ce que je n'ai pas dit, n'a qu'à choisir sa place en Enfer.»*

Parmi eux, il y a le Hadith rapporté par Boukhari dans son *Sahih* et Abu Daoud dans ses *Sunan* d'après Abdallah Ibn Zoubeir (رضي الله عنه) qui l'a fait suivre d'Ibn Az-Zoubeir qui a dit: j'ai entendu le Messager d'Allah (ﷺ) dire: *«Quiconque ment sur moi, en toute connaissance de cause, qu'il choisisse sa place en Enfer.»*

Parmi eux, il y a le Hadith que Boukhari et Muslim ont rapporté d'Al-Moughirah Ibn Chou'ba qui a dit: le Messager d'Allah (ﷺ) a dit: *«Certes, le mensonge sur ma personne n'est pas comme le fait de mentir sur quelqu'un autre. Quiconque ment sur moi, en toute connaissance de cause, qu'il choisse sa place en Enfer.»*

5 - L'orgueil

L'orgueil fait partie des péchés graves. D'après Abu Houreira (رضي الله عنه), le Messager d'Allah (ﷺ) a dit: *«Allah (سبحانه وتعالى) dit: "L'orgueil est Mon manteau et la grandeur Mon voile. Quiconque me discute l'une de ces deux* [caractéristiques], *Je le ferais entrer en Enfer".»* Dans une autre variante: "*Je lui ferais goûter l'Enfe*r." Hadith rapporté par Muslim

Selon le Compagnon Ibn Massoud (رضي الله عنه), le Messager d'Allah (ﷺ) a dit: *«Celui qui a le poids d'un atome d'orgueil n'entrera pas au Paradis.»* Sur ces mots, un homme dit: l'homme aime certes que ses vêtements soient beaux et ses chaussures belles... Le Prophète reprit: *«Certes, Allah (سبحانه وتعالى) est beau et aime ce qui est beau. L'orgueil, c'est le dédain de la vérité et le mépris des gens.»* Hadith rapporté par Muslim

6 - Celui qui tue sans raison valable

Allah (سبحانه وتعالى) dit:

﴿Quiconque tue intentionnellement un croyant, sa rétribution, alors, sera l'Enfer où il demeurera éternellement. Allah l'a frappé de Sa colère, l'a maudit et lui a préparé un énorme châtiment.﴾ *[Coran 4: 93]*

Il n'est pas permis, dans la religion d'Allah (سبحانه وتعالى), de tuer une âme musulmane sauf pour l'une des trois raisons contenues dans le Hadith rapporté par Boukhari et Muslim d'après Ibn Massoud (رضي الله عنه), dans lequel le Messager d'Allah (ﷺ) a dit: *«Il est illicite de verser le sang d'un musulman qui atteste qu'il n'y a de divinité qu'Allah (سبحانه وتعالى) et que je suis le Messager d'Allah, sauf pour l'une des trois raisons: celui qui a tué une âme, le vieillard fornicateur et celui qui a abandonné sa Religion et s'est écarté de la communauté.*»

Il est rapporté dans le *Sahih* de Boukhari que Ibn Omar (رضي الله عنه) a dit: le Messager d'Allah (ﷺ) a dit: *«Le croyant sera toujours à l'aise dans sa religion, aussi longtemps qu'il n'aura pas versé le sang illicitement.»*

Dans ce même ordre d'idées, Omar (رضي الله عنه) a dit: «L'un des tracas sans échappatoire dans lequel une personne s'est plongée, est le fait de verser du sang de manière illicite.»

Le Messager d'Allah (ﷺ) a mis en garde les musulmans contre le fait de s'entre-tuer mutuellement. A cet égard, il (ﷺ) les a informés que le tueur et le tué, iront tous en Enfer. Le Messager d'Allah (ﷺ) a dit: *«Lorsque deux musulmans s'affrontent à l'épée, le tueur et le tué iront en Enfer.»* Alors Abu Bakr (رضي الله عنه) ou quelqu'un d'autre a dit: ô Messager d'Allah! D'accord, le tueur ira en Enfer, mais pourquoi le tué ira-t-il en Enfer? Il répondit: *«Il tenait lui aussi à tuer son adversaire.»*

C'est pourquoi le serviteur vertueux refuse de se battre avec son frère, de peur de faire partie des gens de l'Enfer. Quant au tueur, il s'attira la colère d'Allah (سبحانه وتعالى) en raison de son péché et de celui de son adversaire:

> ﴿Et raconte-leur en toute vérité l'histoire des deux fils d'Adam. Les deux offrirent des sacrifices; celui de l'un fut accepté et celui de l'autre ne le fut pas. *[Celui-ci-]* dit: je te tuerai sûrement! *[L'autre]* dit: Allah n'accepte que de la part des *[gens]* pieux. Si tu étends vers moi ta main pour me tuer, moi, je n'étendrai pas vers toi ma main pour te tuer: car je crains Allah, le Seigneur de l'Univers. Je veux que tu partes avec le péché de m'avoir tué et avec ton propre

péché: alors tu seras du nombre des gens du Feu. Telle est la récompense des *[gens]* injustes.﴿ *[Coran 5: 27-29]*

7 - Les usuriers

L'usure est l'un des péchés qui entraînent la perte de leur auteur. Au sujet de ceux qui s'y adonnent après avoir été mis au courant de son interdiction, Allah (ﷻ) dit:

﴾Mais quiconque récidive... alors les voilà, les gens du Feu! Ils y demeureront éternellement.﴿ *[Coran 2: 275]*

Il dit aussi:

﴾Ô les croyants! Ne pratiquez pas l'usure en multipliant *[ainsi]* démesurément votre capital. Et craignez Allah afin que vous réussissiez! Et craignez le Feu préparé pour les mécréants.﴿ *[Coran 3: 130-131]*

Dans un Hadith faisant l'unanimité, le Messager d'Allah (ﷺ) a considéré l'usure comme faisant partie des sept péchés qui font périr leur auteur. Il est rapporté dans les deux *Sahih* de Boukhari et de Muslim, que Abu Houreira (رضي الله عنه) a dit: le Messager d'Allah (ﷺ) a dit: *«Evitez les sept choses qui font périr.»* Les gens dirent: quelles sont ces choses, ô Messager d'Allah? Il répondit: *«Le polythéisme, la magie, le meurtre d'une personne sans raison légale, la consommation de l'usure, la consommation des biens d'orphelin, le fait de s'enfuir lors du combat et accuser injustement les femmes chastes, inattentives et croyantes.»*

8 - Spolier les biens d'autrui

Parmi les grandes injustices qui valent l'Enfer à leurs auteurs, il y a le fait de consommer injustement les biens des gens. Allah (ﷻ) dit:

﴾Ô les croyants! Que les uns d'entre vous ne mangent pas les biens des autres illégalement. Mais qu'il y ait du négoce entre vous, par consentement mutuel. Et ne vous suicidez pas. Allah est certainement Miséricordieux envers vous. Et quiconque commet cela, par excès et par iniquité, nous le jetterons au Feu, voilà qui est facile pour Allah.﴿

[Coran 4: 29-30]

Consommer abusivement les biens des orphelins fait partie de la consommation injuste des biens des gens. Allah (ﷻ) a particulièrement fait mention des biens d'orphelins à cause de leur faiblesse, de la facilité de faire usage injustement de leurs biens et de l'horreur d'un tel crime:

﴾Ceux qui mangent *[disposent]* injustement les biens des orphelins ne font que manger du feu dans leurs ventres. Ils brûleront bientôt dans les flammes de l'Enfer.﴿

[Coran 4: 10]

9 - Les faiseurs d''images' (figurations)

Ceux qui sont appelés à connaître le plus dur châtiment au Jour de la Résurrection sont ceux qui imitent la création divine. Selon ce que l'on a rapporté de lui, dans les deux *Sahih*, Abdallah Ibn Massoud (رضي الله عنه) a dit: j'ai entendu le Messager d'Allah (ﷺ) dire: *«Les gens qui subiront le plus dur châtiment sont les confectionneurs d''images'.»*

Ibn 'Abbas (رضي الله عنه) a dit: j'ai entendu le Messager d'Allah (ﷺ) dire: *«Tout faiseur d''images' ira en Enfer. Chacune de ses 'images' sera dotée d'une âme puis Allah (ﷻ) le soumettra au châtiment de l'Enfer.»* Hadith rapporté par Boukhari et Muslim

'Aïcha, rapporte que le Messager d'Allah (ﷺ) a dit, en parlant des coussins décorés à l'aide d'*'images'*: *«Certes les auteurs de ces 'images' seront châtiés au Jour de la Résurrection. On leur dira: "Donnez vie à ce que vous avez créé".»* Hadith rapporté par Boukhari et Muslim

'Aïcha a aussi rapporté que le Prophète (ﷺ) a dit: «*Les gens qui auront le plus dur châtiment sont ceux qui imitent* [avec malveillance] *la création divine.*» Hadith rapporté par Boukhari et Muslim

Abu Houreira (رضي الله عنه) a dit: j'ai entendu le Messager d'Allah (ﷺ) dire: «*Allah (سبحانه وتعالى) a dit: "Y a-t-il plus injustes que ceux qui veulent faire des créatures semblables aux miennes? Qu'ils créent donc un atome, ou qu'ils créent un grain ou* [même un grain] *d'orge!*"» Hadith rapporté par Boukhari et Muslim

10- Le fait d'avoir un penchant pour les *[gens]* injustes

Parmi les raisons qui feront entrer en Enfer, il y a le fait d'avoir un penchant pour les *[gens]* injustes, les ennemis d'Allah (سبحانه وتعالى) et consorts:

> ﴿Et ne vous penchez pas vers les *[gens]* injustes: sinon le Feu vous atteindra.﴾ *[Coran 11: 113]*

11- Les femmes mi-vêtues mi-dénudées et ceux qui flagellent les gens au dos

Parmi les catégories *[de gens]* qui sont appelées à brûler en Enfer, il y a les perverses, celles qui étalent leurs charmes afin d'éprouver les serviteurs d'Allah, et qui ne persévèrent pas dans l'obéissance à Allah (سبحانه وتعالى). Abu Houreira (رضي الله عنه) a rapporté que le Messager d'Allah (ﷺ) a dit: «*Il y a deux catégories de gens de l'Enfer que je n'ai pas vues: des gens munis de fouets ressemblant à des queues de bœuf avec lesquels ils fouettent les gens, des femmes mi-nues, mi-vêtues, inclinées* [et] *inclinantes, dont la tête rappelle une bosse de chameau penchée. Elles n'entreront pas au Paradis et ne sentiront pas son odeur. On sent son odeur à une distance de tant et de tant.*» Hadith rapporté par Muslim, Ahmed et Beihaqi

Au sujet des gens détenant des fouets similaires à des queues de vache, Al-Qortobi a dit: "Ce type de personnes est encore observable au Maghreb''.

Abondant dans le même sens qu'Al-Qortobi, Hassan Khân a dit: "Mieux, une telle catégorie est observable en tout lieu et en tout temps. Elle s'accroît de jour en jour chez les princes et les notables. Nous cherchons refuge auprès d'Allah (ﷻ) contre ce qu'Il déteste.''

Pour ma part, je note que dans beaucoup de pays, on voit toujours cette catégorie de personnes en train de fouetter le corps des gens. Qu'ils périssent tous ainsi que ceux qui leur ressemblent.

Les femmes mi-vêtues et mi-nues sont nombreuses à notre époque. On peut même dire que leur provocation n'a jamais été aussi répandue et aussi agressive qu'elle ne l'est de nos jours. Elles sont exactement comme le Prophète (ﷺ) nous les a décrites: vêtues mais nues, infléchies et penchées, avec une tête semblable à une bosse de chameau.

12- Ceux qui maltraitent les animaux

Muslim, dans son *Sahih,* rapporte que Jâbir (رضي الله عنه) a dit: le Messager d'Allah (ﷺ) a dit: *«On m'a montré l'Enfer. Alors, j'y ai aperçu une femme des* enfants *d'Israël que l'on châtiait à cause d'une chatte. Elle l'avait attachée sans la nourrir ni la laisser manger les bestioles de la terre, jusqu'à ce qu'elle mourût de faim.»*

Si tel est le sort de celle qui maltraitait une chatte, que dire alors de celui qui se passe maître dans l'art de châtier les serviteurs d'Allah (ﷻ)? Et que dire aussi des *[croyants]* pieux qui sont châtiés à cause de leur croyance à l'Islam?

13- L'absence de sincérité dans la quête du savoir

Al-Hâfidh Al-Moundhiri a cité plusieurs Hadiths qui mettent en garde celui qui recherche la connaissance pour autre qu'Allah (سبحانه وتعالى). A cet égard, nous vous proposons ici un certain nombre d'entre eux.

Le Compagnon Abu Houreira (رضي الله عنه) a dit que le Messager d'Allah (ﷺ) a dit: «*Celui qui apprend un savoir avec lequel on cherche normalement la Face d'Allah (سبحانه وتعالى) pour un but mondain, ne sentira pas l'odeur du Paradis au Jour dernier.*» Hadith rapporté par Abu Daoud, Ibn Mâja, Ibn Hibbâne dans son *Sahih* et Al-Hâkim qui a dit: il est authentique, selon le critère de Boukhari et de Muslim.

Le Compagnon Jâbir (رضي الله عنه) a dit que le Messager d'Allah (ﷺ) a dit: «*N'apprenez pas le savoir pour vous vanter auprès des savants, pour vous quereller avec les sots ou pour choisir les assemblées. Quiconque fait cela ira en Enfer.*» Hadith rapporté par Ibn Mâja, Ibn Hibbâne dans son *Sahih* et Beihaqi

Le Compagnon Ibn Omar (رضي الله عنه) rapporte que le Messager d'Allah (ﷺ) a dit: «*Quiconque apprend un savoir pour autre qu'Allah (سبحانه وتعالى) ou veut par cela autre qu'Allah (سبحانه وتعالى), qu'il choisisse sa place en Enfer.*» Hadith rapporté par Tirmidhi et Ibn Mâja, d'après Khâlid Ibn Dourayk et Ibn Omar; les gens dont se compose la chaîne de transmission sont tous dignes de confiance.

14- Ceux qui boivent dans des récipients en or et en argent

Boukhari et Muslim ont rapporté d'après Oum Salama que le Messager d'Allah (ﷺ) a dit: «*Celui qui boit dans des récipients en or et en argent, le feu de l'Enfer crépitera dans son ventre.*» Et dans une autre variante, selon Muslim: «*Celui qui mange et boit dans des récipients en or et en argent...*»

Houdheyfa a dit: j'ai entendu le Messager d'Allah (ﷺ) dire: «*Ne portez pas des vêtements en soie. Ne buvez pas dans des récipients en or et en argent et n'y mangez pas non plus. Ils sont pour eux* [les mécréants] *ici-bas, et pour vous, dans l'Au-delà.*» Hadith rapporté par Boukhari et Muslim

15- Ceux qui coupent les jujubiers sous lesquels les gens s'abritent

Abdallah Ibn Hubeich a dit que le Messager d'Allah (ﷺ) a dit: «*Quiconque coupe un arbre* [de jujubier], *Allah (سبحانه وتعالى) plongera sa tête en Enfer.*» Hadith rapporté par Abu Daoud

Beihaqi rapporte d'après 'Aïcha, selon une chaîne de transmission authentique, que le Messager d'Allah (ﷺ) a dit: *«Ceux qui coupent les arbres* [de jujubier] *seront plongés en Enfer, la tête la première.»*

16- La sanction afférente au suicide

Abu Houreira (رضي الله عنه) rapporte dans les deux *Sahih* que le Prophète (ﷺ) a dit: *«Quiconque se tue au moyen d'un morceau de fer, il le plongera éternellement dans son ventre dans le feu de l'Enfer. Quiconque se tue par absorption d'un poison, il le boira éternellement par petites gorgées en Enfer. Quiconque se jettera d'une montagne et se tuera, il dégringolera éternellement en Enfer.»*

Abu Houreira (رضي الله عنه) rapporte dans le *Sahih* que le Prophète (ﷺ) a dit: *«Quiconque se pend, se verra pendre en Enfer, et quiconque se poignarde le ventre, se verra poignarder le ventre en Enfer.»*

CHAPITRE 6

LE NOMBRE ELEVE DES GENS DE L'ENFER

1.- Les Textes qui illustrent cela

Il existe de nombreux textes qui illustrent le nombre important de ceux qui entreront en Enfer parmi les 'fils' d'Adam, ainsi que la faible minorité de ceux parmi eux qui entreront au Paradis. Allah (ﷻ) dit:

﴾Et la plupart des gens ne sont pas croyants malgré ton désir ardent.﴿ *[Coran 12: 103]*

﴾Et Satan a très certainement rendu véridique sa conjecture à leur égard. Ils l'ont suivi donc, sauf un groupe, parmi les croyants.﴿ *[Coran 34: 20]*

Allah le Tout-Puissant dit à Satan:

﴾J'emplirai certainement l'Enfer de toi et de tous ceux d'entre eux qui te suivront.﴿ *[Coran 38: 85]*

Ainsi, quiconque mécroit fera partie des gens de l'Enfer, malgré le grand nombre de mécréants parmi les humains. Le nombre élevé des mécréants et des polythéistes, de tous ceux qui auront refusé de répondre à l'appel des Messagers, est démontré par le fait qu'un

Prophète (ﷺ), au Jour de la Résurrection, viendra en compagnie d'un groupe de moins de dix personnes. Il y aura un Prophète (ﷺ) en compagnie d'un ou de deux hommes. Bien plus, certains Prophètes viendront seuls, car personne n'aura cru en eux. A ce sujet, Ibn 'Abbas rapporte, dans le *Sahih* de Muslim, que le Prophète (ﷺ) a dit: *«On m'a montré les nations. Alors, j'ai vu un Prophète en compagnie d'une troupe, un autre accompagné d'un ou de deux hommes, un autre sans compagnon...»*

Plusieurs textes ont été rapportés, qui montrent que 999 sur 1.000 des 'fils' d'Adam iront en Enfer et qu'un sur mille seulement ira au Paradis.

Boukhari rapporte dans son *Sahih* que Abi Saïd (رضي الله عنه) a dit: le Messager d'Allah (ﷺ) a dit: *«Allah (﷾) dira: "Adam!" Et celui-ci répondra: oui, mon Seigneur! Je suis à Ton service, le bonheur et le bien sont entre Tes Mains! Le Très-Haut lui dira alors: "Sors la part de l'Enfer!" Quelle est la part de l'Enfer?, répondra Adam. Allah (﷾) dira: "De tous les mille, 999". C'est au moment où les cheveux de l'enfant deviendront blancs et que les femelles avorteront. On verra les gens comme ivres, le châtiment d'Allah (﷾) est certes douloureux.»*

Traumatisés par cela, les gens dirent: ô Messager d'Allah! Lequel est cet homme? *Celui-ci dit: «Réjouissez-vous! Il y aura mille pour les Gog et Magog* (Yâjouj *et* Mâjouj) *et un homme parmi vous.» Ensuite, il dit: «Par celui Qui tient ma vie en Sa Main! Je souhaite certes que vous soyez le tiers des habitants du Paradis.» [Le narrateur]* dit: nous louâmes Allah (﷾) et nous dîmes: "Allah est le plus grand".» Puis il (ﷺ) dit: *«Par celui qui tient ma vie en Sa Main! Je souhaite certes que vous soyez la moitié des habitants du Paradis. Vous êtes parmi les peuples semblables à un poil blanc sur la peau d'un taureau noir, ou comme une marque faite sur la patte d'un âne.»*

'Imrâne Ibn Hussein (رضي الله عنه) rapporte que le Messager d'Allah (ﷺ) a dit au cours de l'un de ses voyages, alors qu'il avait, dans sa marche, devancé ses Compagnons, lu ces deux versets à haute voix:

> ﴿Ô Hommes! Craignez votre Seigneur. Le séisme *[qui précédera]* l'Heure est une chose terrible. Le jour où vous le verrez, toute nourrice oubliera ce qu'elle allaitait et toute femelle enceinte avortera de ce qu'elle portait. Et tu verras les gens ivres, alors qu'ils ne le sont pas. Mais le châtiment d'Allah est dur.﴾ *[Coran 22: 1-2]*

Entendant sa voix, les gens pressèrent leurs montures, comprenant qu'il disait quelque chose. Ensuite, s'approchant de lui, ils l'entendirent dire: *«Savez-vous de quel jour je parle? Il s'agit d'un jour où Adam sera interpellé par son Seigneur, le Tout-Puissant, en ces termes: "Adam! Envoie la part de l'Enfer!" Celui-ci dira: Seigneur! Quelle est la part de l'Enfer? Alors Allah (سبحانه وتعالى) dira: "999 sur 1.000 en Enfer et un seul homme sur 1.000 au Paradis»."*

Sur ces mots, et envahis de déception, les Compagnons ne soufflèrent mot.

Toutefois, se rendant compte de cela, le Prophète (ﷺ) dit: *«Réjouissez-vous et travaillez! Par Celui Qui tient la vie de Mohammed en Sa Main! Vous êtes avec deux catégories d'êtres qui se multiplient en toute occasion: Gog et Magog* (Yâjouj *et* Mâjouj), *ceux qui sont égarés par les 'fils' d'Adam et les gens de Satan.»*

Sur ce, les gens furent soulagés et le Messager d'Allah (ﷺ) d'ajouter: *«Travaillez et réjouissez-vous! Par celui Qui tient ma vie en Sa Main! Vous êtes par rapport aux autres gens, comme un grain de beauté sur le flanc d'un chameau ou comme une marque sur la patte d'une bête.»* Hadith rapporté par Ahmed, Tirmidhi et Nassa'i dans le chapitre de l'exégèse de ses *Sunan*. Tirmidhi a dit: Hadith authentique.

Tirmidhi rapporte dans ses *Sunan*, d'après Safwân Ibn Hussein (ﷺ) que lorsque le verset suivant:

> ﴾Ô Hommes! Craignez votre Seigneur. Le séisme *[qui précèdera]* l'Heure est une chose terrible﴿ fut révélé, le Prophète (ﷺ), alors en voyage, dit: «*Savez-vous de quel jour il s'agit?*» Les Compagnons dirent: Allah est son Messager le savent mieux que quiconque. Alors, il reprit: «*En ce jour, Allah (ﷻ) dira à Adam: "Envoie la part de l'Enfer!" Celui-ci dira: Seigneur! Quelle est cette part de l'Enfer? Cela dit, Allah répondra: "999 sur 1.000 en Enfer et un sur mille seulement au Paradis".*»

Sur ce, les gens commencèrent à pleurer, mais le Messager d'Allah (ﷺ) dit: «*Visez et rapprochez-vous* [du but], *il n'y a certes pas eu de prophétie qui n'ait pas été précédée d'une période d'Ignorance.*» Il dit: «*On prendra un nombre de cette période, s'il est insuffisant, il sera complété par des hypocrites. Quant à vous, vous êtes au regard des peuples, semblables à une marque sur la patte d'une bête ou comme un grain de beauté sur le flanc d'un chameau.*»

Ensuite, il dit: «*J'espère que vous constituerez la moitié des gens du Paradis.*» Alors, les gens dirent: Allah est le plus grand! Puis il *[le narrateur]* dit: je ne sais pas s'il a dit les deux tiers ou non. Il a également été rapporté par Ahmed. Tirmidhi en a dit: c'est un Hadith bon et authentique.

Il se peut qu'on se demande: comment faire le lien entre ces Hadiths et celui rapporté par Abu Houreira (ﷺ), du Messager d'Allah (ﷺ), dans le *Sahih* de Boukhari, dans lequel il dit: «*Au Jour de la Résurrection, le premier à être appelé sera Adam. Lorsque celui-ci sera en face de sa postérité, on dira: "Voici votre père Adam." Alors ce dernier dira: "Je suis à Ton service, Seigneur!" Sur ce, Allah (ﷻ) lui dira: "Extrais de ta postérité la part de l'Enfer!" Et Adam de s'enquérir: "Combien dois-je extraire,*

Seigneur?'' Alors Allah (ﷻ) lui dira: "Extrais 99 de chaque [nombre de] *100''.*»

Ainsi informés, les Compagnons dirent: ô Messager d'Allah! Que restera-t-il de nous si l'on prend 99 sur 100? A cela, le Prophète (ﷺ) répondit: *«Ma communauté, au regard des autres, est semblable à un poil blanc sur la peau d'un taureau noir?»*

Apparemment, cette variante ne contredit pas les autres variantes authentiques que nous avons citées dans les pages précédentes, car ce nombre concernait quelque chose de précis, et celui-ci concerne autre chose. Ainsi, les Hadiths rapportant la proportion de 999 sur 1.000 peuvent être compris comme visant les 'fils' d'Adam dans leur totalité.

Celui de Boukhari rapportant les 99 sur 100 concernent tous les 'fils' d'Adam, à l'exception de Gog et Magog *(Yâjouj* et *Mâjouj). (...)* On peut donc dire que les premiers Hadiths concernent tous les êtres. Si l'on établit le rapport entre la proportion des êtres qui iront en Enfer et celle des êtres qui iront au Paradis, dans l'ensemble des communautés, le résultat en est 999. Ce qui fait que le dernier Hadith de Boukhari détermine la proportion des gens de cette communauté qui ira en Enfer.

Selon Ibn Hajar, cette proportion est justifiée par ce qu'ont dit les Compagnons dans le Hadith de Boukhari, c'est-à-dire: "L'on prend de nous 99 sur 100.'' A cela, il ajoute: "Il se peut que le prélèvement s'effectue à deux niveaux: d'abord sur l'ensemble des communautés, soit un pour mille qui ira au Paradis ensuite sur cette Communauté, soit dix pour mille qui iront au Paradis.''

2.- Le secret du grand nombre des gens de l'Enfer

La raison n'en est pas que la vérité n'a pas atteint les humains à tout moment et en tout lieu, car Allah (سبحانه وتعالى) ne s'en prend pas aux serviteurs que Son appel n'a pas atteints:

﴿Et Nous n'avons jamais puni un *[peuple]* avant de *[lui]* avoir envoyé un Messager.﴾ *[Coran 17: 15]*

C'est pourquoi Allah (سبحانه وتعالى) a envoyé un avertisseur à chaque communauté:

﴿Il n'est pas une nation qui n'ait déjà eu un avertisseur.﴾ *[Coran 35: 24]*

Cependant la raison s'en trouve dans l'infériorité numérique de ceux qui ont répondu aux Messagers et au grand nombre de ceux qui ont mécru en eux. Et en plus, la foi de ceux qui ont cru en eux n'était pas sincère.

Ibn Rajab a exposé dans son livre intitulé *At-Takhwif min An-Nar* la raison du nombre faible des gens du Paradis et du nombre élevé de ceux de l'Enfer en disant: ces Hadiths et leurs contenus montrent que la plupart des 'fils' d'Adam feront partie des gens de l'Enfer. Ils montrent également que les adeptes des Messagers seront peu nombreux, au Jour de la Résurrection. Tous ceux qui auront refusé de suivre les Messagers iront en Enfer, à l'exception de ceux qui n'auront pas entendu l'Appel ou n'auront pu le comprendre à cause des divergences qui y ont été rapportées. Les partisans des Messagers sont nombreux. Il y en a parmi eux qui sont restés attachés à une religion abrogée et à un livre modifié. Ceux-ci seront aussi parmi les gens de l'Enfer, comme le dit le Très-Haut:

﴿Mais quiconque d'entre les factions n'y croit pas, aura le Feu comme rendez-vous.﴾ *[Coran 11: 17]*

S'agissant de ceux qui se disent partisans du Saint Coran, de la législation islamique et de la religion de la vérité, plusieurs d'entre eux font partie des gens de l'Enfer. Ce sont les hypocrites qui, pour leur part, demeureront au plus bas niveau de l'Enfer. Quant à ceux qui se réclament de l'Islam en apparence, ils ont été pour la plupart éprouvés par des doutes. Il s'agit là des gens de l'innovation et de l'égarement.

Des Hadiths rapportés ont déjà montré que cette communauté se divisera en plus de soixante-dix sectes, toutes seront promises à aller en Enfer, à l'exception d'un seul groupe.

Bon nombre de ces sectes ont également été éprouvées par des passions interdites pour lesquelles l'Enfer a été promis - même si cela n'y implique pas un séjour éternel -, et en raison desquelles elles ne peuvent y échapper.

De toute la Communauté, seul un groupe a mérité de recevoir la promesse ferme d'accéder au Paradis. C'est le groupe dont la démarche reste, en apparence et en profondeur, en conformité avec celle du Prophète (ﷺ) et de ses Compagnons tout en étant à l'abri des passions et des doutes. Les membres de ce groupe sont d'un nombre très réduit, surtout à notre époque.

Il est bien possible que la raison du grand nombre de gens promis à aller en Enfer soit due au fait de suivre les objets de passion, car l'amour des objets de doute, est ancrée dans les tréfonds de l'âme humaine:

﴿On a enjolivé aux gens l'amour des choses qu'ils désirent: femmes, enfants, trésors thésaurisés d'or et d'argent, chevaux marqués, bétail et champs; tout cela est l'objet de jouissance pour la vie présente.﴾ *[Coran 3: 14]*

La plupart des gens aspirent à de tels objets de passion, parce que leurs âmes et leurs cœurs les aiment et les recherchent, et ils ne se soucient aucunement de la Loi révélée par Allah (ﷻ). J'ajoute à cela la fidélité des fils aux traditions de leurs pères qui s'opposent aux Lois d'Allah (سبحانه وتعالى):

> ﴿Nous n'avons pas envoyé avant toi d'avertisseur en une cité, sans que ses gens aisés aient dit: nous avons trouvé nos ancêtres sur une religion et nous suivons leurs traces.﴾
>
> *[Coran 43: 23]*

Le culte des anciens et l'attachement à leurs traditions est une maladie par laquelle les nations ont été éprouvées. Son effet ne se réduit pas à des objets de doute ancrés dans les tréfonds de l'âme, si elle n'est en soi une passion.

Tirmidhi, Abu Daoud et Nassâ'i rapporte, d'après Abu Houreira (رضي الله عنه), que le Messager d'Allah (ﷺ) a dit: *«Lorsque Allah (سبحانه وتعالى) a créé l'Enfer, il a dit: "Vas-y jeter un coup d'œil". Celui-ci alla y jeter un coup d'œil et, à son retour, dit: "Par Ta Toute-Puissance! Personne n'entendra parler de lui, sans vouloir y pénétrer." Alors, Allah entoura l'Enfer d'objets de jouissance, puis il dit à Gabriel: "Va donc y jeter un coup d'œil!" Celui-ci alla y jeter un coup d'œil et, à son retour, dit: "Par Ta Toute-Puissance! Je crains que personne n'y échappe".»* Hadith rapporté par Tirmidhi et Abu Daoud et auquel Nassâ'i, après "*Va donc y jeter un coup d'œil!*", a ajouté: "*Regarde ce que J'ai préparé pour ses habitants.*"

Il est rapporté, dans les deux *Sahih* de Boukhari et de Muslim, que Abu Houreira (رضي الله عنه) a dit que le Messager d'Allah (ﷺ) a dit: *«L'Enfer est recouvert d'objets de jouissance, et le Paradis de désagréments.»* Hadith rapporté par Boukhari et Muslim. Muslim utilise le terme *«entouré»* au lieu de *«recouvert»*.

S'agissant de Hassan Khân, il dit: on entend par objets de jouissance les désirs de l'âme, ses délices et ses passions.

Al-Qortobi a dit: L'objet de jouissance est tout ce qui coïncide avec le penchant de l'âme, qui l'attire et est en accord avec elle. C'est la base de ce qui l'entoure et qu'on ne peut atteindre qu'en le traversant.

3.- La plupart de ceux qui iront en Enfer sont des femmes

La majorité des damnés de l'Enfer sera constituée de femmes conformément à ce que Ibn 'Abbas rapporte du Prophète (ﷺ), dans les deux *Sahih*, qui a dit lors du sermon de l'éclipse solaire: *«J'ai vu l'Enfer et j'ai constaté que la plupart de ses gens étaient des femmes.»*

Il est rapporté dans les deux *Sahih* d'après Abu Saïd Al-Khoudri (رضي الله عنه) que le Prophète (ﷺ) a dit: *«Ô femmes! Faites l'aumône car, j'ai constaté que vous êtes majoritaires en Enfer.»* Sur ces mots, celles-ci dirent: et pourquoi cela, Messager d'Allah? Il répondit: *«Vous maudissez trop et vous êtes ingrates envers vos maris.»*

Le Compagnon Oussama Ibn Zeyd (رضي الله عنه) rapporte dans les deux *Sahih* que le Messager d'Allah (ﷺ) a dit: *«Debout à la porte de l'Enfer, j'ai constaté que la plupart de ceux qui y pénétraient étaient des femmes.»*

Dans le *Sahih* de Muslim, 'Imrane Ibn Hussein (رضي الله عنه) rapporte que le Prophète (ﷺ) a dit: *«Les femmes constituent la plus faible proportion des habitants du Paradis.»*

Ceci ne contredit pas le fait que chaque homme du Paradis aura plusieurs femmes. Les femmes dont on dit qu'elles sont majoritaires en Enfer sont les femmes humaines. Quant aux nombreuses épouses des gens du Paradis, elles font parties des houris aux grands yeux.

Dans sa *Tadhkira* (1/369), Al-Qortobi dit: "Les femmes constituent la plus faible proportion des habitants du Paradis parce qu'elles sont dominées par la passion, leur penchant pour les parures immédiates du bas monde et la capacité limitée de leur cerveau à faire usage de leur raison. Elles sont incapables de travailler pour l'Au-delà, de se préparer dans ce sens et elles penchent pour le bas monde et ses parures. Elles sont, en outre, l'une des grandes causes qui fait dévier les hommes de l'Au-delà, à cause de leurs passions et penchants. La plupart d'entre elles sont détournées de l'Au-delà de leur propre gré ou par l'effet d'influences étrangères. Elles se laissent rapidement tromper par ceux qui ont tourné le dos à la religion, elles répondent plus difficilement à ceux qui les invitent à rechercher l'Au-delà et à ses œuvres parmi les *[gens]* pieux.''

Malgré tout, il y a, parmi elles, beaucoup de femmes vertueuses observant les limites fixées par Allah (ﷻ), s'attachant au respect de Sa *Chari'a*, obéissant à Allah (ﷻ) et à Son Messager (ﷺ). De telles femmes iront au Paradis. Parmi elles, il y a certaines qui sont plus pieuses que les hommes de par leur foi et leurs œuvres.

CHAPITRE 7

LES DIMENSIONS ENORMES DES GENS DE L'ENFER

Les gens de l'Enfer y entreront sous une taille énorme, qui ne peut être correctement estimée que par leur Créateur (ﷻ). Dans le Hadith qu'Abu Houreira (رضي الله عنه) fait remonter au Messager d'Allah (ﷺ), ce dernier dit: *«La distance qui existe entre les épaules du mécréant en Enfer est de trois jours de cavale d'un cavalier rapide.»*

Abu Houreira (رضي الله عنه) a dit que le Messager d'Allah (ﷺ) a dit: *«La molaire ou la dent de chaque mécréant est semblable au mont Ouhoud, l'épaisseur de sa peau est semblable à la distance parcourue en trois nuits de marche.»*

Zeyd Ibn Arqam a dit: "*Un homme des gens de l'Enfer ne cesse de grandir jusqu'à ce qu'une de ses molaires ressemble au mont Ouhoud.*" Hadith rapporté par Ahmed et il est *marfou'e*. Toutefois Zeyd, pour sa part, ne l'identifie pas comme tel.

Abu Houreira (رضي الله عنه) a dit que le Messager d'Allah (ﷺ) a dit: *«L'épaisseur de la peau du mécréant sera de quarante-deux coudées. Chacune de ses molaires est semblable au mont Ouhoud et sa place en Enfer aura une largeur égale à la distance séparant La Mecque de Médine.»* Hadith rapporté par Tirmidhi

Abu Houreira (رضي الله عنه) a dit que le Messager d'Allah (صلى الله عليه وسلم) a dit: *«Au Jour de la Résurrection, chacune des molaires des mécréants sera semblable au mont Ouhoud, l'épaisseur de sa peau sera de soixante-dix coudées. Chacun d'entre eux aura des avant-bras aussi énormes qu'Al-Baydhâ', des cuisses aussi grandes que le mont Warqân et une chaise aussi large que la distance qui me sépare d'Ar-Rabadha.»* Rapporté par Al-Hâkim et Ahmed

Cette démesure du corps du mécréant augmentera son châtiment et ses douleurs.

Nawawi dit dans son commentaire des Hadiths de Muslim, dans ce chapitre: tout ceci, parce que la taille accroît son châtiment. Tout cela est décrété par Allah (سبحانه وتعالى). Il convient donc d'y croire parce que le Véridique l'a annoncé.

Commentant les Hadiths qu'il a cités au sujet de la même question, Ibn Kathîr a dit: afin que leur châtiment et leur fatigue soient plus intenses et plus grandes, conformément à ce que Le Dur en châtiment (سبحانه وتعالى) a dit:

﴿Pour qu'ils goûtent au châtiment﴾.

CHAPITRE 8

NOURRITURE, BREUVAGE ET VETEMENTS DES GENS DE L'ENFER

La nourriture des gens de l'Enfer est constituée de plantes épineuses et d'un produit provenant de l'arbre de *Zaqqûm*. Leur breuvage est constitué d'eau bouillonnante mêlée au pus qui sort du corps des *[gens]* éprouvés de l'Enfer et à de l'eau purulente. Allah (ﷻ) dit:

> ﴾Il n'y aura pour eux d'autre nourriture que des plantes épineuses *[dharî 'e]* qui n'engraisse, ni n'apaise la faim.﴿
>
> *[Coran 88: 6-7]*

Le *dharî'e* est une épine poussant dans le Hedjaz (Arabie) et appelé *chabraq*. D'après Ibn 'Abbas, le *chabraq* est une plante épineuse rampante qui, quand elle se développe, est appelée *dharî 'e*.

Qutada a dit: "Le *dharî'e* fait partie des mets les plus dangereux et les plus abjects." Cette nourriture que consomment les gens de l'Enfer ne leur profite point. Ceux-ci n'y trouvent aucun plaisir et leurs corps n'en tirent rien. C'est dire que la consommation de cette nourriture est une forme de supplice.

Le Très-Haut (ﷻ) dit en effet:

﴾Certes, l'arbre de *Zaqqûm* sera la nourriture du grand pécheur comme du métal en fonte; il bouillonnera dans les ventres comme le bouillonnement de l'eau surchauffée.﴿ *[Coran 44: 43-46]*

Dans d'autres versets, il décrit l'arbre de *Zaqqûm* en ces termes:

﴾Est-ce que ceci est meilleur comme séjour ou l'arbre de *Zaqqûm*? Nous l'avons assigné en épreuve aux *[personnes]* injustes. C'est un arbre qui sort du fond de la Fournaise. Ses fruits sont comme des têtes de diables. Ils doivent certainement en manger et ils doivent s'en remplir le ventre. Ensuite, ils auront par-dessus une mixture d'eau bouillante. Puis, leur retour sera vers la Fournaise.﴿ *[Coran 37: 62-68]*

Ailleurs, Allah (ﷻ) dit:

﴾Et puis, vous, les *[gens]* égarés, qui traitiez *[la Résurrection]* de mensonge, vous mangerez certainement d'un arbre de *Zaqqûm*. Vous vous en remplirez le ventre, puis, vous boirez par-dessus cela de l'eau bouillante; vous en boirez comme boivent les chameaux assoiffés. Voilà le repas d'accueil qui leur sera servi, au Jour de la Rétribution.﴿ *[Coran 56: 51-56]*

On déduit de tels versets que l'arbre en question est un arbre répugnant dont les racines sortent du fond de l'Enfer et les branches s'éparpillent dans tous ses coins. Les fruits de cet arbre sont d'un aspect fort hideux, d'où leur comparaison à des têtes de démons. La laideur évoquée s'est ancrée dans les âmes, même si on ne les a pas vus, à cause de la répugnance de l'arbre et de ses ramifications. Cependant, les gens de l'Enfer seront tellement affamés qu'ils ne trouveront d'autre issue que d'en manger jusqu'à s'en remplir le ventre. S'ils le font, ils bouilliront comme de l'huile chauffée à haute température, incendiant leurs entrailles, ce qui aura, pour effet, de les soumettre à de vives douleurs. Face à tant de souffrances, ils seront poussés vers de l'eau bouillante, eau dont l'ébullition sera portée à son degré maximal. D'une telle eau ils boiront, tels des chameaux assoiffés qui, atteints d'une maladie, n'arrivent pas à étancher leur soif. Cela étant, l'eau bouillante déchirera leurs boyaux:

﴾Et qui sont abreuvés d'une eau bouillante qui leur déchire les entrailles.﴿ *[Coran 47: 15]*

Telle sera l'hospitalité qui leur sera offerte en ce grand jour. Qu'Allah (ﷻ), par Sa Grâce et Sa Générosité, nous préserve de la situation tragique des gens de l'Enfer. Après avoir pris cette nourriture abjecte, faite d'eau bouillante et de fruits de *Zaqqûm*, les gens de l'Enfer étoufferont à cause de leur horreur, de leur répugnance et de leur caractère exécrable:

﴾Nous avons *[pour eux]* lourdes chaînes et Enfer, et nourriture à faire suffoquer, et châtiment douloureux.﴿ *[Coran 73: 12-13]*

La nourriture présentée leur serrera la gorge de manière à les étouffer. Le Messager d'Allah (ﷺ) nous a illustré en ces termes l'effroi et l'horreur du *Zaqqûm*: *«Si une seule goutte de* Zaqqûm *tombait dans le bas monde, elle altèrerait les substances des habitants de la terre. Que dire donc au sujet de ceux dont la nourriture est le* Zaqqûm*?»* Hadith rapporté par Tirmidhi. Il a dit: Hadith bon et authentique.

Il y a aussi, parmi les aliments des gens de l'Enfer, le pus. Allah (ﷻ) dit:

﴾Il n'a pour lui, ici, aujourd'hui, point d'ami chaleureux, ni d'autre nourriture que du pus, que seuls les fautifs mangeront.﴿ *[Coran 69: 35-37]*

Il dit aussi:

﴾Voilà! Qu'ils y goûtent: eau bouillante et eau purulente, et d'autres punitions du même genre.﴿ *[Coran 38: 57-58]*

Le *Ghislîne* et le *Ghassâne*:

Ils ont la même signification.

C'est ce qui sort de plus dégoûtant de la peau des gens de l'Enfer comme pus. Certains ont dit qu'il s'agit là du liquide sortant de l'utérus des fornicatrices, de la peau nauséabonde des mécréants. Al-Qortobi a dit: c'est le jus des gens de l'Enfer.

Allah (ﷻ) nous informe que le *Ghislîne* n'est qu'un élément qui ressemble à d'autres éléments dans leur horreur et leur laideur.

Pour ce qui est du breuvage des gens de l'Enfer, il s'agit de l'eau bouillante (*Al-Hamîme*). Là, Allah (ﷻ) dit:

﴾Et qui sont abreuvés d'une eau bouillante qui leur déchire les entrailles.﴿ *[Coran 47: 15]*

﴾Et s'ils implorent à boire, on les abreuvera d'une eau comme du métal fondu brûlant les visages. Quelle mauvaise boisson et quelle détestable demeure!﴿ *[Coran 18: 29]*

﴾Et il sera abreuvé d'une eau purulente qu'il tentera d'avaler à petites gorgées.﴿ *[Coran 14: 16-17]*

﴾Voilà! Qu'ils y goûtent: eau bouillante et eau purulente.﴿ *[Coran 38: 57]*

Les versets précédents mentionnent quatre sortes de breuvage pour les gens de l'Enfer:

Le *Hamîme:*

Le *Hamîme* est une eau dont la chaleur a atteint son paroxysme, conformément à ce qu'Allah (ﷻ) a dit:

﴾Ils feront le va-et-vient entre lui *[l'Enfer]* et une eau bouillante extrêmement chaude.﴿ *[Coran 55: 44]*

C'est l'eau dont la chaleur a atteint sa température maximale. Sur ce point, Allah (ﷻ) dit:

﴾Ils seront abreuvés d'une source bouillante.﴿ *[Coran 88: 5]*

Le *Ghassâq* (pus):

Nous en avons déjà parlé. Il fait partie de la nourriture et des boissons données aux gens de l'Enfer.

Le *Sadîd* (sanie):

C'est ce qui dégouline de la chair et de la peau des mécréants. Muslim rapporte dans son *Sahih*, d'après Jâbir (رضي الله عنه), que le Prophète (ﷺ) a dit: *«Allah (تعالى) s'est promis d'abreuver les ivrognes de* Tînate Al-Khabâle.»

Sur ces mots, les gens dirent: c'est quoi *Tînâte Al-Khabâle*, ô Messager d'Allah? Il répondit: *«La sueur des gens de l'Enfer* ou *le condensé extrait des gens de l'Enfer.»*

Le *Mouhl:*

Ahmed et Tirmidhi rapportent, d'après Abu Saïd Al-Khoudri, (رضي الله عنه) que le Prophète (ﷺ) a dit: *«C'est comme les sédiments qui se déposent au fond de l'huile. S'il y approche son visage, sa peau s'en détache et y tombe.»* Expliquant le *Mouhl*, Ibn 'Abbas a dit: «C'est un liquide aussi épais que les sédiments que l'on trouve au fond de l'huile.»

Le feu, comme nourriture

Parmi les pécheurs, il y a ceux qu'Allah (تعالى) nourrira à partir des braises de l'Enfer, en rétribution de leurs actes.

﴾Ceux qui mangent *[disposent]* injustement des biens des orphelins, ne font que manger du feu dans leurs ventres.﴿

[Coran 4: 10]

Le Très-Haut dit aussi:

﴾Ceux qui cachent ce qu'Allah a fait descendre du Livre et le vendent à vil prix, ceux-là ne s'emplissent le ventre que de Feu.﴿ *[Coran 2: 174]*

Au sujet des vêtements des gens de l'Enfer, le Tout-Puissant nous a informés que ce seront des vêtements de Feu:

> ﴿A ceux qui ne croient pas, on taillera des vêtements de feu, tandis que, sur leurs têtes, on versera de l'eau bouillante.﴾
> *[Coran 22: 19]*

Ibrahim At-Teimi disait: Gloire à Celui qui a fait des vêtements de feu - chaque fois qu'il récitait ce verset:

> ﴿Et ce jour-là, tu verras les coupables, enchaînés les uns aux autres, leurs tuniques seront de *Qatirane*, et le feu couvrira leurs visages.﴾ *[Coran 14: 49-50]*

Le *Qatirane*, c'est le cuivre fondu. Muslim rapporte dans son *Sahih* d'après Abu Mâlik Al-Ach'ari que le Prophète (ﷺ) a dit: *«La pleureuse qui ne se repent pas avant sa mort se verra, au Jour de la Résurrection, porter une tunique de cuivre fondu* (qatirane) *et une cuirasse galeuse.»*

Ce Hadith a été rapporté aussi par Ibn Mâja, et son expression est la suivante: *«La pleureuse qui meurt sans se repentir verra Allah (سبحانه وتعالى) lui tailler des vêtements de cuivre fondu et une cuirasse galeuse.»*

CHAPITRE 9

LE CHATIMENT DES GENS DE L'ENFER

1.- La violence du châtiment que les gens de l'Enfer endureront

Le châtiment de l'Enfer est terrible. Il recèle des horreurs et des formes de supplice qui poussent l'homme à dépenser le plus précieux de ses biens, dans la perspective d'en être épargné:

﴾Ceux qui ne croient pas et qui meurent mécréants, il ne sera jamais accepté d'aucun d'eux de se racheter, même si, pour cela, il *[donnait]* le contenu, en or, de la terre. Ils auront un châtiment douloureux, et ils n'auront point de secouristes.﴿ *[Coran 3: 91]*

Allah (ﷻ) dit:

﴾Si les mécréants possédaient tout ce qui est sur la terre et autant encore, pour se racheter du châtiment du Jour de la Résurrection, on ne l'accepterait pas d'eux. Et pour eux, il y aura un châtiment douloureux.﴿ *[Coran 5: 36]*

Muslim rapporte dans son *Sahih* que Anas Ibn Mâlik (رضي الله عنه) a dit que le Messager d'Allah (ﷺ) a dit: *«Au Jour de la Résurrection, on fera venir celui qui aura été le plus aisé des gens du bas monde et qui fera partie des gens de l'Enfer. Puis, on le plongera en Enfer et on lui dira: "Ô 'fils' d'Adam! As-tu jamais vu de bien? As-tu jamais connu le bien-être?" Alors il répondra: jamais, Seigneur!»*

Il ne faudra que quelques instants pour faire oublier à la plupart des mécréants, qui auront été les plus heureux et les plus aisés sur terre, la totalité de leurs moments de bonheur et de prospérité. Dans les deux *Sahih* de Boukhari et de Muslim, Anas Ibn Mâlik (رضي الله عنه) a dit que le Messager d'Allah (ﷺ) a dit: *«Au Jour de la résurrection, Allah (سبحانه وتعالى) dira à la personne de l'Enfer, qui aura le châtiment le plus léger: "Si tu possédais quelque chose sur terre, l'échangerais-tu contre la situation dans laquelle tu te trouves?" Ils répondront: oui. Alors, Allah (سبحانه وتعالى) reprendra: "Je voulais de toi quelque chose de plus facile que cela. Lorsque tu étais dans l'épine dorsale d'Adam, tu avais pris l'engagement de ne rien m'associer et tu t'y es refusé".»*

La violence et l'horreur de l'Enfer font certes perdre à l'homme la raison. Elles lui font sacrifier tous *[ses]* bien-aimés afin d'échapper aux affres de l'Enfer. Mais comment pourra-t-il se sauver?

> ﴾Le criminel aimerait pouvoir se racheter du châtiment de ce jour, en livrant ses enfants, sa compagne, son frère, même son clan qui lui donnait asile et tout ce qui est sur la terre, tout ce qui pourrait le sauver. Mais rien *[ne le sauvera]* L'Enfer est un brasier arrachant brutalement la peau du crâne.﴿ *[Coran 70: 11-16]*

Un tel châtiment terrible et ininterrompu fait de la vie de ces criminels un empoisonnement permanent et une souffrance sans répit.

2.- Quelques-unes des formes du châtiment des gens de l'Enfer

La diversité des châtiments infligés aux gens de l'Enfer

Etant donné que l'Enfer est constitué de profondeurs où les supplices et les horreurs sont intenses, ses habitants se trouvent dans des situations différentes, selon les châtiments qu'ils reçoivent. Ainsi, dans le Hadith rapporté par Muslim et Ahmed, le Prophète (ﷺ) a dit - parlant des gens de l'Enfer: *«A certains d'entre eux l'Enfer arrivera aux chevilles, à d'autres aux genoux, à la poitrine ou aux clavicules.»* Et dans une autre variante: *«Au cou».*

Le Messager d'Allah (ﷺ) nous a parlé de celui qui aura le châtiment le plus léger parmi les gens de l'Enfer.

Dans le *Sahih* de Boukhari, Nou'mène Ibn Bachir (رضي الله عنه) a dit: j'ai entendu le Prophète (ﷺ) dire: *«Au Jour de la Résurrection, celui des gens de l'Enfer dont le châtiment sera le plus léger aura à la plante de ses pieds des braises qui feront bouillonner son cerveau.»*

Dans une autre variante d'An-Nou'mène Ibn Bachir (رضي الله عنه), dans le *Sahih* de Boukhari: *«Au Jour de la Résurrection, celui des gens de l'Enfer qui aura le châtiment le plus léger, aura à la plante de ses pieds deux braises dont l'incandescence fera bouillonner son cerveau de la même manière qu'une chaudière.»*

Et dans une troisième variante de Nou'mène Ibn Bachir (رضي الله عنه) auprès de Muslim: *«Celui des gens de l'Enfer qui aura le châtiment le plus léger aura une paire de chaussures avec deux lacets de feu. Elles feront bouillir son cerveau de la même manière qu'une chaudière. Malgré tout, il se croira le plus durement supplicié alors qu'il est celui qui a le châtiment le plus léger.»*

Dans le *Sahih* de Muslim, le Messager d'Allah (ﷺ) dit, selon un Hadith rapporté par Abu Saïd Al-Khoudri (رضي الله عنه): *«Celui des gens de l'Enfer dont le châtiment sera plus le léger portera des chaussures qui feront bouillir son cerveau, de par l'intensité de leur chaleur.»*

Boukhari et Muslim ont rapporté d'Abu Saïd Al-Khoudri (ﷺ) qu'il a entendu le Messager d'Allah (ﷺ) dire, alors que l'on venait de faire mention auprès de lui de son oncle paternel Abu Tâlib: *«Il se peut que mon Intercession lui soit utile au Jour de la Résurrection. On le mettra dans un* dhadhâh *(petit récipient à eau) atteignant ses chevilles, qui fera bouillir son cerveau.»*

De nombreux textes coraniques ont été rapportés, et ils confirment que les châtiments des gens de l'Enfer sont d'intensités différentes. A ce sujet, Allah (ﷻ) dit:

﴾Les hypocrites seront, certes, au plus bas fond du Feu.﴿ *[Coran 4: 145]*

﴾Et le jour où l'Heure arrivera, *[il sera dit]*: faites entrer les gens de Pharaon au plus dur du châtiment.﴿ *[Coran 40: 46]*

﴾Ceux qui ne croyaient pas et obstruaient le chemin d'Allah, Nous leur ajouterons châtiment sur châtiment, pour la corruption qu'ils semaient *[sur terre]*.﴿ *[Coran 16: 88]*

Al-Qortobi a dit à propos de ce sujet: un tel chapitre te montre bien que l'impiété de celui dont le péché n'est qu'impiété, est différente de l'impiété de celui qui, outrepassant les limites, se réfugie dans la mécréance, la révolte et la désobéissance. De là, il n'y a aucun doute qu'il y a une disparité dans les châtiments auxquels les mécréants seront soumis en Enfer, comme l'on peut s'en rendre compte dans le Coran et la Sunna. En effet, nous savons de manière évidente que le châtiment réservé à ceux qui ont assassiné des Prophètes et des musulmans, semé la corruption sur terre et fait preuve d'impiété n'équivaut pas à celui de ceux qui se sont contentés de mécroire et qui ont été bienfaisants envers les Prophètes et les musulmans. N'as-tu pas vu comment on fera sortir Abu Tâlib au petit récipient *(dhadhâh)* à cause de son aide et de sa bienfaisance à son égard? Sur cette base, le Hadith que Muslim a rapporté de Samura reste valable pour les mécréants et comme preuve de cela, *[il n'y a qu'à]* voir celui relatif à Abu Tâlib, tout comme il reste valable en ce qui concerne le châtiment des monothéistes.

Sur la question, Ibn Rajab a dit: sache que la dissimilitude des châtiments entre les gens de l'Enfer dépend des actes qui les ont conduits en Enfer. Ensuite, il cita les arguments qui le montrent. Il cita les propos d'Ibn 'Abbas: «Le châtiment de ceux qui ont fait preuve d'une incroyance manifeste, semé la corruption sur terre et appelé à la mécréance, reste bien différent du châtiment réservé à ceux qui n'ont pas eu ces comportements.»

A partir de là, Ibn Rajab a dit: de même, le châtiment en Enfer des monothéistes désobéissants variera en fonction des actes accomplis. On ne punira pas les coupables de péchés graves de la même manière qu'on le fera avec ceux ayant commis des péchés mineurs. Il est possible que le châtiment soit allégé sur certains d'entre eux à cause de leurs autres bonnes actions ou à cause de ce qu'Allah (ﷻ) aura voulu. En conséquence, de ce fait, certains d'entre eux mourront en Enfer.

La carbonisation des peaux

Le feu brûlera la peau des gens de l'Enfer. La peau est le lieu où la douleur de brûlure se ressent. C'est pourquoi, Allah (ﷻ) renouvellera leurs peaux, chaque fois que celles-ci seront consumées par le Feu, avant de faire reprendre le supplice:

> ﴾Certes, ceux qui ne croient pas à Nos versets, Nous les brûlerons bientôt dans le Feu. Chaque fois que leurs peaux auront été consumées, Nous leur donnerons d'autres peaux en échange, afin qu'ils goûtent au châtiment. Allah est, certes, Puissant et Sage!﴿ *[Coran 4: 56]*

La fonte

Parmi les formes de châtiment, il en est une qui consiste à déverser de l'eau bouillante sur leurs têtes. *Al-Hamîme* est cette eau dont la chaleur a atteint son paroxysme. A cause de sa chaleur, les entrailles et tout ce qui se trouve dans le ventre fondent:

> ﴾A ceux qui ne croient pas, on taillera des vêtements de feu, tandis que sur leurs têtes, on versera de l'eau bouillante qui fera fondre ce qui est dans leurs ventres de même que leurs peaux.﴿ *[Coran 22: 19-20]*

Selon le Hadith rapporté d'Abu Houreira (رضي الله عنه) par Tirmidhi, le Prophète (ﷺ) a dit: *«Certes, de l'eau bouillante sera déversée sur les têtes, eau qui aussitôt descendra jusqu'au ventre où elle brûlera les entrailles, avant de sortir par les pieds. L'homme sera fondu et ensuite ramené à sa première forme physique.»* Tirmidhi a dit: Hadith bon, étrange et authentique.

La brûlure

La partie la plus noble du corps de l'homme est le visage. C'est pourquoi le Messager d'Allah (ﷺ) nous a interdit de frapper le visage. Allah (سبحانه وتعالى) humiliera les gens de l'Enfer au Jour de la résurrection en les ressuscitant sur leurs visages, aveugles, sourds et muets:

> ﴾Nous les rassemblerons traînés sur leurs visages, aveugles, muets et sourds. L'Enfer sera leur demeure: chaque fois que son feu s'affaiblit, Nous leur accroîtrons la flamme ardente.﴿ *[Coran 17: 97]*

Ils seront jetés le visage en avant dans le feu:

> ﴾Ceux qui viendront avec le mal seront alors culbutés, le visage dans le feu. N'êtes-vous pas uniquement rétribués selon ce que vous faisiez? ﴿ *[Coran 27: 90]*

﴾Si *[seulement]* les mécréants connaissaient le moment où ils ne pourront empêcher le feu d'envahir leurs visages et leurs dos, et où ils ne seront point secourus...﴿
[Coran 21: 39]

﴾Le feu brûlera leurs visages...﴿ *[Coran 23: 104]*

﴾Leurs tuniques seront d'acier fondu et le feu couvrira leurs visages.﴿ *[Coran 14: 50]*

﴾Est-ce que celui qui, au Jour de la Résurrection, se sera protégé le visage contre le pire châtiment...﴿
[Coran 39: 24]

A présent, observe ce spectacle qui fait frémir d'horreur!

﴾Le jour où leurs visages seront tournés et retournés dans le Feu, ils diront: hélas pour nous! Si seulement nous avions obéi à Allah et obéi au Messager!﴿ *[Coran 33: 66]*

As-tu vu comment on retourne la viande dans le feu, le poisson dans la poêle à frire? C'est de la même manière qu'on retournera leurs visages dans le feu. Qu'Allah nous en préserve!

La traînée

Parmi les formes de châtiments douloureux, il y a le fait de traîner les mécréants sur leurs visages en Enfer:

﴾Les criminels sont, certes, dans l'égarement et voués au Feu brûlant. Le jour où on les traînera dans le Feu sur leurs visages, Alors, *[on leur dira]*: goûtez au contact de *Saqar [la chaleur brûlante de l'Enfer]*.﴿ *[Coran 54: 47-48]*

Le fait qu'ils seront enchaînés et munis de carcans, fera croître leurs douleurs lorsqu'ils seront traînés en Enfer:

﴾Ils sauront bientôt, quand, des carcans à leurs cous et avec des chaînes, ils seront traînés dans l'eau bouillante et que, ensuite, ils brûleront dans le feu.﴿ *[Coran 40: 70-72]*

Selon Qutada, "ils seront brûlés tantôt dans le feu, tantôt dans l'eau bouillante."

Assombrissement des visages

Dans l'Au-delà, Allah (ﷻ) assombrira le visage des gens de l'Enfer:

> ﴾Au jour où certains visages s'éclaireront, et que d'autres s'assombriront. A ceux dont les visages seront assombris *[il sera dit]*: avez-vous mécru après avoir eu la foi? *[Eh bien]* Goûtez au châtiment, pour avoir renié la Foi.﴿
>
> *[Coran 3: 106]*

Il s'agira d'un assombrissement intense donnant l'impression que les ténèbres de la nuit ont envahi leurs visages:

> ﴾Et ceux qui ont commis de mauvaises actions, la rétribution d'une mauvaise action sera son équivalent. Un avilissement les couvrira. Pas de protecteur pour eux contre Allah, comme si leurs visages se couvraient de lambeaux de ténèbres nocturnes. Ceux-là sont les gens du Feu où ils demeureront éternellement.﴿ *[Coran 10: 27]*

Encerclement des mécréants par l'Enfer

Les gens de l'Enfer sont les mécréants qui ont été couverts de leurs péchés et leurs actes de désobéissance. Il ne leur reste aucune bonne action, comme le dit le Très-Haut dans sa réponse à l'endroit des juifs qui dirent:

> ﴾Le Feu ne nous touchera que pour un nombre de jours déterminé. Bien au contraire! Ceux qui font le mal et qui se font cerner par leurs péchés, ceux-là sont les gens du Feu où ils demeureront éternellement.﴿ *[Coran 2: 81]*

L'homme ne se retrouvera dans cette situation que s'il a été mécréant et polythéiste. A cet égard, Hassan Khân a dit: le sens de *mal* (*Sayyi'a*) est ici relatif à l'espèce. La cause d'un tel mal doit entourer l'homme de tous les côtés; il ne doit rien avoir comme bonne action à son actif. Elle doit lui fermer toutes les issues de secours. L'éternité en Enfer concerne les mécréants et les polythéistes. Dans ce verset, il convient d'expliquer le *mal* et le *péché* par l'impiété et le polythéisme. Ceci détruit donc l'entêtement des Mu'tazilites et des Kharidjites, conformément à ce qui est confirmé dans la Sunna de façon récurrente concernant la sortie de l'Enfer des monothéistes désobéissants.

Etant donné que les fautes et les péchés entourent les mécréants, de la même manière que le bracelet entoure le poignet, la rétribution dépendra des actes. C'est pour cela que le Feu, de tous les côtés, entourera les mécréants comme le dit le Très-Haut:

﴾L'Enfer leur servira de lit et, comme couverture, ils auront des voiles de ténèbres.﴿ *[Coran 7: 41]*

Al-Mihâde désigne ce qui sera au-dessous d'eux et *Ghawâche* est ce qui les couvrira d'en haut. On veut dire tout simplement que le feu les entourera, comme le note ce verset:

﴾Le jour où le châtiment les enveloppera d'en haut et sous leurs pieds.﴿ *[Coran 29: 55]*

Ailleurs, Allah (ﷻ) dit:

﴾Au-dessus d'eux, ils auront des couches de feu et des couches au-dessous d'eux.﴿ *[Coran 39: 16]*

Il dit aussi:

﴾L'Enfer est tout autour des mécréants.﴿ *[Coran 9: 49]*

Certains des Prédécesseurs (*Salaf*) ont expliqué *Mihâde* par lit et *Ghawâche* par couverture. L'encerclement revêt un autre aspect. En effet, le feu est un rempart entourant les mécréants de sorte que ceux-ci n'arrivent pas à en sortir, conformément à ce qu'Allah (ﷻ) dit:

﴾Nous avons préparé pour les *[gens]* injustes un Feu dont les flammes les cernent. Et s'ils implorent à boire, on les abreuvera d'une eau comme du métal fondu, brûlant les visages. Quelle mauvaise boisson et quelle détestable demeure!﴿ *[Coran 18: 29]*

Le feu qui monte aux cœurs

Nous avons mentionné que les gens de l'Enfer auront des dimensions énormes. Néanmoins, le feu envahira les corps au point d'en atteindre les endroits les plus profonds:

﴾Je vais le brûler dans le Feu intense *[Saqar]*. Et qui te dira ce qu'est *Saqar*? Il ne laisse rien et n'épargne rien; il brûle la peau et la noircit.﴿ *[Coran 74: 26-29]*

Certains Prédécesseurs ont dit à propos du verset

﴾Il ne laisse rien et n'épargne rien﴿: c'est-à-dire que le feu consume les os, la chair, et le cerveau. Il n'en épargne rien.

Allah (سبحانه وتعالى) dit également:

﴾Mais non! Il sera, certes, jeté dans la *Houtamah:* et qui te dira ce qu'est la *Houtamah*? Le feu attisé d'Allah, qui monte jusqu'aux cœurs.﴿ *[Coran 104: 4 -7]*

Pour ce qui est de Mâlik Ibn Ka'b, il a dit: le feu consume tout jusqu'au cœur du mécréant et quand il atteint son cœur, il est ensuite récréé. Après avoir récité ce verset, Thâbite Al-Banani a dit: le feu consume tout jusqu'aux cœurs des mécréants en vie! Le châtiment les a atteints. Sur ces mots, il se mit à pleurer.

Déversement des entrailles en Enfer

Dans les deux *Sahih* de Boukhari et de Muslim, Oussama Ibn Zeyd (رضي الله عنه) rapporte que le Prophète (ﷺ) a dit: *«Au Jour de la Résurrection on fera venir un homme que l'on jettera en Enfer, ses entrailles s'y déverseront. L'homme sera broyé dans le feu, de la même manière que l'âne broie sa nourriture. Alors, réunis auprès de lui, les gens de l'Enfer lui diront: "Ô Untel! Qu'est-ce qui t'arrive? Ne nous commandais-tu pas le bien et ne nous interdisais-tu pas le mal?" L'homme répondra: je vous commandais le bien, mais je ne le faisais pas, et vous interdisais le mal tout en le faisant. Après cela, il se mettra à courir et à tournoyer autour de l'Enfer de la même manière que l'âne tourne autour du puits.»*

Parmi ceux dont les entrailles seront tirées en Enfer, il y a 'Amr Ibn Louha, le premier homme à avoir modifié la religion des arabes. A ce titre, le Messager d'Allah (ﷺ) l'a vu tirer une canne en Enfer. Dans le *Sahih* de Muslim, le Prophète (ﷺ), selon un Hadith rapporté par Jâbir Ibn Abdallah, s'est exprimé en ces termes: *«J'ai vu 'Amr Ibn 'Amir Al-Khouza'i tirer une canne en Enfer.»* Celui-ci fut le premier homme à prôner le libertinage législatif.

Les chaînes des gens de l'Enfer, carcans et marteaux

Allah (ﷻ) a préparé aux gens de l'Enfer des chaînes, des carcans, des liens et des massues:

﴾Nous avons préparé, pour les infidèles, des chaînes, des carcans et une Fournaise ardente.﴿ *[Coran 76: 4]*

﴾Nous avons *[pour eux]* lourdes chaînes et Enfer, et nourriture à faire suffoquer, et châtiment douloureux.﴿ *[Coran 73: 12-13]*

On met les carcans aux cous:

﴾Nous placerons des carcans aux cous de ceux qui auront mécru: les rétribuerait-on autrement que selon ce qu'ils faisaient?﴿ *[Coran 34: 33]*

﴾Quand, des carcans à leurs cous et avec des chaînes, ils seront traînés.﴿ *[Coran 40: 71]*

Ankâle signifie liens. On les appelle ainsi parce qu'en châtiant les gens de l'Enfer, Allah (ﷻ) les lie et les entrave:

﴾Nous avons *[pour eux]* des liens solides.﴿ *[Coran 73: 12]*

Les chaînes, un autre type de châtiment, sont utilisées pour enchaîner les criminels, de la même manière qu'on lie les criminels ici-bas. Observe bien cette image qu'Allah nous présente dans le Saint Coran:

﴾Saisissez-le! Puis, mettez-lui un carcan, ensuite brûlez-le dans la fournaise puis, liez-le avec une chaîne de soixante-dix coudées.﴿ *[Coran 69: 30-32]*

Allah (ﷻ) a préparé aux gens de l'Enfer des massues qui s'abattent sur les criminels alors que ceux-ci essaient de sortir de l'Enfer, ces marteaux les balayant alors pour les remettre à leur place en Enfer:

﴾Et il y aura pour eux des massues. A chaque fois qu'ils voudront en sortir *[pour échapper]* à la détresse, on les y remettra et *[on leur dira]*: goûtez au châtiment de la Fournaise.﴿ *[Coran 22: 21-22]*

Ils seront attachés avec ce qu'ils adoraient et avec les diables en Enfer

Les mécréants et les polythéistes vénéraient les divinités qu'ils adoraient en dehors d'Allah (ﷻ) et, de surcroît, les défendaient. Ils sacrifiaient pour cela leurs personnes et leurs biens. Au Jour de la Résurrection, Allah (ﷻ) fera entrer en Enfer les divinités qu'ils adoraient pour humilier ceux qui les adoraient, afin qu'ils sachent qu'ils étaient dans l'égarement et qu'ils adoraient ce qui ne leur était ni nuisible ni profitable:

﴾Vous serez, vous et ce que vous adorez en dehors d'Allah, le combustible de l'Enfer. Vous vous y rendrez, tous. Si ceux-là étaient vraiment des divinités, ils n'y entreraient pas et tous y demeureront éternellement.﴿ *[Coran 21: 98-99]*

A cet égard, Ibn Rajab a dit: puisque les mécréants adoraient des divinités en dehors d'Allah (ﷻ), croyant qu'ils intercèderaient auprès d'Allah (ﷻ) en leur faveur et qu'ils les rapprocheraient de Lui, ils furent punis par le fait que ces divinités furent mises dans le Feu avec eux afin de les humilier, de les avilir, de leur faire annonce de leur perte et de leurs remords. En effet, si une personne est liée dans le châtiment à celui qui a été à l'origine de cette punition, alors cela lui est très douloureux et c'est une grande perte pour elle.

C'est pour une telle raison qu'au Jour de la Résurrection, le soleil et la lune seront jetés en Enfer pour servir de combustible. Et cela afin de blâmer les *[gens]* injustes qui adoraient les divinités en dehors d'Allah (ﷻ). Comme le note le Hadith: *«Le soleil et la lune seront roulés en spirales et jetés en Enfer.»*

Selon Al-Qortobi, le soleil et la lune ne seront regroupés en Enfer que parce qu'ils auront été adorés en dehors d'Allah (ﷻ), et non pour que l'Enfer soit un châtiment pour eux deux; ce ne sont par ailleurs que des objets inanimés. On ne les vouera à ce sort que pour accroître la déception et l'amertume des mécréants. Telle est la version de certains hommes de science.

Ainsi, on attachera les mécréants à leurs diables pour accentuer leurs supplices:

> ﴿Et quiconque s'aveugle *[et s'écarte]* du rappel du Tout-Miséricordieux, Nous lui désignons un diable qui devient son compagnon inséparable. Ils *[les diables]* détournent certes *[les hommes]* du droit chemin, tandis que ceux-ci s'estiment être bien guidés. Lorsque cet *[homme]* vient à Nous, il dira *[à son démon]*: hélas! Que n'y a-t-il entre toi et moi la distance entre les deux levants. - Quel mauvais compagnon, *[tu es]!* Il ne vous profitera point ce jour-là - du moment que vous avez été injustes - que vous soyez associés dans le châtiment.﴾ *[Coran 43: 36-39]*

Déception, remords et prières des gens de l'Enfer

Lorsque les mécréants verront l'Enfer, ils seront pris de grands remords:

> ﴾Ils dissimuleront leurs remords quand ils verront le châtiment. Et il sera décidé entre eux en toute équité, et ils ne seront point lésés.﴿ *[Coran 10: 54]*

Lorsque le mécréant prendra connaissance du livre de ses œuvres et constatera sa mécréance et son polythéisme qui font de lui une personne digne de l'Enfer, il invoquera la destruction et le péril sur lui:

> ﴾Quant à celui qui recevra son livre derrière son dos, il invoquera la destruction sur lui-même, et il brûlera dans un feu ardent.﴿ *[Coran 84: 10-12]*

Leurs invocations appelant le malheur et le péril se répèteront lorsqu'ils seront jetés au feu auquel ils serviront de combustible:

> ﴾Et quand on les y aura jetés, dans un étroit réduit, les mains liées derrière le cou, ils souhaiteront alors leur destruction complète. Aujourd'hui, ne souhaitez pas la destruction une seule fois, mais souhaitez-en plusieurs.﴿ *[Coran 25: 13-14]*

A ce stade, retentiront leurs cris de détresse et leurs lamentations. Ils invoqueront leur Seigneur dans l'espoir qu'Il les fait sortir de l'Enfer:

> ﴾Et là, ils hurleront: Seigneur! Fais-nous sortir, nous ferons le bien, contrairement à ce que nous faisions.﴿
> *[Coran 35: 37]*

A ce moment précis, ils reconnaîtront leur égarement, leur impiété et leur stupidité:

> ﴾Et ils dirent: si nous avions écouté ou raisonné, nous n'aurions pas été parmi les gens de la Fournaise. Ils ont ainsi

reconnu leur péché. Que les gens de la Fournaise soient anéantis à jamais.﴿ *[Coran 67: 10-11*

﴾Ils diront: notre Seigneur, Tu nous as fais mourir deux fois et redonné la vie deux fois: nous reconnaissons donc nos péchés. Y a-t-il un moyen d'en sortir?﴿ *[Coran 40: 11]*

Toutefois, leur demande sera catégoriquement rejetée et on leur répondra de la façon dont on répond aux animaux:

﴾Ils dirent: Seigneur! Notre malheur nous a vaincus et nous étions des gens égarés. Seigneur, fais-nous en sortir! Et si nous récidivons, nous serons alors des *[gens]* injustes. Il dit: soyez-y refoulés *[et humiliés]* et ne Me parlez plus!﴿ *[Coran 23: 106-108]*

Le décret s'étant réalisé contre eux, ils feront face à un sort où nulle invocation ne sera utile et aucune requête agréée:

﴾Si tu voyais alors les criminels *[comparaître]*, têtes basses devant leur Seigneur! notre Seigneur, nous avons vu et entendu, renvoie-nous donc, afin que nous puissions faire du bien. Nous croyons *[maintenant]* avec certitude. Si nous voulions, Nous apporterions à chaque âme sa guidée. Mais la Parole venant de Moi doit être réalisée: J'emplirai l'Enfer de djinns et d'hommes réunis. Goûtez donc pour avoir oublié la rencontre avec votre jour que voici. Nous aussi, Nous vous avons oubliés. Goûtez au châtiment éternel pour ce que vous faisiez.﴿ *[Coran 32: 12-14]*

Ensuite, les gens de l'Enfer se dirigeront vers les gardiens de l'Enfer à qui ils demanderont d'intercéder pour qu'Allah leur allège un tant soit peu le châtiment:

﴾Et ceux qui seront dans le Feu diront aux gardiens de l'Enfer: priez votre Seigneur de nous alléger un jour de *[notre]* supplice. Ils diront: vos Messagers, ne vous apportaient-ils pas les preuves évidentes? Ils diront: si! Ils *[les gardiens]* diront: eh bien, priez! Et l'invocation des mécréants n'est qu'aberration.﴿ *[Coran 40: 49-50]*

Au vu de cela, ils demanderont l'intercession pour que leur Seigneur les achève:

﴾Et ils crieront: ô Mâlik! Que ton Seigneur nous achève! Il dira: en vérité, vous êtes pour y demeurer *[éternellement]*!﴿ *[Coran 43: 77]*

Tout ce qu'ils demanderont leur sera refusé. Ils ne sortiront pas du feu, leur châtiment ne sera pas allégé, et il n'y aura pas de mort; au contraire, ce sera un châtiment éternel. On leur dira:

﴾Supportez ou ne supportez pas, ce sera égal pour vous. Vous n'êtes rétribués que selon ce que vous faisiez.﴿ *[Coran 52: 16]*

Là-dessus, leurs lamentations s'amplifieront, leurs larmes couleront à flots et leurs longs cris retentiront:

﴾Qu'ils rient un peu et qu'ils pleurent beaucoup, en récompense de ce qu'ils se sont acquis.﴿ *[Coran 9: 82]*

Ils pleureront au point de n'avoir plus de larmes et, ensuite, ils feront couler du sang. Leurs larmes marqueront leurs visages de la même manière que le torrent marque les rochers.

Dans le *Moustadrak* d'Al-Hâkim, selon un Hadith rapporté par Abdallah Ibn Qays (رضي الله عنه), le Messager d'Allah (ﷺ) a dit: *«Les gens de l'Enfer pleureront au point que si on y faisait flotter des bateaux, ils flotteraient. Ensuite ils pleureront jusqu'à ce que le sang sorte à la place des larmes.»*

Anas Ibn Mâlik (رضي الله عنه) a rapporté ce Hadith, directement attribué au Prophète (ﷺ), avec la formulation: *«On fera pleurer les gens de l'Enfer. Ceux-ci pleureront au point de n'avoir plus de larmes, puis, pleureront encore, et du sang coulera sur leurs visages qui deviendront comme des fossés si des bateaux y étaient placés, ils vogueraient. Ces* [gens] *injustes auront perdu leurs personnes et leurs familles, pour avoir préféré l'impiété à la foi. Ecoute les lamentations qu'ils répèteront au cours de leur châtiment:*

> ﴾Le jour où leurs visages seront tournés et retournés dans le Feu, ils diront: hélas! Pour nous. Si seulement nous avions obéi à Allah et obéi au Messager! Et ils dirent: Seigneur, nous avons obéi à nos chefs et à nos grands. C'est donc eux qui nous ont égarés du Chemin. Ô notre Seigneur! Inflige-leur deux fois le châtiment et maudis-les d'une grande malédiction﴿.» *[Coran 33: 66-68]*

Médite la Parole d'Allah (ﷻ) dans laquelle Il décrit leur situation! Qu'Allah nous préserve de cette situation!

> ﴾Ceux qui sont damnés seront dans le Feu où ils auront des soupirs et des sanglots pour y demeurer tant que dureront les cieux et la terre - à moins que ton Seigneur en décide autrement.﴿ *[Coran 11: 106-107]*

Selon Az-Zajjaj, le soupir résulte d'un gémissement accru et très fort.

Certains disent que le soupir se traduit par une inspiration intense qui gonfle les côtes, sous l'effet de la peur. L'expiration est un souffle long et étendu ou le fait de reprendre de l'air dans la poitrine. L'allusion aux soupirs et aux sanglots dénote l'ampleur du chagrin et de l'accablement des gens de l'Enfer qui, à cet égard, donnent l'impression de gens dont le cœur est envahi d'une chaleur intense, et dont l'esprit reste assiégé.

Pour Al-Leyth, le soupir consiste à ce que l'homme emplisse sa poitrine d'air lorsqu'il est fortement angoissé et le rejette. L'expiration consiste à rejeter de l'air de la poitrine.

CHAPITRE 10

COMMENT L'HOMME SE PROTEGE DE L'ENFER...

Du moment que l'impiété est la cause de l'éternité en Enfer, le moyen d'en être préservé consiste à croire et à faire de bonnes œuvres. A cette fin, les musulmans trouvent le moyen de parvenir à leur Seigneur (ﷻ) par le truchement de leur foi, afin que le Très-Haut les préserve de l'Enfer:

﴿Ceux qui disent: ô notre Seigneur, nous avons la foi; pardonne-nous donc nos péchés et protège-nous du châtiment du feu.﴾ *[Coran 3: 16]*

﴿Notre Seigneur! Tu n'as pas créé cela en vain. Gloire à Toi! Garde-nous du châtiment du Feu. Seigneur! Celui que Tu voues au Feu, Tu le couvres vraiment d'ignominie. Et pour les *[gens]* injustes, il n'y a pas de secouristes! Seigneur! Nous avons entendu l'appel de celui qui a appelé ainsi à la foi: croyez en votre Seigneur! Et dès lors, nous avons cru. Seigneur, Pardonne-nous nos péchés, efface de nous nos méfaits, et place-nous, à notre mort, avec les gens du Bien. Seigneur! Donne-nous ce que Tu nous as promis à travers tes Messagers. Et ne nous couvre pas d'ignominie au Jour de la Résurrection. Car, Toi, Tu ne manques point à Ta promesse.﴾ *[Coran 3: 191-194]*

Les textes ont détaillé cette question et précisé les œuvres qui préservent de l'Enfer. Parmi ces œuvres, on note celles qui expriment l'amour d'Allah (سبحانه وتعالى).

Dans le *Moustadrak* d'Al-Hâkim et le *Musned* d'Ahmed, Mâlik Ibn Anas (رضي الله عنه) a dit: le Messager d'Allah (ﷺ) a dit: *«Par Allah! Allah ne jette jamais Son ami en Enfer.»*

Le jeûne est un bouclier contre l'Enfer

Ahmed dans son *Musned* et Beihaqi dans *Chou'ab Al-Imêne* rapportent selon un Hadith dont la chaîne de transmission est bonne, d'après Mâlik Ibn Anas (رضي الله عنه) que le Prophète (ﷺ) a dit: *«Allah (سبحانه وتعالى) dit: "Le jeûne est un bouclier avec lequel on se protège de l'Enfer".»*

Beihaqi rapporte dans *Ach-Chou'ab,* d'après le Hadith de 'Othmane Ibn Al-'As que le Prophète (ﷺ) a dit: *«Le jeûne est un bouclier contre le châtiment qu'inflige Allah.»* Un Hadith rapporté par Ahmed, Nassâ'i, Ibn Mâja et Ibn Khouzeima. Sa chaîne de transmission est authentique.

Si le jeûne est accompli lors d'un jihad, cela représente une grande victoire. Abu Saïd Al-Khoudri (رضي الله عنه) rapporte que le Messager d'Allah (ﷺ) a dit: *«Quiconque observe un jour de jeûne dans le chemin d'Allah (سبحانه وتعالى), verra Allah éloigner son visage de l'Enfer d'une distance de soixante-dix* [années].» Hadith rapporté par Ahmed, Boukhari, Muslim, Tirmidhi et Nassâ'i

La crainte d'Allah (سبحانه وتعالى) et le jihad dans son chemin, font partie de ce qui sauvegarde de l'Enfer:

> ﴾Et pour celui qui aura craint de comparaître devant son Seigneur, il y aura deux jardins.﴿ *[Coran 55: 46]*

Dans leurs *Sunan,* Tirmidhi et Nassâ'i ont rapporté qu'Abu Houreira (رضي الله عنه) a dit que le Messager d'Allah (ﷺ) a dit: *«Quiconque pleure, par crainte d'Allah (سبحانه وتعالى), sera préservé de l'Enfer aussi longtemps que le lait ne réintégrera pas la mamelle dont il a été extrait. La poussière du jihad dans le chemin d'Allah et la fumée de l'Enfer ne s'assembleront pas sur le serviteur.»*

Abu 'Abbas (رضي الله عنه) a dit dans le *Sahih* de Boukhari que le Messager d'Allah a dit: *«L'Enfer ne touchera pas les pieds du serviteur couverts de poussière par le jihad.»*

Dans le *Sahih* de Muslim, Abu Houreira (رضي الله عنه) rapporte que le Messager d'Allah (ﷺ) a dit: *«Le mécréant et son assassin ne s'assembleront jamais en Enfer.»* Le fait que le serviteur cherche refuge auprès d'Allah (سبحانه وتعالى) contre le châtiment de l'Enfer, fait partie de ce avec quoi ce dernier se protège de l'Enfer:

> ﴿Ceux qui disent: Seigneur, écarte de nous le châtiment de l'Enfer - car son châtiment est permanent. Quels mauvais gîte et lieu de séjour!﴾ *[Coran 25: 65-66]*

Anas a dit, selon un Hadith dont la chaîne de transmission est authentique et mentionné dans le *Musned* d'Ahmed, les *Sunan* d'Ibn Mâja, le *Sahih* d'Ibn Hibbâne et le *Moustadrak* d'Al-Hâkim que le Messager d'Allah (ﷺ) a dit: *«Nul ne demande à Allah (سبحانه وتعالى) le Paradis trois fois sans que le Paradis dise: "Seigneur! Fais-le entrer au Paradis!" De même, aucun musulman ne demande à Allah (سبحانه وتعالى) de le préserver de l'Enfer, sans que ce dernier dise: "Seigneur! Préserve-le de moi!"»*

Abu Houreira (رضي الله عنه) rapporte, dans les deux *Sahih* de Boukhari et de Muslim, que le Prophète (ﷺ) a dit, en parlant des Anges qui recherchent les assemblées de l'évocation d'Allah (سبحانه وتعالى): *«Allah (سبحانه وتعالى), tout en étant plus informé qu'eux, les interroge en ces termes: "Contre quoi demandent-ils d'être préservés?" Les Anges répondent: "Contre l'Enfer." Allah (سبحانه وتعالى) dit: "L'ont-ils vu?" Ils répondent: "Non, par Allah, Seigneur! Ils ne l'ont pas vu." Allah*

(﷾) reprend: "Comment alors réagiraient-ils s'ils l'avaient vu?" Les Anges répondent: "S'ils l'avaient vu, ils le fuiraient davantage et leur peur en serait accrue." Alors Le Très-Haut dit: "Soyez témoins que Je leur ai déjà pardonné".»

DEUXIEME PARTIE:

LE PARADIS

AVANT-PROPOS,

DEFINITION ET DESCRIPTION

Le Paradis est la grande rétribution, l'énorme récompense qu'Allah (ﷻ) réserve à Ses bien-aimés et aux obéissants. C'est le bien-être absolu, non entaché de manquement, ni d'impureté. Ce qu'Allah (ﷻ) nous en dit et les informations que nous en a données aussi le Prophète (ﷺ) sont de nature à mettre l'esprit en état de stupéfaction car celui-ci reste incapable de se représenter et de comprendre le bien-être qui lui est décrit. La raison est incapable de l'appréhender et de l'assimiler. A cet égard, écoute cette parole que le Tout-Puissant prononce dans ce Hadith *Qodoussi [propos divins non coraniques]*: *«J'ai réservé à mes serviteurs vertueux ce qu'aucun œil n'a vu, qu'aucune oreille n'a entendu et ce qui ne vient à l'esprit d'aucun être humain.»* Ensuite le Messager d'Allah (ﷺ) a dit: *«Lisez si vous voulez*:

﴿Personne ne sait ce que l'on a réservé pour eux comme réjouissance pour les yeux﴾ *[Coran 32: 17].»*

L'excellence de ces délices apparaît mieux en les comparant aux plaisirs du bas monde. En effet, la jouissance du bas monde, mise face aux délices et du bien-être de l'Au-delà, reste futile et méprisable, n'équivalant pour ainsi dire à rien du tout. Ainsi, dans le *Sahih* de Boukhari, Sahl Ibn Sa'd As-Saïdi (رضي الله عنه) a dit que le

Messager d'Allah (ﷺ) a dit: *«L'espace qu'occupe un fouet au Paradis est bien meilleur que ce monde et tout ce qu'on y trouve.»*

C'est pour cela que l'accès au Paradis et le fait d'échapper aux affres de l'Enfer sont considérés comme la grande réussite.

Allah (ﷻ) a dit:

﴿Quiconque donc, est écarté du Feu et introduit au Paradis, a certes, réussi.﴾ *[Coran 3: 185]*

﴿Aux croyants et aux croyantes, Allah a promis des Jardins sous lesquels coulent les ruisseaux, pour qu'ils y demeurent éternellement, et des demeures excellentes, aux jardins d'Eden *[du séjour permanent]* Et la satisfaction d'Allah est plus grande encore, et c'est là l'énorme succès.﴾

[Coran 9: 72]

﴿Et celui qui obéit à Allah et à son Messager, Il le fera entrer dans les Jardins sous lesquels coulent les ruisseaux, pour y demeurer éternellement. Et voilà la grande réussite.﴾

[Coran 4: 13]

CHAPITRE PREMIER

L'ACCES AU PARADIS

Il n'y a aucun doute que le bonheur des croyants n'aura pas d'égal lorsqu'ils seront conduits avec honneur et en groupe vers les jardins des délices où les portes leur seront ouvertes dès qu'ils y seront parvenus. Les Anges nobles les accueilleront et leur souhaiteront la bienvenue après les difficultés qu'ils ont rencontrées et les frayeurs qu'ils ont vécues:

> ﴾Et ceux qui avaient craint leur Seigneur seront conduits par groupes au Paradis. Puis, quand ils y parviendront et que ses portes s'ouvriront, ses gardiens leur diront: *Salâm* à vous! Vous avez été bons: entrez donc, pour y demeurer éternellement.﴿ *[Coran 39: 73]*

C'est-à-dire: vos actes, vos paroles et vos croyances sont bons. Vos âmes sont devenues pures autant que vos cœurs; c'est pourquoi vous méritez le Paradis.

1.- L'Intercession au moment de l'entrée au Paradis

Mention a été faite dans les Hadiths authentiques qu'au Jour de la Rétribution, les croyants, lorsqu'ils seront las d'être restés debout du fait de la longue attente, demanderont aux Prophètes de solliciter l'ouverture des portes du Paradis. Chacun des Prophètes refusera et dira: *«Je ne la mérite pas»*, jusqu'à ce que cela parvienne à notre Prophète Mohammed (ﷺ) qui intercédera dans ce sens.

Dans le *Sahih* de Muslim, Houdheifa Ibn Al-Yemêne (رضي الله عنه) et Abu Houreira (رضي الله عنه), rapportent que le Messager d'Allah (ﷺ) a dit: *«Allah (سبحانه وتعالى) regroupera les hommes. Alors, les croyants, debout à proximité du Paradis, viendront dire à Adam: "Père, demande à ce qu'on nous ouvre les portes du Paradis." Celui-ci dira alors: "N'est-ce pas un péché de votre père qui vous a fait sortir du Paradis, je n'en suis pas digne".»* (Voir le Hadith en entier où l'on note aussi que les Prophètes rejetteront la demande *[de l'intercession]* jusqu'à ce qu'ils parviennent à Mohammed (ﷺ) qui répondra.)

2.- La purification des croyants avant leur entrée au Paradis

Après avoir franchi le *Sirâte* (Pont), les croyants seront arrêtés sur un pont entre le Paradis et l'Enfer. Ensuite ils seront purifiés par l'application de la loi du talion entre eux, si des injustices avaient existé entre eux sur terre afin qu'ils accèdent au Paradis, purs et libres, et afin que personne n'ait aucun tort contre autrui et qu'ils ne se demandent mutuellement aucun compte. Dans son *Sahih*, Boukhari a rapporté d'Abu Saïd Al-Khoudri (رضي الله عنه) que le Messager d'Allah (ﷺ) a dit: *«Les croyants seront délivrés de l'Enfer. Ils seront immobilisés sur un pont qui est placé entre le Paradis et l'Enfer. C'est là qu'ils régleront par la compensation les méfaits commis auparavant les uns contre les autres. Quand ils auront réglé leurs comptes et qu'ils seront purifiés, on leur permettra d'entrer au Paradis. Je jure par Celui Qui tient ma vie en Sa Main: chacun d'eux trouvera plus facilement sa place dans le Paradis qu'il ne trouve le chemin de sa demeure dans le bas monde.»*

Nous avons déjà mentionné dans "les Hadiths sur l'Intercession", que, au "Jour de la Résurrection", notre Messager (ﷺ) sera le premier à demander l'ouverture des portes du Paradis après que le père de l'Humanité, Adam et les *Messagers de la Détermination*, auront refusé une telle tâche.

3.- Les premiers à accéder au Paradis

Assurément, le premier homme à entrer au Paradis sera notre Messager (ﷺ), Mohammed, dont la Communauté accédera aussi au Paradis avant toute autre communauté... De même, le premier de la communauté islamique à entrer au Paradis, sera Abu Bakr As-Siddiq (رضي الله عنه). Ibn Kathîr a cité les Hadiths relatifs à ces questions.

L'un de ces Hadiths est celui que Muslim a rapporté dans son *Sahih* d'après Anas (رضي الله عنه), que le Messager d'Allah (ﷺ) a dit: «*Je suis le premier qui frappera à la porte du Paradis.*»

Muslim rapporte aussi qu'Anas (رضي الله عنه) a dit que le Messager d'Allah (ﷺ) a dit: «*J'irai vers la porte du Paradis et je demanderai à ce qu'on l'ouvre. Le gardien dira: qui es-tu? Alors je dirais: Mohammed. Il dira: il m'a été ordonné de ne l'ouvrir à personne avant toi.*»

Il est rapporté dans les deux *Sahih* de Boukhari et de Muslim et dans les *Sunan* d'Abu Daoud, d'après Abu Houreira (رضي الله عنه) que le Prophète (ﷺ) a dit: «*Nous sommes les derniers* [parmi les communautés] *et les premiers le Jour Dernier. Nous serons les premiers à accéder au Paradis.*»

Dans les *Sunan* d'Abu Daoud, Abu Houreira (رضي الله عنه) rapporte que le Prophète (ﷺ) a dit: «*Gabriel est venu me voir et m'a montré la porte du Paradis par où entrera ma communauté.*»

Abu Bakr (رضي الله عنه) lui dit: ô Messager d'Allah! J'aurais aimé être avec toi afin d'y jeter un coup d'œil. Le Messager d'Allah (ﷺ) dit:

«Quant à toi Abu Bakr, tu seras le premier de ma communauté à accéder au Paradis.»

4.- Ceux qui entreront au Paradis sans jugement

Le premier groupe de la communauté islamique à accéder au Paradis sera constitué des sommités dans le domaine de la foi, se distinguant par la piété, le travail vertueux et la droiture dans la Religion de la vérité. Ceux-là entreront au Paradis *[de manière simultanée]* et non point les uns après les autres. Leur image sera à l'instar de celle de l'astre lunaire en pleine lune. Dans son *Sahih*, Boukhari rapporte qu'Abu Houreira (رضي الله عنه) a dit que le Messager d'Allah (ﷺ) a dit: *«Les membres du premier groupe à accéder au Paradis auront une image comparable à celle de l'astre lunaire en pleine lune. Ils n'y cracheront pas, ne se moucheront pas et n'iront pas à la selle. Leurs récipients y seront en or, leurs peignes, en or et en argent. Leurs encensoirs seront d'aloès et leur sueur de musc. Chacun d'entre eux aura deux femmes dont on pourra voir la moelle des jambes à travers la chair, du fait de leur beauté. Il n'y aura ni divergence ni haine réciproque entre eux. Leurs cœurs seront, du reste, celui d'un seul homme. Ils glorifieront Allah matin et soir.»*

Boukhari a rapporté d'après Sahl Ibn Sa'd (رضي الله عنه) que le Prophète (ﷺ) a dit: *«70.000* ou *700.000 personnes de ma communauté entreront immanquablement au Paradis, de manière simultanée, leurs visages sont semblables à l'astre lunaire en pleine lune.»*

En vérité, Allah (تعالى) a donné à son Messager (ﷺ), pour chacun ces 70.000, le nombre de 70.000 autres. Ainsi, dans le *Musned* d'Ahmed, Abu Bakr (رضي الله عنه) rapporte selon un Hadith authentique quant à sa chaîne de transmission, que le Messager d'Allah (ﷺ) a dit: *«On m'a accordé la faveur que soixante-dix mille personnes de ma communauté entreront au Paradis sans jugement. Leurs visages seront comme l'astre lunaire en pleine lune et leurs cœurs seront réunis comme celui d'un seul homme. Alors, j'ai demandé à mon Seigneur d'augmenter leur nombre et Il m'a rajouté soixante-dix mille pour chacun des soixante-dix mille précédents.»*

Il est rapporté dans le *Musned* d'Ahmed, dans les *Sunan* de Tirmidhi et dans le *Sahih* d'Ibn Hibbâne d'après Abu Oumama (رضي الله عنه) qui a rapporté un Hadith à la chaîne de transmission authentique que le Messager d'Allah (ﷺ) a dit: *«Mon Seigneur m'a promis de faire entrer au Paradis, sans jugement ni châtiment soixante-dix mille personnes de ma communauté, dont chaque* [nombre de] *mille sera accru de soixante-dix et de trois poignées de mon Seigneur.»*

Il a été mentionné dans ce Hadith l'augmentation de trois poignées. Le Messager d'Allah (ﷺ) a décrit le premier lot de soixante-dix mille en mettant en évidence leurs caractéristiques.

Ibn 'Abbas, dans le *Sahih* de Boukhari, dit: le Messager d'Allah (ﷺ) a dit: *«On m'a montré les communautés. Un prophète passa en compagnie de sa communauté, un autre avec un seul homme, un autre avec un groupe de dix ou de cinq adeptes. Un autre, seul. Je vis une masse sombre. Alors je dis à Gabriel: "Ceux-là sont ma communauté?" - L'Ange répondit: non, mais regarde à l'horizon! - Je regardai à l'horizon et je vis une masse de gens. Sur ce, il me dit: ceux-là sont ta communauté et ceux-ci placés en tête sont au nombre de soixante-dix mille: ils accèderont au Paradis sans jugement ni châtiment. "Et pourquoi?" Interrogeai-je. Il répondit: ils ne se cautérisaient pas, ne se soignaient pas par la* rouqia *(forme d'exorcisme islamique) et ne s'abandonnaient pas aux superstitions. Plutôt, ils plaçaient leur confiance en leur Seigneur.»*

Aussitôt, 'Okâcha Ibn Mouhsin se dirigea vers le Prophète (ﷺ) et lui dit: demande à Allah (سبحانه وتعالى) de faire en sorte que je fasse partie d'eux. Et le Messager d'Allah (ﷺ) de dire: *«Ô Seigneur! Fais qu'il fasse partie d'eux!»*

Voyant cela, quelqu'un d'autre aborda le Prophète (ﷺ) et lui dit: demande à Allah (ﷻ) de faire en sorte que je fasse partie d'eux. Toutefois le Prophète (ﷺ) lui dit: *«Okâcha t'y a devancé.»*

Il se peut que ces gens soient ceux qu'Allah (ﷻ) surnomme les *[gens]* Rapprochés. Ce sont aussi les «Premiers» comme l'on s'en aperçoit dans les versets suivants:

﴿Les premiers *[à suivre les ordres d'Allah sur la terre],* ce sont eux qui seront les premiers *[dans l'Au-delà]* Ce sont ceux-là les plus rapprochés d'Allah, dans les Jardins des délices.﴾ *[Coran 56:10-12]*

Ceux-là sont aussi:

﴿Une multitude d'élus parmi les premières [générations], et un petit nombre parmi les dernières *[générations].*﴾ *[Coran 56: 13-14]*

5.- Les pauvres précéderont les riches au Paradis

Dans son *Sahih*, Muslim a rapporté qu'Abdallah Ibn 'Amr (رضي الله عنه) a dit que le Messager d'Allah (ﷺ) a dit: *«Au Jour de la Résurrection, les pauvres parmi les* Mouhajirine [Emigrés] *précéderont de quarante* [années] *les riches* Mouhajirine [Emigrés] *au Paradis.»*

Tirmidhi rapporte, d'après Abu Saïd et Ahmed, Tirmidhi et Ibn Hibbâne d'après Abu Houreira (رضي الله عنه) que ce dernier a dit: *«Les* Mouhajirine *pauvres entreront au Paradis cinq cents ans avant les* Mouhajirine *riches.»* Le Messager d'Allah (ﷺ) a précisé, par ailleurs, que les premiers, avec leur jihad et leurs mérites, n'auront pas à rendre compte d'actes pour lesquels ils devraient être jugés. Dans son livre *Al-Moustadrak*, Al-Hâkim a rapporté qu'Abdallah Ibn 'Amr (رضي الله عنه) a dit que le Messager d'Allah (ﷺ) a dit: *«Connais-tu le premier groupe de ma communauté à entrer au Paradis?»* Je répondis: Allah et Son Messager le connaissent mieux que quiconque. Il reprit: *«Les pauvres parmi les* Mouhajirine [les Emigrés] *Au Jour de la Résurrection, ceux-ci viendront à la porte du Paradis solliciter son ouverture. Alors les gardiens leur demanderont: "Avez-vous été jugés?'' Ils diront: sur quoi devons-nous être jugés, alors que jusqu'à notre mort, nous n'avions que nos épées posées sur nos épaules, dans la voie d'Allah le Très-Haut? Ensuite, on leur ouvrira la porte du Paradis où ils resteront pendant quarante ans avant d'être rejoints par les autres gens.»*

Dans le *Sahih* de Boukhari, Oussâma Ibn Zeyd (رضي الله عنه) rapporte que le Prophète (ﷺ) a dit: *«Je me suis placé devant la porte du Paradis où j'ai constaté que la plupart de ceux qui entraient étaient des pauvres, alors que les riches parmi les musulmans étaient tenus à l'écart. Toutefois, on avait déjà donné l'ordre de mener vers l'Enfer les gens devant y entrer.»*

Les Hadiths qui précèdent mentionnent que les pauvres devanceront les riches de quarante *[années]*

Un autre Hadith, de cinq cents ans. Pour concilier les deux Hadiths il importe de savoir que les pauvres, tout autant que les riches ont des situations différentes, comme le note Al-Qortobi: "Les pauvres comme les riches ne sont pas tous au même niveau pour ce qui est de la force de leur foi et de leur progrès dans celle-ci. Si l'on calcule le temps qui s'écoulera entre le moment où le premier pauvre accèdera au Paradis et celui où le dernier riche fera son entrée dans ce lieu, la durée sera de cinq cents ans. Toutefois si l'on considère le dernier pauvre et le premier riche à accéder au Paradis, la durée sera de quarante *[années]*, mais Allah sait mieux que quiconque, ce qu'il en est exactement.''

6.- Les trois premières personnes à accéder au Paradis

Tirmidhi rapporte, sur la base d'une chaîne de transmission authentique, selon Abu Houreira (ﷺ), que le Prophète (ﷺ) a dit: *«On m'a montré la première des trois personnes à accéder au Paradis: le martyr, l'*[homme] *vertueux et continent, l'esclave qui a amélioré son adoration envers Allah (ﷻ) et prodigué des conseils à ses maîtres.»*

7.- L'accès des croyants désobéissants au Paradis

Leur sortie de l'Enfer et leur entrée au Paradis par l'Intercession

Muslim a rapporté dans son *Sahih* que Abu Saïd (ﷺ) a dit que le Messager d'Allah (ﷺ) a dit: *«Quant aux gens de l'Enfer, ils n'y mourront pas, ni ne vivront. Ce sont des gens qui ont été atteints par le feu à cause de leurs péchés* - ou, aurait-il dit, *leurs fautes. Lorsqu'ils seront carbonisés, l'intercession sera autorisée. Alors, on les conduira par groupes que l'on répartira sur les fleuves du Paradis. Ensuite, l'on dira: gens du Paradis! Déversez sur eux! Par la suite, ils pousseront comme le font les plantes dans le limon déposé par le torrent.»*

Muslim a aussi rapporté de Jâbir Ibn Abdallah (ﷺ) un Hadith du Messager d'Allah (ﷺ): *«Des gens sortiront de l'Enfer où ils brûlaient entièrement, hormis des traces de leurs visages, et ils entreront au Paradis.»*

Ceux qui sortiront de l'Enfer pour accéder au Paradis seront appelés *Jahannamites* par les gens du Paradis.

'Imrane Ibn Hussein (ﷺ) rapporte dans le *Sahih* de Boukhari, que le Prophète (ﷺ) a dit: *«Des gens sortiront de l'Enfer grâce à l'Intercession de Mohammed (ﷺ), et alors ils entreront au Paradis où on les appellera les Jahannamites.»*

Dans le même recueil, Jâbir (رضي الله عنه) rapporte que le Prophète (ﷺ) a dit: *«Ils sortiront de l'Enfer par Intercession et seront semblables à des citrouilles.»*

Anas Ibn Mâlik (رضي الله عنه) rapporte dans le *Sahih* de Boukhari que le Prophète (ﷺ) a dit: *«Des gens sortiront de l'Enfer après y avoir été suppliciés. Alors, ils feront leur entrée au Paradis où les gens les appelleront* les Jahannamites.»

Et dans le *Sahih* de Muslim, mention a été faite du long Hadith rapporté par Abu Houreira (رضي الله عنه) concernant l'Au-delà: *«Après avoir fini de juger les serviteurs et décidé de faire sortir de l'Enfer qui Il voudra, par Sa Clémence, Allah (تعالى) ordonnera aux Anges de retirer de la Fournaise quiconque n'aura jamais rien associé à Allah (تعالى), parmi ceux envers qui le Très-Haut voudra être miséricordieux, parmi ceux qui disaient:* il n'y a d'autre divinité qu'Allah. *Ceux-là, les Anges les reconnaîtront, en Enfer, par la marque de prosternation au front. En fait, du 'fils' d'Adam, l'Enfer consume tout, sauf la marque de prosternation qu'Allah (تعالى) a interdit au feu de consumer. Ils sortiront de la Fournaise, carbonisés. L'eau de la vie sera déversée sur eux, alors ils pousseront comme le font les plantes dans le limon déposé par le torrent.»*

Il a été rapporté dans plus d'un Hadith qu'Allah (تعالى) fera sortir de l'Enfer celui qui aura dans son cœur le poids d'un dinar, ou *[de]* sa moitié ou d'un atome de foi. Bien plus, Il fera sortir de l'Enfer des gens qui n'auront jamais accompli de bien.

Ainsi, Abu Saïd Al-Khoudri (رضي الله عنه) a dit: le Messager d'Allah (ﷺ) a dit: *«Allah (تعالى) fera entrer qui Il veut au Paradis par Sa grâce et enverra en Enfer les gens de l'Enfer. Ensuite, Il dira: "Cherchez celui dont le cœur renferme l'équivalent d'un grain de moutarde* [de Foi] *et sortez-le de l'Enfer".»*

Et dans le Hadith de Jâbir Ibn Abdallah (رضي الله عنه) concernant l'entrée en Enfer: *«Ensuite interviendra l'intercession. Ils intercèderont jusqu'à faire sortir celui qui disait* il n'y a d'autre divinité qu'Allah *et celui qui avait dans son cœur du bien* [fût-ce] *du poids d'un grain d'orge. Ceux-là seront transportés vers le parvis du jardin où les gens du Paradis se mettront à les arroser d'eau, au point qu'ils pousseront comme les plantes poussent dans le limon déposé par le torrent. Les traces de l'Enfer disparaîtront. Ensuite ils se mettront à formuler des demandes, jusqu'à ce qu'on leur offre un domaine égal à ce monde et dix autres espaces semblables.»*

Le Compagnon Anas Ibn Mâlik (رضي الله عنه) rapporte que le Prophète (ﷺ) a dit: *«On fera sortir de l'Enfer ceux qui disaient* il n'y a d'autre divinité qu'Allah *et qui avaient dans leurs cœurs une mesure de bien correspondant au poids d'un grain d'orge. Ensuite on fera sortir de l'Enfer ceux qui disaient* il n'y a d'autre divinité qu'Allah *et dont le cœur aura renfermé une toute petite portion de bien. Enfin, on fera sortir de l'Enfer ceux qui disaient* il n'y a d'autre divinité qu'Allah *et dont le cœur aura renfermé l'équivalent d'un atome de bien.»*

Et nombreux sont les Hadiths abondant dans ce sens.

Attitude des sectes à l'égard de l'Intercession

Les Kharidjites et les Mu'tazilites ont nié tout recours à l'Intercession des intercesseurs en faveur des gens coupables de péchés graves, de ceux à qui l'Enfer a été interdit et de ceux qui y sont entrés et qui devront en sortir.

A ce sujet, Al-Qortobi a dit: une telle Intercession a été niée par les innovateurs parmi les Kharidjites et les Mou'tazilites. Ils l'ont rejetée au nom de leurs principes pervers qui prônent le mérite de la raison fondée sur le perfectionnement et le dénigrement.

Cette assertion, contraire aux dispositions des Hadiths authentiques successifs, est apparue alors que les Compagnons *[du Prophète]* étaient encore vivants.

Ainsi, Muslim a rapporté dans son *Sahih* que Yazid Al-Faqir a dit: j'ai été séduit par l'un des points de vue des Kharidjites. Une année, alors qu'en groupe nous nous rendions au Pèlerinage, nous passâmes par Médine où nous trouvâmes Jâbir Ibn Abdallah (رضي الله عنه), en train de rapporter aux gens, assis sur une hampe, un Hadith du Prophète (ﷺ). Dans ce cadre, il se mit à mentionner les *Jahannamites*. Là, je lui dis: Compagnon du Messager d'Allah! De quoi êtes-vous donc en train de parler alors qu'Allah (سبحانه وتعالى) dit:

> ﴿Seigneur! Celui que Tu voues au Feu, Tu le couvres vraiment d'ignominie﴾ *[Coran 3: 192]*

et aussi:

> ﴿Chaque fois qu'ils voudront en sortir, ils y seront ramenés.﴾ *[Coran 32: 20]*

Que dites-vous? Il répondit: sais-tu réciter le Coran? - Oui, répondis-je. Alors, il reprit: es-tu au courant du rang de Mohammed (ﷺ)? - Oui, répondis-je. Il dit: c'est à cause du rang louable de Mohammed (ﷺ) qu'Allah (سبحانه وتعالى) sortira des gens de l'Enfer.

Il fit ensuite la description du *Sirâte* [Pont] et évoqua la traversée des gens sur ce Pont. Il dit: je crains de n'avoir pas mémorisé cela. Il poursuivit en ces termes: cependant, il prétend que des gens seront sortis de l'Enfer après qu'ils y auront séjourné. Il dit: c'est-à-dire qu'ils en sortiront ressemblant à des baguettes de sésame, pour être ensuite introduits, puis lavés dans l'un des fleuves du Paradis. Ils sortiront ensuite de ce fleuve, ressemblant à des feuilles de papier. Nous, en revenant, nous disions: malheur! Pensez-vous que le cheikh ment sur le compte du Messager d'Allah (ﷺ)? Non, par Allah, nous disions-nous. Aucun d'entre nous ne prétendait le contraire, exception faite d'un seul homme.

Les Kharidjites et les Mu'tazilites sont allés trop loin sur cette question en prétendant que les gens coupables de péchés graves ne sortiront pas de l'Enfer, et que l'intercession des intercesseurs ne leur sera d'aucune utilité. A l'opposé, les Murji'ites font également preuve d'extrémisme, puisqu'ils n'ont pas affirmé de façon absolue que toute personne parmi les gens coupables de grands péchés entrât en Enfer. Ils prétendent que tous ceux-ci iront au Paradis, sans châtiment. Les deux sectes sont en contradiction avec les Hadiths rapportés du Messager d'Allah (ﷺ). Ils contredisent le consensus des pieux Prédécesseurs et des imams de cette communauté. Alors Allah (ﷻ) a guidé les gens de la Sunna et de la communauté vers la vérité à propos de leur divergence. En effet, ils estiment que les gens coupables de grands péchés sont sous la miséricorde d'Allah (ﷻ), s'Il veut, Il leur pardonne par Sa miséricorde, s'Il veut, Il les punit pour leurs péchés et puis, les fait entrer au Paradis par Sa clémence:

> ﴾Certes, Allah ne pardonne pas qu'on Lui donne des associés. A part cela, Il pardonne à qui Il veut.﴿
>
> *[Coran 4: 48]*

Le Très-Haut dit aussi:

> ﴾Dis: ô Mes serviteurs qui avez commis des excès à votre propre détriment! Ne désespérez pas de la miséricorde d'Allah, car Allah pardonne tous les péchés. Oui, C'est Lui le Pardonneur, le Très-Miséricordieux.﴿ *[Coran 39: 53]*

Ainsi, Allah (ﷻ) ne pardonne pas le polythéisme. Pour ce qui est des autres péchés, ils dépendent de Sa volonté. Celui qui s'est repenti d'un péché est exactement comme celui qui n'a pas de péché. L'argument des Kharidjites en ce qui concerne la négation de l'intercession s'appuie sur les versets relatifs à la réfutation de l'intercession telle que les polythéistes l'envisageaient. Ceux-ci croient, en effet, que l'Intercession auprès d'Allah (ﷻ) est semblable à l'intercession dans ce monde. L'intercesseur intercède auprès d'un autre sans lui demander sa permission et sans vérifier s'il est satisfait de celui en faveur de qui l'intercession est faite. Tel n'est point le cas auprès d'Allah (ﷻ). Les textes ont été rapportés pour annuler ce type d'intercession. Allah (ﷻ) dit:

﴾Et redoutez le jour où aucune âme ne suffira en quoi que ce soit à une autre, où l'on n'acceptera d'elle aucune intercession et où on ne recevra d'elle aucune compensation.﴿ *[Coran 2: 48]*

﴾Ne leur profitera point donc l'intercession des intercesseurs.﴿ *[Coran 74: 48*

﴾Les *[gens]* injustes n'auront ni ami intime, ni intercesseur écouté.﴿ *[Coran 40: 18]*

Des textes ont été rapportés, qui montrent que l'intercession ne se fera auprès d'Allah qu'avec Son autorisation et à la condition qu'Il soit satisfait de l'intercesseur et de celui en faveur de qui l'intercession est faite:

﴾Qui peut intercéder auprès de Lui sans Sa permission?﴿ *[Coran 2: 255]*

﴾Et ils n'intercèdent qu'en faveur de ceux qu'Il a agréés.﴿ *[Coran 21: 28]*

﴾Et que d'Anges dans les cieux dont l'intercession ne sert à rien, sinon qu'après qu'Allah l'aura permis en faveur de qui Il veut et qu'Il agrée.﴿ *[Coran 53: 26]*

Au sujet des Anges, le Très-Haut dit aussi:

﴾Il sait ce qui est devant eux et ce qui est derrière eux. Et ils n'intercèdent qu'en faveur de ceux qu'Il a agréés, *[tout en étant]* pénétrés de Sa crainte.﴿ *[Coran 21: 28]*

﴾L'intercession auprès de Lui ne profite qu'à celui en faveur duquel Il la permet.﴿ *[Coran 34: 23]*

Ces versets réfutent le type d'intercession que les polythéistes ont attribuée aux Anges, aux Prophètes et aux *[gens]* vertueux. Ils confirment l'idée que l'intercession ne sera possible qu'avec l'autorisation d'Allah (ﷻ) et Sa satisfaction à l'égard de la créature faisant l'objet de l'intercession. Or, à ce propos, Allah (ﷻ) ne sera jamais satisfait des mécréants et des polythéistes. Quant aux monothéistes désobéissants, les intercesseurs intercèderont en leur faveur. Ils ne le feront pas pour les polythéistes.

Boukhari a rapporté dans son *Sahih* qu'Abu Houreira (رضي الله عنه) a dit: je dis: ô Messager d'Allah! Quel est celui qui méritera ton intercession le Jour Dernier? Il répondit: *«Ô Abu Houreira! Je savais que personne ne te devancerait pour m'interroger au sujet de ce Hadith du fait de ton attachement à celui-ci. Celui qui méritera mon intercession, au Jour de la Résurrection sera celui qui a dit sincèrement* il n'y a d'autre divinité qu'Allah.»

8.- Le dernier à entrer au Paradis

Le Messager d'Allah (ﷺ) nous a parlé de l'histoire du dernier homme qui sortira de l'Enfer pour entrer au Paradis et du dialogue qui se déroulera entre lui et Son Seigneur ainsi que du grand honneur qu'Allah (ﷻ) lui octroiera, alors qu'il ne croyait pas qu'Allah (ﷻ) l'en rendrait digne, tant cet honneur est important. Ibn Al-Athîr a regroupé dans son ouvrage *Jami'e al-ossole* des Hadiths dont nous avons rapporté les suivants:

1 - Abdallah Ibn Massoud (رضي الله عنه) a dit que le Messager d'Allah (ﷺ) a dit: *«Assurément, je connais le dernier homme à sortir de l'Enfer ainsi que le dernier à accéder au Paradis. Il s'agira d'un homme qui, sorti de l'Enfer en rampant, entendra Allah (ﷻ) dire: "Vas-y! Entre au Paradis!" L'homme ira alors jusqu'au Paradis, mais celui-ci lui fera imaginer qu'il est plein. Aussi reviendra-t-il dire: Seigneur! Je l'ai trouvé complet. Allah (ﷻ) lui dira: "Vas-y! Entre au Paradis où ta demeure sera aussi vaste que le monde associé à dix autres espaces similaires*" ou *"Ta demeure y sera dix*

fois plus grande que la terre." Sur ce, l'homme dira: me tournes-Tu en dérision - ou *me prends-Tu en raillerie -, alors que Tu es le Roi?»*

Il [Ibn Massoud] dit: je vis le Messager d'Allah (ﷺ) rire au point de laisser apparaître ses molaires. On disait que cet homme est celui qui a le degré le plus bas parmi les gens du Paradis. Hadith rapporté par Boukhari et Muslim.

Et selon la variante contenue dans le *Sahih* de Muslim: le Messager d'Allah (ﷺ) a dit: *«Assurément, je connais le dernier homme à sortir de l'Enfer. Il s'agira d'un homme qui, sorti de l'Enfer en rampant, entendra dire: "Vas-y! Entre au Paradis!" Sur ce, l'homme s'en ira et accédera au Paradis mais constatera que les gens en auront déjà occupé les places. Alors, on lui dira: "Te rappelles-tu dans quel temps tu étais?" Oui, dira-t-il. Ensuite, on lui dira: "Formule ton vœu!" L'homme formulera son vœu et, par la suite, s'entendra dire: "Ton vœu est exaucé et l'on t'octroie une demeure dix fois plus vaste que le monde." A ce niveau, il dira: me tournes-Tu en dérision alors que Tu es le Roi?»* Alors, il a dit: je vis *le Messager d'Allah (ﷺ) rire au point de laisser apparaître ses molaires.* La version de Tirmidhi est semblable à celle de Muslim.

2 - Abdallah Ibn Massoud (رضي الله عنه) rapporte que le Messager d'Allah (ﷺ) a dit: *«Le dernier à entrer au Paradis sera un homme qui tantôt marchera, tantôt trébuchera et tantôt sera châtié par le Feu. Quand il l'aura dépassé, il se retournera et dira: Béni soit Celui qui m'a sauvé de toi. Il m'a certes donné une chose qu'Il n'a donnée à personne parmi les premiers et les derniers. On lui élèvera un arbre et il dira: Seigneur! Rapproche-moi de cet arbre pour que je profite de son ombre et boive de son eau. Alors, Allah le Tout-Puissant dira: "Fils' d'Adam, se peut-il que tu Me demandes autre chose si J'accepte ta requête?" L'homme dira: non, Seigneur, et il prendra l'engagement auprès de Lui de ne plus demander autre chose. Il ajouta: son Seigneur l'excusera car il a vu quelque chose d'irrésistible. Alors Il le rapprochera de l'arbre sous l'ombre duquel*

il s'abritera et il boira de son eau. Ensuite on lui élève un arbre plus beau que le premier. Alors il dira: ô Seigneur! Rapproche-moi de celui-ci pour que je boive de son eau et que je m'y abrite. Je ne Te demanderai pas autre chose. Alors, Allah (سبحانه وتعالى) dira: "Fils' d'Adam! N'avais-tu pas pris l'engagement de ne pas Me demander autre chose? Peut-être Me demanderas-tu autre chose si Je te rapproche de lui?" L'homme prendra encore l'engagement de ne pas demander autre chose. Son Seigneur l'excusera car il a vu quelque chose d'irrésistible, là encore. Son Seigneur le rapprochera de l'arbre pour qu'il s'y abrite et boive de son eau. Alors on lui dressera un arbre à la porte du Paradis, plus beau que les deux premiers. Alors il dira: ô Seigneur! Rapproche-moi de cet arbre pour que je m'y abrite et boive de son eau. Je ne demanderai pas autre chose. Allah (سبحانه وتعالى) lui dira: "Fils' d'Adam! N'avais-tu pas pris l'engagement de ne pas Me demander autre chose? L'homme répondra: si, Seigneur! Mais je ne Te demanderai pas autre chose. Son Seigneur l'excusera car il a vu quelque chose d'irrésistible. Il le rapprochera de l'arbre. Alors l'homme entendra les voix des gens du Paradis. Il dira: ô Seigneur! Fais-moi entrer au Paradis! Allah (سبحانه وتعالى) dira: "Fils' d'Adam! Que te faut-il pour être satisfait? Serais-tu satisfait si Je te donnais le monde et une demeure semblable?" Sur ce, l'homme dira: me tournes-Tu en dérision alors que Tu es le Maître de l'Univers?

A ce niveau, Ibn Massoud (رضي الله عنه) éclata de rire et dit: ne me demandez-vous pas pourquoi je ris? - Pourquoi ris-tu?, interrogèrent les gens. Alors, il dit: «C'est ainsi que le Messager d'Allah (ﷺ) a ri.» A l'occasion, les gens dirent: pourquoi ris-tu, ô Messager d'Allah? Il dit: *«Du rire du Maître de l'Univers après que l'homme lui a dit: me prends-Tu en raillerie alors que Tu es le Maître de l'Univers? Allah (سبحانه وتعالى) répondra: "Je ne te prends pas en raillerie. Cependant, Je suis capable de faire tout ce que Je veux".» C'est un Hadith rapporté par Muslim.*

Abu Saïd Al-Khoudri (رضي الله عنه) rapporte que le Messager d'Allah (ﷺ) a dit: *«Celui qui aura le rang le plus bas parmi les gens du Paradis est un homme dont Allah (تعالى) détournera le visage de l'Enfer avant de lui accorder le Paradis. Il lui montrera un arbre ombrageux et il dira: ô Seigneur! Rapproche-moi de cet arbre afin que je m'y abrite...» Il cita le Hadith comme celui d'Ibn Massoud (رضي الله عنه), sans mentionner cette partie: «Allah (تعالى) dira: "Fils' d'Adam! Que te faut-il pour être satisfait (...)?"»*

Il y ajouta: *«Allah (تعالى) lui rappellera: "Demande ceci! Demande cela!" Quand il aura été à cours de vœux, Allah (تعالى) lui dira: "Il t'appartient avec dix fois comme cela. Ensuite l'homme entrera dans sa demeure où le rejoindront ses deux femmes choisies parmi les houris aux grands yeux. Celles-ci diront: Louange à Allah qui t'a fait vivre pour nous et qui nous a fait vivre pour toi.»* Il a dit: *«Il dira: ce qu'on m'a donné n'a jamais été accordé à un autre homme.»* Muslim l'a rapporté ainsi, à la suite du Hadith d'Ibn Massoud.

9.- Ceux qui sont entrés au Paradis avant le Jour de la Résurrection

Le premier homme à accéder au Paradis est Adam, le père de l'Humanité:

﴿Et Nous dîmes: ô Adam! Habite*[z]* le Paradis, toi et ton épouse, et nourrissez-vous de tout ce qui s'y trouve.﴾

[Coran 2: 35]

A cet égard, Allah dit aussi:

﴿Ô Adam! Habite*[z]* le Paradis, toi et ton épouse, et mangez-en, vous deux, à votre guise et n'approchez pas l'arbre que voici sinon vous seriez du nombre des *[personnes]* injustes.﴾ *[Coran 7: 19]*

Toutefois, Adam désobéit à son Seigneur en mangeant le fruit de l'arbre qu'Allah (سبحانه وتعالى) lui avait interdit. Alors, Allah (سبحانه وتعالى) le fit descendre du Paradis vers la demeure d'infortune et de souffrance. Allah (سبحانه وتعالى) dit:

> ﴿En effet, Nous avons auparavant fait une recommandation à Adam; mais il oublia, et Nous n'avons pas trouvé chez lui de résolution ferme. Et quand Nous dîmes aux Anges: prosternez-vous devant Adam, ils se prosternèrent, excepté Satan qui refusa. Alors, Nous dîmes: ô Adam! Celui-là, est vraiment un ennemi pour toi et ton épouse. Prenez garde qu'il vous fasse sortir du Paradis, car alors, tu seras malheureux. Tu n'y auras certes pas faim, ni ne seras nu; tu n'y auras certes pas soif ni ne seras frappé par l'ardeur du soleil. Puis, le diable le tenta en disant: ô Adam, t'indiquerai-je l'arbre de l'éternité et un royaume impérissable? Tous deux en mangèrent. Alors, leur apparut leur nudité. Ils se mirent à se couvrir avec des feuilles du Paradis. Adam désobéit, ainsi, à son Seigneur et il s'égara. Son Seigneur l'a ensuite élu, agréé son repentir et l'a guidé. Il dit: descendez d'ici, *[vous serez]* tous *[avec vos descendants]* ennemis les uns des autres.﴾
>
> *[Coran 20: 115-123]*

Le Messager d'Allah (ﷺ) a vu le Paradis. Dans le *Sahih* de Boukhari, il est rapporté que le Prophète (ﷺ) a dit: *«J'ai jeté un coup d'œil dans le Paradis et j'ai constaté que ses gens étaient des pauvres. J'ai jeté un coup d'œil en Enfer et j'ai constaté que ses habitants étaient des femmes.»*

Les martyrs font partie de ceux qui entreront au Paradis avant le jour dernier.

Masrouq dit dans le *Sahih* de Muslim: nous avons interrogé Abdallah Ibn Massoud (رضي الله عنه) au sujet du verset:

﴾Ne pense pas que ceux qui ont été tués dans la voie d'Allah, soient morts. Au contraire, ils sont vivants auprès de leur Seigneur, bien pourvus﴿ *[Coran 3: 169]*,

et il a dit: nous avons posé la question à leur propos et il nous a dit: *«Leurs âmes se retrouvent dans les cœurs d'oiseaux célestes verts ayant des lampes accrochées au Trône. Ils évoluent librement au Paradis et ils ont pour habitats ces lampes. Ils verront leur Seigneur une seule fois. Il leur dira: "Désirez-vous quelque chose?" Ils répondront: que devrions-nous désirer alors que nous nous déplaçons où nous voulons dans le Paradis. Allah (ﷻ) leur répètera alors trois fois la même question. Quand ils verront qu'Il ne cessera de les interroger, ils diront: Seigneur! Nous voulons que vous remettiez nos âmes dans nos corps, de manière à ce que nous soyons tués une autre fois dans Ta voie. Constatant alors que ceux-ci n'ont plus de besoins, Il les laissera.»*

On montrera au mort matin et soir sa place au Paradis et en Enfer.

Ibn Omar (رضي الله عنه) rapporte dans le *Sahih* de Muslim que le Messager d'Allah (ﷺ) a dit: *«On montrera à celui qui meurt parmi vous sa place matin et soir s'il fait partie des gens du Paradis, ce sera au Paradis et s'il fait partie des gens de l'Enfer, ce sera en Enfer. On lui dira: "Voici ta demeure jusqu'à ce qu'Allah (ﷻ) te ressuscite le Jour de la Résurrection".»*

CHAPITRE 2

L'ETERNEL PARADIS AU SEJOUR ETERNEL

1.- Les textes qui le prouvent

Le Paradis est éternel; il ne saurait disparaître. Les gens y resteront éternellement, ils ne le quitteront pas, ils n'y disparaîtront pas et n'y mourront pas. Allah (ﷻ) dit:

﴾Ils n'y goûteront pas la mort, sauf leur mort première et *[Allah]* les protégera du châtiment de la Fournaise.﴿

[Coran 44: 56]

Et aussi:

﴾Ceux qui croient et font de bonnes œuvres auront pour résidence les Jardins du *Firdaws* où ils demeureront éternellement, sans désirer aucun changement.﴿

[Coran 18: 107-108]

Nous avons cité, lorsque nous parlions de l'Enfer, les Hadiths dans lesquels le Messager d'Allah (ﷺ) parle de l'égorgement de la mort entre le Paradis et l'Enfer. Puis on dira aux gens du Paradis et à ceux de l'Enfer: *«Ô gens du Paradis! C'est désormais l'éternité, car il n'y a plus de mort. Ô gens de l'Enfer! C'est désormais l'éternité, car il n'y a plus de mort.»*

Ces textes impliquent que le Paradis a été créé de telle sorte qu'il ne saurait disparaître. C'est le cas de ses habitants également. Abu Houreira (رضي الله عنه) rapporte que le Prophète (ﷺ) a dit: *«Quiconque entrera au Paradis, jouira des délices et ne désespèrera pas, ses vêtements ne s'useront pas et il conservera sa jeunesse.»*

Ecoute à présent l'Appel céleste et divin par lequel on appellera les gens du Paradis après leur entrée au Paradis: «Il vous est donné d'être en bonne santé sans jamais tomber malades, de vivre sans jamais mourir, de rester jeunes sans jamais connaître de décrépitude, de jouir des délices sans jamais tomber dans le malheur.» C'est ce qu'exprime le verset que voici:

> ﴿Et on leur proclamera: voici le Paradis qui vous a été donné en héritage, pour ce que vous faisiez.﴾ *[Coran 7: 43]*

2.- Ceux qui soutiennent l'hypothèse de la disparition du Paradis

Al-Jahm Ibn Safwâne, l'imam des *Mu'attila* (Négateurs), a soutenu la thèse de la disparition du Paradis comme de l'Enfer. Il n'y a personne qui l'a précédé en cela, ni parmi les Compagnons, ni parmi ceux qui ont suivi ces Compagnons dans la bienfaisance, ni parmi les imams de la communauté islamique, ni parmi les gens de la Sunna qui, à l'unanimité, le désavouent totalement. Abu Al-Houdheil Al-'Allâf, le cheikh des Mu'tazilites, a soutenu la thèse selon laquelle les gens du Paradis et de l'Enfer ne se mouvront plus, de telle sorte qu'ils demeureront immobiles perpétuellement. Aucun d'entre eux ne pourra plus se mettre en mouvement.

Tout cela est faux. Le commentateur de *Tahawiya* a dit: pour ce qui est de l'éternité du Paradis et de l'idée que celui-ci ne saurait disparaître, cela fait partie de ce que l'on connaît nécessairement, car le Messager (ﷺ) en a fait annonce.

Allah (ﷻ) a dit:

﴾Mais les *[gens]* bienheureux seront au Paradis pour y demeurer éternellement, tant que dureront les cieux et la terre - à moins que ton Seigneur n'en décide autrement: c'est là un don qui n'est jamais interrompu.﴿ *[Coran 11: 108]*

Cela ne contredit pas Son verset suivant:

﴾A moins que ton Seigneur n'en décide autrement.﴿ *[Coran 11: 108]*

Le commentateur de la *Tahawiya* a fait mention de la divergence des Prédécesseurs à propos de cette exception en ces termes: les Prédécesseurs *(Salaf)* ont divergé au sujet de cette exception, dont certains disent qu'elle signifie "exception faite de la durée de leur séjour en Enfer''. Ceci concerne celui qui aura été en Enfer et qui en sortira.

Pour d'autres, l'exception veut dire "exception faite de la durée de leur séjour dans le lieu de stationnement''. Pour d'autres encore, l'exception veut dire: exception faite de la durée de leur séjour dans leurs tombes et dans le lieu de stationnement.

D'autres encore disent qu'il s'agit là d'une exception du Seigneur et Il ne l'appliquera pas; comme c'est le cas lorsque l'on dit: par Allah! Je te frapperai immanquablement, à moins que je ne voie autre chose que cela. Tu ne le vois pas mais tu affirmes que tu le frapperas. Il en est qui soutiennent que la particule d'exception *illâ* (sauf, à l'exception de, à moins que) signifie la même chose que le *waw* (conjonction de coordination). Telle est la position de certains grammairiens mais il s'agit là d'une position faible. *Sibaweih* attribue à *illâ* le sens de *lâkin* (mais); ce qui fait que l'exception sera interrompue.

Jarir l'a corrigé en disant: Allah (ﷺ) ne manque jamais de réaliser Sa promesse. Il a lié l'exception au verset suivant:

﴾C'est là un don qui n'est jamais interrompu.﴿

Il en est aussi qui disent que l'exception est de l'ordre de celle qu'on retrouve dans la phrase "je te fais habiter dans ma maison à moins que tu n'en décides autrement" - la partie "que tu n'en décides autrement" étant simplement un ajout...

Il y en a qui estiment que l'exception est exprimée pour leur faire savoir que - malgré leur éternité en Enfer- ils sont sous la volonté d'Allah (ﷻ), car ils ne peuvent pas en sortir. Une telle exception ne contredit pas la détermination et la résolution d'Allah (ﷻ) à ce qu'ils y restent éternellement, comme le notent d'ailleurs ces versets:

﴾Si Nous voulons, Nous pouvons certes faire disparaître ce que Nous t'avons révélé et tu n'y trouverais, par la suite, aucun défenseur contre Nous.﴿ *[Coran 17: 86]*

﴾Or, si Allah voulait, Il scellerait ton cœur.﴿ *[Coran 42: 24]*

﴾Dis: si Allah avait voulu, je ne vous l'aurais pas récité et Il ne vous l'aurait pas non plus fait connaître.﴿ *[Coran 10: 16]*

Les versets dans ce sens sont nombreux. Le Tout-Puissant informe Ses serviteurs que toutes les choses dépendent de Sa Volonté. Ce qu'Il a voulu sera et ce qu'Il n'a pas voulu ne sera pas.

Il y en a encore qui disent que le pronom relatif *mâ* signifie *celui,* c'est-à-dire: sauf celui qu'Allah (ﷻ) fera entrer en Enfer pour ses péchés parmi les heureux.

Tout il y en a qui soutiennent dvues. En tout état de cause, cette exception fait partie des versets équivoques. Dans les versets suivants:

﴾C'est là un don qui n'est jamais interrompu.﴿

[Coran 11: 108]

﴿Ce sera Notre attribution inépuisable.﴾ *[Coran 38: 54]*

﴿Ses fruits sont perpétuels, ainsi que son ombrage.﴾ *[Coran 13: 35]*

Allah (سبحانه وتعالى) a confirmé à plusieurs endroits que les gens du Paradis y vivront éternellement. Dans le verset suivant:

﴿Ils n'y goûteront pas la mort, sauf leur mort première﴾ *[Coran 44: 56]*

on voit que l'exception porte sur le passé. En la rattachant à l'exception contenue dans ce verset:

﴿A moins que ton Seigneur n'en décide autrement﴾ *[Coran 11: 108]*

on se rend compte que le sens des deux versets réfère à une exception qui est celle du moment de cette éternité, passé hors du Paradis. C'est comme l'exception de la mort première par rapport à l'ensemble des morts. Cette mort a précédé leur vie éternelle. Il s'agit là, en d'autres termes, d'une séparation du Paradis qui a précédé leur entrée et leur séjour éternel dans celui-ci.

CHAPITRE 3

LES CARACTERISTIQUES DU PARADIS

1.- Le Paradis est un lieu sans pareil

Les délices du Paradis sont indescriptibles, inimaginables. Ses délices n'ont pas d'égal parmi les jouissances que les gens du monde ici-bas connaissent. Aussi aisés et prospères que soient les hommes ici-bas, ils resteront toujours en deçà des délices de l'Au-delà. Le Paradis comme il a été rapporté dans certains récits est un lieu de félicité hors pair.

«C'est une lumière chatoyante, un basilic toujours oscillant, un palais édifié, un fleuve continu, un fruit mûr, des femmes extrêmement belles, des vêtements en abondance, un séjour éternel, dans la béatitude et l'opulence, une demeure sublime.» Rapporté par Ibn Mâja, sans qu'il y ait de certitude qu'il soit un Hadith.

Les Compagnons ont interrogé le Messager d'Allah (ﷺ) à propos du Paradis. Celui-ci nous en a fait une description extraordinaire dans sa réponse: *«Des briques d'or et des briques d'argent, son mortier est du musc à l'odeur pure et rayonnante. Les gravillons sont constitués de perles et d'hyacinthes, son sol fait de safran. Quiconque y jouit des délices, ne connaît pas de désespoir, il y vit éternellement sans mourir. Ses vêtements ne s'usent jamais et il conserve sa jeunesse.»*

A cet égard, Allah (ﷻ) dit, en toute vérité:

> ﴾Et quand tu regarderas là-bas, tu verras un délice et un vaste royaume.﴿ *[Coran 76: 20]*

Ce qu'Allah (ﷻ) nous dissimule des délices du Paradis ne saurait être effleuré par le calcul ou la pensée. L'imagination et la réflexion ne sauraient en atteindre la réalité même:

> ﴾Personne ne sait ce qu'on a réservé pour eux comme réjouissance pour les yeux, en récompense de ce qu'ils faisaient!﴿ *[Coran 32: 17]*

Dans un Hadith authentique, Abu Houreira (رضي الله عنه) rapporte que le Messager d'Allah (ﷺ) a dit [hors Coran]: *«Allah (ﷻ) a dit: "J'ai préparé à Mes serviteurs vertueux ce qu'aucun œil n'a vu, qu'aucune oreille n'a entendu, et ce qui ne vient à l'esprit d'aucun être humain*".» A ce niveau, le Prophète (ﷺ) récita:

> ﴾Personne ne sait ce qu'on a réservé pour eux comme réjouissance pour les yeux.﴿ *[Coran 32: 17]*

Ce Hadith, Muslim l'a rapporté d'Abu Houreira (رضي الله عنه) par plusieurs voies dont l'une est la suivante: *«J'ai préparé à mes serviteurs vertueux ce qu'aucun œil n'a vu, qu'aucune oreille n'a entendu, ni quelque chose qui vienne à l'esprit de quelque être humain que ce soit - alors que dire de ce qu'Allah ne vous a pas fait voir!»* Sur ces mots, le Prophète (ﷺ) récita:

> ﴾Personne ne sait ce qu'on a réservé pour eux, comme réjouissance pour les yeux.﴿ *[Coran 32: 17]*

Muslim a rapporté que Sahl Ibn Sa'd As-Saïdi a dit: j'ai assisté jusqu'à la fin à une séance au cours de laquelle le Messager d'Allah (ﷺ) a décrit le Paradis. Ensuite, il a dit: *«Il y a ce qu'aucun œil n'a vu, qu'aucune oreille n'a entendu, ni quelque chose qui vienne à l'esprit de quelque être humain que ce soit.»* Ensuite il a récité les versets ci-après:

﴾Ils s'arrachent de leurs lits pour invoquer leur Seigneur, par crainte et espoir; et ils font largesse de ce que Nous leur attribuons. Personne ne sait ce qu'on a réservé pour eux, comme réjouissance pour les yeux, en récompense de ce qu'ils faisaient!﴿ *[Coran 32: 16-17]*

2.- Les portes du Paradis

Le Paradis a des portes par où entrent les croyants tout autant que les Anges:

﴾Les Jardins d'Eden, aux portes ouvertes pour eux.﴿ *[Coran 38: 50]*

﴾De chaque porte, les Anges entreront auprès d'eux: paix sur vous, pour ce que vous avez enduré! Comme est bonne votre demeure finale!﴿ *[Coran 13: 23-24]*

Le Tout-Puissant nous a informés que ces portes s'ouvriront dès que les croyants y arriveront: ils seront accueillis par les Anges qui leur souhaiteront la bienvenue:

﴾Puis, quand ils y parviendront et que ses portes s'ouvriront, ses gardiens leur diront: paix à vous! Vous avez été bons: entrez donc, pour y demeurer éternellement.﴿ *[Coran 39: 73]*

Les portes du Paradis sont au nombre de huit. L'une d'elle est appelée *Ar-Rayyân* et elle est spécifique aux jeûneurs. Sahl Ibn Sa'd (رضي الله عنه) rapporte, dans les deux *Sahih* de Boukhari et de Muslim, que le Messager d'Allah (ﷺ) a dit: *«Il y a huit portes au Paradis. L'une de ces portes, appelée Ar-Rayyân, ne sera franchie que par les jeûneurs. Quand ils la franchiront, elle sera fermée à jamais et personne ne la franchira.»*

Outre la porte des jeûneurs appelée *Ar-Rayyân*, il y existe aussi une porte pour ceux qui multiplient leurs prières, une autre pour ceux qui font l'aumône, et une autre pour ceux qui luttent dans le chemin d'Allah (ﷻ).

Dans un Hadith rapporté par Boukhari et Muslim, Abu Houreira (رضي الله عنه) cite que le Messager d'Allah (ﷺ) a dit: *«Quiconque dépense une paire de choses de ses biens dans la voie d'Allah (ﷻ), entrera par l'une des portes du Paradis. Le Paradis a huit portes. Celui qui fait partie des gens de la Prière, sera appelé par la porte de la Prière. Celui qui fait partie des gens de l'Aumône, sera appelé par la porte de l'Aumône. Celui qui fait partie des gens du jihad, sera appelé par la porte du jihad. Celui qui fait partie des jeûneurs sera appelé par la porte du Jeûne.»* Abu Bakr (رضي الله عنه) dit: par Allah! Nul ne subira de préjudice à être appelé par n'importe quelle porte, ô Messager d'Allah! Est-ce qu'une personne sera appelée de toutes ces portes? Il répondit: *«Oui. Et j'espère que tu en feras partie.»*

La question d'Abu Bakr (رضي الله عنه) pose le cas d'un homme réunissant en lui tous les types de bonnes œuvres telles que la Prière, le Jeûne, l'Aumône, le Jihad, etc., afin qu'il soit appelé de toutes les portes. Dans ce sens, le Messager d'Allah (ﷺ) nous a informés que celui qui dépense deux paires de choses dans le chemin d'Allah, sera appelé par les huit portes. De même, il nous a informés que celui qui fait ses ablutions de la manière la plus parfaite, puis lève les yeux au ciel et dit: j'atteste qu'il n'y a de divinité qu'Allah, Seul, sans associé et que Mohammed est Son Serviteur et Messager, se verra ouvrir les huit portes du Paradis et entrera par celle qu'il voudra.

Muslim a rapporté dans son *Sahih*, Ahmed dans son *Musned* et les gens des *Sunan* que Omar Ibn Al-Khattab (رضي الله عنه) a dit que le Messager d'Allah (ﷺ) a dit: *«Quiconque fait ses ablutions de la meilleure manière, puis, lève les yeux au ciel et dit: "J'atteste qu'il n'y a de divinité qu'Allah l'unique, sans associé et que Mohammed est Son Serviteur et Messager'', se verra ouvrir les huit portes du Paradis et entrera par celle qu'il voudra.»*

Le Messager d'Allah (ﷺ) nous a aussi informés qu'il sera réservé, à ceux qui ne seront pas jugés, une porte spéciale qu'ils seront les seuls à franchir, c'est-à-dire: la porte de droite du Paradis. Les autres se répartiront les autres portes avec le reste des nations. Selon un Hadith authentique rapporté par Boukhari et Muslim concernant l'intercession, Abu Houreira (رضي الله عنه), a dit: *«Allah (سبحانه وتعالى) dira: "Ô Mohammed! Fais entrer ceux de ta communauté qui ne seront pas jugés par la porte de droite. Ils partageront aussi les autres portes avec le reste des gens''.»* Ensuite il a montré dans ce Hadith la largeur des portes du Paradis et que la distance qui existe entre *[les]* deux battants d'une porte est semblable à la distance qui existe entre La Mecque et Hajar ou entre la Mecque et Bosra.

Dans le Hadith précédent rapporté par Boukhari et Muslim, le Messager d'Allah (ﷺ) a dit: *«Par Celui Qui tient la vie de Mohammed en Sa Main: la distance qui existe entre* [les] *deux battants d'une porte quelconque du Paradis est semblable à la distance qui sépare La Mecque de Hajar ou la Mecque de Bosra.»*

Le Messager d'Allah (ﷺ) nous a d'autre part informés que les portes du Paradis s'ouvrent au mois de Ramadan. Dans les deux *Sahih* comme dans le *Musned* d'Ahmed, le Messager d'Allah (ﷺ) a dit, selon des propos rapportés d'Abu Houreira (رضي الله عنه): *«A l'arrivée du mois de Ramadhan, on ouvre les portes du ciel* - dans une autre variante: *on ouvre les portes du Paradis - et on ferme celles de l'Enfer.»*

On a rapporté dans certains Hadiths que la distance séparant deux battants est de quarante ans de marche.

Ahmed dans son *Musned* et Abu Nu'eim dans *Al-Hilia* ont rapporté d'après Hâkim Ibn Mu'awiya qui, lui, l'a tenu de son père, que le Messager d'Allah (ﷺ) a dit: *«La distance séparant les deux battants d'une porte du Paradis est égale à une marche de quarante ans. Or, il arrivera, un jour où les portes seront encombrées de monde.*» Sa chaîne de transmission est authentique.

Muslim et Ahmed ont rapporté que 'Otba Ibn Kazwan a dit: «On nous a fait remarquer que la distance séparant deux battants des portes au Paradis est égale à une marche de quarante ans et qu'il arrivera un jour où les portes seront encombrées de monde.»

Dans son *Mu'jame kabir,* Tabarani a rapporté que Abdallah Ibn Salam a dit: «La distance qui sépare deux battants des portes au Paradis est égale à une marche de quarante ans. Les gens s'y bousculeront comme des chameaux assoiffés qui, en groupe, se désaltèrent à l'abreuvoir.»

3.- Les rangs du Paradis

Les preuves attestant que le Paradis a des degrés et que ses habitants y diffèrent selon leur rang

Le Paradis est constitué d'étages, placés les uns au-dessus des autres. Les gens y diffèrent selon le rang qu'ils y occupent. Allah (صلى الله عليه وسلم) dit:

> ﴿Et quiconque vient auprès de Lui, en croyant, après avoir fait de bonnes œuvres, voilà donc ceux qui auront les plus hauts rangs.﴾ *[Coran 20: 75]*

Cheikh El-Islam Ibn Taymiya fait partie de ceux qui ont abordé cette question: le Paradis comporte des degrés très différents les uns des autres. Les bien-aimés d'Allah (سبحانه وتعالى), parmi les croyants, ceux qui le craignent, occuperont ces degrés en fonction de leur foi et de leur crainte. En effet, Allah (سبحانه وتعالى) dit:

> ﴿Quiconque désire *[la vie]* immédiate, Nous anticipons de donner ce que Nous voulons, à qui Nous voulons. Puis, Nous lui assignons l'Enfer où il brûlera, méprisé et

repoussé. Et ceux qui recherchent l'Au-delà et fournissent les efforts qui y mènent, tout en étant croyants, alors, l'effort de ceux-là sera reconnu. Nous accordons abondamment à tous, ceux-ci comme ceux-là, des dons de ton Seigneur. Et ce que donne ton Seigneur n'a jamais été inaccessible. Regarde comment Nous favorisons certains sur d'autres. Et l'Au-delà est plus stratifié en rangs et en privilèges.﴿

[Coran 17: 18-21]

Le Tout-Puissant précise qu'Il donne aussi bien à ceux qui désirent la vie ici-bas qu'à ceux qui recherchent plutôt l'Au-delà. Il précise aussi que Ses dons ne sont refusés ni aux *[gens]* pieux, ni aux libertins. Ensuite Il dit:

﴾Regarde comment Nous favorisons certains sur d'autres. Et dans l'Au-delà, Et l'Au-delà est plus stratifié en rangs et en privilèges.﴿ *[Coran 17: 21]*

Le Tout-Puissant montre que les gens de l'Au-delà seront plus différents les uns par rapport aux autres, plus qu'ils ne le sont ici-bas et que les rangs dans l'Au-delà dépassent ceux du bas monde. Dans ce cadre, Ses Prophètes (ﷺ) diffèrent plus les uns des autres que le reste de Ses serviteurs. Dans cette perspective, Il dit:

﴾Parmi ces Messagers, Nous avons favorisé certains par rapport à d'autres. Il en est certains à qui Allah a parlé; et Il en a élevé d'autres en grade. A Jésus fils de Marie, Nous avons rapporté les preuves, et l'avons fortifié par *Rôh El-Qodous.*[1]﴿ *[Coran 2: 253]*

Il dit aussi:

﴾Et parmi les Prophètes, Nous avons donné à certains plus de faveurs qu'à d'autres. Et à David, Nous avons donné le *Zaboûr.*﴿ *[Coran 17: 55]*

---

1 (*Rôh El-Qodous*, probablement Gibril. — Trad.)

Dans le *Sahih* de Muslim, Abu Houreira (رضي الله عنه) cite que le Prophète (ﷺ) a dit: *«Le musulman fort est meilleur auprès d'Allah (سبحانه وتعالى) que le musulman faible. Il y a du bien dans chacun d'eux. Convoite avec ardeur ce qui t'est utile, demande assistance à Allah (سبحانه وتعالى) et ne sois pas défaitiste. Si quelque chose t'arrive, ne dis pas: si je l'avais fait, cela aurait été comme ceci ou cela, mais dis plutôt: "Allah (سبحانه وتعالى) décrète ce qu'Il veut". En vérité, c'est avec un* si *que débute l'œuvre du diable.»*

Abu Houreira (رضي الله عنه) et 'Amr Ibn Al-'As (رضي الله عنه) rapportent dans les deux *Sahih* que le Prophète (ﷺ) a dit: *«Si un juge fait un effort d'interprétation et atteint son but, il est récompensé par deux récompenses. S'il fait un effort d'interprétation et n'atteint pas le but, alors il est récompensé par une seule récompense.»* En effet, le Très-Haut dit:

> ﴾On ne peut comparer cependant ceux d'entre vous qui ont donné leurs biens et combattu avant la Conquête *[de la Mecque]*; ces derniers sont plus haut placés, en hiérarchie, que ceux qui ont dépensé et combattu après. Or, à chacun, Allah a promis la plus belle récompense.﴿ *[Coran 57: 10]*

> ﴾Ne sont pas égaux ceux des croyants qui restent chez eux - sauf ceux qui ont quelque infirmité - et ceux qui luttent corps et biens dans le sentier d'Allah. Allah donne à ceux qui luttent corps et biens un grade d'excellence sur ceux qui restent chez eux. Et à chacun, Allah a promis la meilleure récompense; et Allah a mis les combattants au-dessus des non-combattants en leur accordant une rétribution immense; des grades de supériorité de Sa part, ainsi qu'un pardon et une miséricorde. Allah est Pardonneur et Miséricordieux.﴿
> *[Coran 4: 95-96]*

> ﴾Ferez-vous de la charge de donner à boire aux pèlerins et d'entretenir la Mosquée sacrée *[des devoirs]* comparables *[au mérite]* de celui qui croit en Allah et au Jour Dernier et

lutte dans la voie d'Allah? Ils ne sont pas égaux auprès d'Allah et Allah ne guide pas les gens injustes. Ceux qui ont cru, qui ont Emigré et qui ont lutté par leurs biens et leurs personnes dans la voie d'Allah, ont les plus hauts rangs auprès d'Allah; et ce sont eux les *[gens]* victorieux. Leur Seigneur leur annonce de Sa part, miséricorde et agrément, et des Jardins où il y aura pour eux un délice permanent, où ils demeureront éternellement. Certes, il y a auprès d'Allah une énorme récompense.﴿ *[Coran 9: 19-22]*

﴾Est-ce que celui qui, aux heures de la nuit, reste en dévotion, se prosternant et debout, prenant garde à l'Au-delà et espérant la miséricorde de son Seigneur... Dis: sont-ils égaux, ceux qui savent et ceux qui ne savent pas? Seuls ceux *[qui sont]* doués d'intelligence se rappellent.﴿

[Coran 39: 9]

﴾Allah élèvera en degrés ceux d'entre vous qui auront cru et ceux qui auront reçu le savoir. Allah connaît si bien ce que vous faites.﴿ *[Coran 58: 11]*

Boukhari a rapporté que Abu Houreira (رضي الله عنه) a dit que le Messager d'Allah (ﷺ) a dit: *«Quiconque croit en Allah et en son Messager, accomplit la Prière, observe le Jeûne du mois de Ramadan, combat dans la voie d'Allah ou reste sur sa terre natale, Allah (تعالى) le fera accéder inévitablement au Paradis.»* Ils dirent: ô Messager d'Allah! Ne devons-nous pas annoncer la bonne nouvelle aux gens? Il reprit: *«Certes, il y a au Paradis cent degrés qu'Allah (تعالى) a préparés pour ceux qui combattent dans Sa voie. L'écart entre deux degrés est semblable à la distance qu'il y a entre le ciel et la terre. Ainsi, lorsque vous invoquez Allah (تعالى), demandez-Lui le Firdaws, c'est certes le milieu du Paradis et l'endroit le plus élevé, je le vois. Il dit: au-dessus de lui, se trouve le Trône du Clément et c'est le lieu à partir duquel jaillissent les fleuves du Paradis.»*

Anas (رضي الله عنه) rapporte dans le *Sahih* de Boukhari qu'Oum Hâritha s'est présentée au Messager d'Allah (ﷺ), alors que Hâritha, son fils, a été tué par une flèche, lors de la bataille de Badr. Elle lui dit: ô Messager d'Allah! Tu connais la place que Hâritha occupait dans mon cœur. Toutefois, si mon fils est actuellement au Paradis, je ne le pleurerai plus; sinon, tu verras ce que je ferrai! Le Prophète (ﷺ) lui répondit: *«Veux-tu dire un seul des Jardins du Paradis? Il s'agit plutôt de plusieurs Paradis. Et il est au Paradis le plus élevé* [Firdaws]»

Le Messager d'Allah (ﷺ) a aussi montré que les gens du Paradis diffèrent les uns par rapport aux autres au regard de leurs rangs à l'intérieur du Paradis.

Abu Saïd Al-Khoudri (رضي الله عنه) rapporte dans les deux *Sahih*, celui de Boukhari et celui de Muslim, que le Prophète (ﷺ) a dit: *«Les gens du Paradis apercevront au-dessus d'eux les gens dans leurs chambres comme ils aperçoivent l'étoile à l'horizon de l'Orient ou de l'Occident, à cause de la différence qui existe entre eux.»* A cet égard, les gens dirent: ô Messager d'Allah! Ne s'agit-il pas là des demeures des Prophètes qu'aucun n'a atteintes à part eux? Le Prophète (ﷺ) répondit: *«Non! Par Celui Qui tient ma vie en Sa Main: il s'agit là d'étages réservés à des hommes qui ont cru en Allah (تعالى) et reconnu comme véridiques les Messagers.»*

Abu Saïd (رضي الله عنه) a dit dans le *Musned* d'Ahmed, dans les *Sunan* de Tirmidhi, d'Ibn Mâja et le *Sahih* d'Ibn Hibbâne que le Prophète (ﷺ) a dit: *«Les gens des rangs inférieurs verront ceux des rangs supérieurs de la même manière que vous voyez l'étoile qui apparaît à l'horizon. Abu Bakr et Omar font partie de ceux qui de tous jouiront de plus de délices.»*

Al-Qortobi a dit: sache que ces demeures varient en hauteur et en qualité suivant les œuvres de leurs occupants. Certaines d'entre elles sont plus hautes que les autres... Lorsque le Prophète (ﷺ) dit: *«Par*

Celui Qui tient ma vie en Sa Main: des hommes qui ont cru en Allah, et reconnu comme véridiques les Messagers», sans mentionner les œuvres, ni rien d'autre, si ce n'est la foi et l'accréditation des Messagers, c'était afin que l'on sache qu'il parlait de la foi véritable et de la reconnaissance du statut des Messagers comme étant véridiques, sans hésitation ni réclamation de signes. Sinon, comment obtiendrait-on de telles chambres en se contentant d'avoir la foi et de reconnaître les messagers comme véridiques, puisque ce sont des points communs à tous? S'il en était ainsi, tous les croyants monothéistes seraient dans les demeures les plus hautes et les degrés supérieurs. Or c'est impossible. En effet, Allah dit:

> ﴿Ceux-là auront pour récompense un lieu élevé *[du Paradis]* à cause de leur endurance.﴾ *[Coran 25: 75]*

L'endurance consiste à persister dans l'effort et la fermeté pour se présenter à Allah (ﷻ) avec un cœur pénétré de servitude et de docilité. Voilà la caractéristique des *[gens]* Rapprochés. Dans un autre verset Allah (ﷻ) dit:

> ﴿Ni vos biens, ni vos enfants ne vous rapprocheront à proximité de Nous, sauf ceux qui croient et œuvrent pour le bien. Ceux-là auront une double récompense pour ce qu'ils faisaient, tandis qu'ils seront en sécurité aux étages supérieurs *[du Paradis]*.﴾ *[Coran 34: 37]*

Là, Allah (ﷻ) a fait mention des étages. Ils ne sauraient être obtenus par les enfants et les biens, mais plutôt, par la foi et les bonnes œuvres. Ensuite le Très-Haut a montré que les serviteurs seront doublement récompensés et que leurs demeures seront les étages. Il te fait savoir qu'il s'agit là d'une foi sereine à laquelle le cœur s'est attaché et par laquelle il s'est apaisé par rapport à ses connaissances, par rapport à toutes ses affaires et ses lois. S'il accomplit une œuvre pieuse, il ne la mêle pas à son contraire, c'est-à-dire à une œuvre corrompue. L'œuvre pieuse non entachée de perversité ne peut provenir que d'une foi véritable et sereine en toutes ses affaires et ses lois. La foi et l'œuvre de celui qui procède à un mélange ne sont pas de cet ordre. C'est pour cela que son rang est différent de celui des autres. Les détenteurs des hauts rangs jouiront de délices meilleures que ceux qui leur sont inférieurs en rang. Allah (﷾) dit qu'Il a préparé à ceux qui Le craignent, deux Jardins au Paradis:

> ﴾Et pour celui qui aura craint de comparaître devant son Seigneur, il y aura deux jardins.﴿ *[Coran 55: 46]*

Il les a décrits puis Il a dit:

> ﴾En deçà de ces deux jardins, il y aura deux autres jardins.﴿ *[Coran 55: 62]*

C'est-à-dire: en deçà des deux premiers types de jardins, en fait de situation et de rang. Quiconque médite sur les caractéristiques des deux jardins dont Allah (﷾) a fait mention en dernier, saura que de tels jardins ont moins de mérite que les deux premiers.

En fait, les deux premiers sont réservés aux *[gens]* Rapprochés, alors que les deux derniers sont pour les gens de la droite, comme l'ont noté Ibn 'Abbas et Abu Moussa Al-Ach'ari.

A cet égard, Al-Qortobi a dit dans sa *Tadhkira*, p. 440: lorsque Allah a décrit les deux jardins, Il a fait allusion à la différence entre eux. Aussi dit-il au sujet des deux premiers:

> ﴾Ils y trouveront deux sources courantes﴿ *[Coran 55: 50]*

et à propos des deux autres:

> ﴾Dans lesquels *[jardins]* il y aura deux sources jaillissantes.﴿ *[Coran 55: 66]*

En d'autres termes, ces deux dernières sources offriront un spectacle de jets d'eau, mais n'en seront pas pour autant comme les deux premières des eaux courantes. En effet, le fait de jaillir est différent de celui de couler. De même, Allah (﷾) dit au sujet des deux premiers jardins:

﴾Ils contiennent deux espèces de chaque fruit.﴿

[Coran 55: 52]

Aussi bien connus qu'insolites, frais que secs. Il a donc généralisé sans particulariser. Et à propos des deux autres, Il a dit:

﴾Ils contiennent des fruits, des palmiers et des grenadiers.﴿

[Coran 55: 68]

Il n'a donc pas mentionné que ces jardins contiennent deux espèces de chaque fruit. Allah dit aussi à propos des deux premiers jardins:

﴾Ils s'accouderont sur des tapis doublés de brocart.﴿

[Coran 55: 54]

Au sujet de l'autre, Il dit:

﴾Ils s'accouderont sur des coussins verts et des tapis brodés et jolis.﴿ *[Coran 56: 76]*

Il ne fait pas de doute que le brocart est supérieur à la broderie et que les tapis sur lesquels on s'accoude sont meilleurs que les coussins. Il a dit à propos des deux premiers jardins en ce qui concerne les houris aux grands yeux:

﴾Elles seront *[aussi belles]* que le rubis et le corail.﴿

[Coran 55: 58]

A propos des deux autres jardins, Il dit:

﴾Là, il y aura des *[femmes]* vertueuses et des belles.﴿

[Coran 55: 70]

Or, tout ce qui est beau ne ressemble pas au rubis et au corail. Il décrit les deux premiers types de jardins en ces termes:

﴾Aux branches touffues﴿ *[Coran 55: 48]*

et les deux autres, comme suit:

﴾Ils sont d'un vert foncé.﴿ *[Coran 55: 64]*

C'est-à-dire sombres à cause de leur verdure.

Et ainsi, *conclut Al Qortobi*, Il a caractérisé les deux premiers par la multitude de leurs branches et les deux derniers par la verdure uniquement.

Abu Moussa Al-Ach'ari rapporte dans les deux *Sahih*, celui de Boukhari et celui de Muslim, que le Messager d'Allah (ﷺ) a dit: *«Deux jardins en argent, autant que leurs récipients et leurs contenus, deux jardins en or, autant que leurs récipients et leurs contenus. Dans le jardin d'Eden, les gens ne seront empêchés d'observer leur Seigneur que par le Voile de Majesté qui Lui recouvre le visage.»*

Et dans la variante de Tirmidhi: *«Il y a au Paradis deux jardins d'argent...»*, ensuite, il mentionna le Hadith. Le Tout-Puissant dit que:

> ﴾Les *[gens]* vertueux boiront d'une coupe dont le mélange sera de camphre.﴿ *[Coran 76: 5]*

Ailleurs, Il dit:

> ﴾Et là, ils seront abreuvés d'une coupe dont le mélange sera de gingembre.﴿ *[Coran 76: 17]*

Il paraît que cela - et Allah (ﷻ) Seul sait - est réservé aux gens de la droite. Le Très-Haut dit aussi:

> ﴾Il est mélangé à la boisson de *Tasnîme*, source dont les *[gens]* Rapprochés boiront.﴿ *[Coran 83: 27-28]*

Les gens de la droite boiront une boisson mêlée de *Tasnîme* alors que les *[gens]* Rapprochés boiront du *Tasnîme* pur, sans mélange.

Les gens du Paradis aux rangs les plus élevés et ceux aux rangs les plus bas

Muslim a rapporté dans son *Sahih* d'après Al-Moughira Ibn Chou'bah que le Messager d'Allah (ﷺ) a dit: *«Moussa, un jour, interrogea son Seigneur en ces termes: quel sera l'habitant du Paradis qui aura le rang le plus bas? Allah (ﷻ) lui répondit: ce sera un homme qui arrivera au Paradis après que les gens y soient entrés. On lui dira: entre! Il dira: Comment y entrer, Seigneur, alors que les gens en ont occupé les demeures? Sur ce, on lui dira: serais-tu satisfait d'avoir un royaume semblable à celui d'un des rois du bas monde? Oui, répondra-t-il. Alors, son Seigneur lui dira: tu l'as, et je t'en ajoute un de semblable, un autre de semblable, un autre de semblable, un autre de semblable... Au cinquième rajout, l'homme dira: cela suffit, je suis satisfait. Ensuite, son Seigneur lui dira: Je t'accorde ce royaume et dix autres de semblable. Tu auras ce que ton âme désire et ce qui est un objet de réjouissance pour tes yeux. Alors il dit: Je suis satisfait, Seigneur. Une autre question de Moussa fut: quel est l'habitant du Paradis qui a le plus haut rang? Il dit: c'est ceux-là que j'ai choisis, j'ai planté leur honneur de Ma Main et je l'ai cacheté. Aucun œil ne l'a vu, aucune oreille n'en a entendu parler et cela n'est point venu à l'esprit d'un être humain.»*

Cela est corroboré par le verset que voici:

﴿Personne ne sait ce qu'on a réservé pour eux, comme réjouissance pour les yeux.﴾ *[Coran 32: 17]*

Le degré le plus élevé au Paradis

Le degré le plus élevé au Paradis sera obtenu par une seule personne, ce lieu est dénommé *Al-Wassilah*. S'il plaît à Allah (ﷻ) notre Prophète choisi et élu, Mohammed (ﷺ) l'obtiendra. Ibn Kathîr dit, dans *An-Nihayah*: il a été fait mention du grade le plus élevé au Paradis - *Al Wassilah*. Il y a là la place du Messager d'Allah (ﷺ).

Il a cité à propos de cela le Hadith d'Abdallah, rapporté par Boukhari dans son *Sahih,* selon lequel le Prophète (ﷺ) a dit: *«Quiconque entend l'appel à la Prière doit dire: ô Seigneur, Maître de cet appel parfait et de la prière que l'on va accomplir, donne à Mohammed* Al Wassilah *et la place d'honneur* [au Paradis], *et ressuscite-le dans la position louable que Tu lui as promise.»*

Il a cité aussi le Hadith de Abdallah Ibn 'Amr Ibn Al-'As, (رضي الله عنه) rapporté dans le *Sahih* de Muslim dans lequel il a dit: j'ai entendu le Messager d'Allah (ﷺ) dire: *«Lorsque vous entendez le* muedhine *(muezzin) appeler à la Prière, répétez ses paroles. Ensuite, priez sur moi car, Allah (سبحانه وتعالى) prie dix fois sur quiconque prie sur moi une seule fois. Après cela, demandez à Allah (سبحانه وتعالى) de m'accorder* Al Wassilah. *Quiconque aura demandé à Allah (سبحانه وتعالى) de m'accorder* Al Wassilah, *bénéficiera de mon Intercession.»*

Interrogeant alors le Prophète (ﷺ), les Compagnons dirent: qu'est-ce que *Al Wassilah?* Il répondit: *«C'est le degré le plus élevé au Paradis, degré qu'un seul homme obtiendra et j'espère être cet homme.»* Hadith rapporté par Ahmed d'après Abu Houreira (رضي الله عنه) et rapporté dans le *Musned* d'après Abu Saïd (رضي الله عنه) qui a dit que le Messager d'Allah (ﷺ) a dit: «Al-Wassilah *est un degré auprès d'Allah (سبحانه وتعالى), un degré au-dessus duquel il n'existe aucun autre. Alors, demandez à Allah (سبحانه وتعالى) de me l'accorder.»*

Ceux qui occuperont les degrés élevés

Les martyrs font partie de ceux qui occuperont les degrés élevés au Paradis. Les meilleurs parmi eux sont ceux qui ont combattu en première ligne et n'ont pas fait volte-face, jusqu'à ce qu'ils soient tués. Dans le *Musned* d'Ahmed et le *Mu'jame* de Tabarani, Nu'eim rapporte selon une chaîne de transmission authentique que le Prophète (ﷺ) a dit: *«Les meilleurs des martyrs sont ceux qui ont combattu en première ligne et qui n'ont pas fait volte-face jusqu'à être tués. Ceux-là jouiront des hautes demeures du Paradis. Le*

Seigneur rira à leur sujet; or, lorsque le Seigneur quelque part, rit au sujet d'un serviteur, cela veut dire qu'il ne sera pas jugé.»

D'autre part, celui qui rend service aux veuves et aux pauvres, aura le degré de celui qui combat dans la voie d'Allah (سبحانه وتعالى). Il est rapporté dans le *Sahih* de Muslim d'après Abu Houreira (رضي الله عنه) que le Prophète (ﷺ) a dit: *«Celui qui rend service aux veuves et aux pauvres est semblable à celui qui combat dans la voie d'Allah (سبحانه وتعالى), à celui qu'Allah (سبحانه وتعالى) aime le plus et à celui qui jeûne sans arrêt.»*

Le degré du tuteur de l'orphelin est proche de celui du Messager d'Allah (ﷺ). D'après Abu Houreira (رضي الله عنه), dont les propos ont été mentionnés dans le *Sahih* de Muslim, le Prophète (ﷺ) a dit: *«Le tuteur des orphelins qui lui sont propres ou non, sera, avec moi, comme ces deux doigts, au Paradis (en montrant en même temps son index et son médius).»*

Allah (سبحانه وتعالى) élève le degré des pères par la bénédiction de l'invocation des enfants. Ainsi, dans le *Musned* d'Ahmed, Abu Houreira (رضي الله عنه) a dit que le Prophète (ﷺ) a dit: *«Allah (سبحانه وتعالى) élèvera certes, au Paradis, le degré du serviteur vertueux. Il dira: Seigneur! D'où nous vient ceci? Allah (سبحانه وتعالى) répondra: "De la demande de pardon de ton fils en ta faveur".»*

Au sujet de ce Hadith, Ibn Kathîr dit: sa chaîne de transmission est authentique. Aucun des auteurs des livres de la Sunna ne l'a rapporté.

Toutefois, il a un témoin dans le *Sahih* de Muslim. D'après Abu Houreira (رضي الله عنه), le Messager d'Allah (ﷺ) a dit: *«Lorsque le fils d'Adam meurt, ses œuvres sont interrompues sauf trois d'entre elles: une aumône permanente, un savoir utile et un fils vertueux qui invoque Allah en sa faveur.»*

4.- Le sol du Paradis

Il est mentionné, dans les deux *Sahih* de Boukhari et de Muslim, que Anas Ibn Mâlik (رضي الله عنه) a rapporté d'Abu Dherr (رضي الله عنه) au sujet de l'Ascension, que ce dernier a dit que le Messager d'Allah (ﷺ) a dit: *«On m'a fait entrer au Paradis. J'y ai trouvé des rochers de perles et son sol était de musc.»*

Il est rapporté dans le *Sahih* de Muslim et dans le *Musned* d'Ahmed d'après Abu Saïd (رضي الله عنه) que Ibn Sayâd (رضي الله عنه) a interrogé le Messager d'Allah (ﷺ) à propos du sol du Paradis. Il lui répondit: *«C'est un terrain crayeux blanc* [mélangé à] *un musc pur.»*

Dans le *Musned* d'Ahmed, Jâbir Ibn Abdallah (رضي الله عنه) a dit que le Messager d'Allah (ﷺ) a dit à propos des juifs: *«Je vais les interroger sur le sol du Paradis qui est un terrain crayeux blanc.»* Ils dirent: c'est un terrain bas, ô Abu Al-Qâssim. Le Messager d'Allah (ﷺ) reprit: *«Fait de perles.»*

Ahmed, Tirmidhi et Darami ont rapporté que Abu Houreira (رضي الله عنه) a dit: j'ai dit: ô Messager d'Allah! A partir de quoi a-t-on créé les êtres? Il répondit: *«A partir de l'eau.»* - Et le Paradis, de quoi est-il fait? Il répondit: *«De briques en or et de briques en argent. Son ciment est du musc pur, ses gravillons des rubis et des coraux et son sol du safran. Quiconque y jouira des délices, ne sera pas malheureux, il y vivra éternellement et ne mourra pas, ses vêtements ne s'useront jamais et il conservera sa jeunesse.»*

5.- Les fleuves du Paradis

Allah (سبحانه وتعالى) nous a informé que des fleuves coulent sous le Paradis:

> ﴿Annonce à ceux qui croient et pratiquent de bonnes œuvres qu'ils auront pour demeures des jardins sous lesquels coulent les ruisseaux.﴾ *[Coran 2: 25]*

Quelquefois, Il dit:

﴾Sous les pieds desquels couleront des ruisseaux﴿, comme dans le verset que voici:

﴾A ceux-là, seront réservés les jardins d'Eden sous lesquels coulent des ruisseaux.﴿ *[Coran 18: 31]*

Le Messager d'Allah (ﷺ) nous a parlé de façon très claire des fleuves du Paradis. En effet, lors de son Voyage nocturne, *«Il a vu quatre fleuves originaires du lotus céleste, deux externes et deux internes. Je dis: ô Gabriel! Quels sont ces fleuves? Celui-ci répondit: les fleuves internes sont des fleuves du Paradis et les externes sont le Nil et l'Euphrate.»* (Muslim)

Anas Ibn Mâlik (رضي الله عنه) a dit dans le *Sahih* de Boukhari que le Messager d'Allah (ﷺ) a dit: *«On leva vers moi le Lotus céleste et je vis quatre fleuves: deux externes et deux internes. Les deux fleuves externes sont le Nil et l'Euphrate. Quant aux deux autres, ce sont des fleuves du Paradis.»*

Abu Houreira a dit dans le *Sahih* de Muslim que le Messager d'Allah (ﷺ) a dit: *«Seihane, Jeihane, le Nil et l'Euphrate sont des fleuves du Paradis.»*

Peut-être, en disant que ces fleuves proviennent du Paradis, veut-on dire que leur origine et celle de l'homme proviennent du Paradis. Le Hadith ne contredit pas la réalité observée selon laquelle les dits fleuves prennent leur source des sources connues sur terre. Si cela n'est pas le sens ou quelque chose de semblable, alors le Hadith fait partie des questions de l'Invisible auxquelles nous devons croire et nous soumettre.

Al-Qâri a dit: les quatre fleuves considérés comme faisant partie des fleuves du Paradis en raison de la douceur de leur eau, de la digestibilité de celle-ci et aussi parce qu'ils renferment la bénédiction divine et ils auront l'honneur de voir les Prophètes s'y désaltérer. Al-

Kawthar, qu'Allah (ﷻ) a donné à son Messager (ﷺ), fait partie des fleuves du Paradis. Il dit:

﴿Nous t'avons, certes, accordé *Al-Kawthar.*﴾

[Coran 108: 1]

Le Prophète (ﷺ) l'a vu et, en outre, il nous en a parlé.

Dans le *Sahih*, Anas Ibn Mâlik (رضي الله عنه) rapporte que le Prophète (ﷺ) a dit: *«Alors que je marchais dans le Paradis, je vis soudain un fleuve dont les bords étaient des coupoles de rubis excavés. Alors je dis: Gabriel! Qu'est-ce que c'est? Celui-ci répondit: ceci, c'est Al-Kawthar qu'Allah (ﷻ) t'a accordé. Son parfum* - ou *sa terre - est de musc.*» Là-dessus, Houdba s'est dit incertain...

Ibn 'Abbas a commenté cela en disant: *Al-Kawthar* c'est la plénitude de biens qu'Allah (ﷻ) a accordés à son Messager (ﷺ). Toutefois, Abu Bichr dit à Saïd Ibn Joubeir qui a rapporté le commentaire d'Ibn 'Abbas: il y a des gens qui prétendent qu'il s'agit là d'un fleuve du Paradis. A cela, Saïd répond que le fleuve qui se trouve au Paradis est le bien qu'Allah (ﷻ) lui a accordé.

Ibn Kathîr a regroupé les Hadiths dans lesquels le Messager (ﷺ) a fait annonce d'*Al-Kawthar*.

Parmi ces Hadiths, il y a celui que Muslim a rapporté dans son *Sahih*, d'après Anas (رضي الله عنه), selon qui, lorsque le verset suivant Lui a été révélé:

﴿Nous t'avons, certes, accordé *Al-Kawthar*﴾, *[Coran 108: 1]*

le Messager (ﷺ) a dit: *«Savez-vous ce qu'est* Al-Kawthar*?»* Les Compagnons répondirent: Allah et son Messager le savent mieux que quiconque. Alors, il reprit: *«C'est un fleuve qu'Allah (ﷻ) m'a promis et il y a beaucoup de bien.»*

Ibn Kathîr a cité le Hadith d'Anas (رضي الله عنه) qui se trouve dans le *Musned* d'Ahmed selon lequel le Messager (ﷺ) a dit: *«On m'a donné Al-Kawthar. C'est un fleuve qui coule à la surface de la terre et dont les bords sont faits de coupoles en rubis découverts. J'ai plongé ma main dans son sol qui se révéla être de musc pur et ses gravillons étaient des perles.»*

Dans une autre variante rapportée par le *Musned* d'après Anas (رضي الله عنه) qui fait remonter le Hadith au Prophète (ﷺ): *«C'est un fleuve du Paradis qu'Allah (سبحانه وتعالى) m'a accordé. Son sol est du musc. Son eau est plus blanche que le lait et plus agréable que le miel. Des oiseaux aux cous pareils à ceux des chameaux s'y rendent.»*

Al-Hâfidh Ibn Kathîr a rapporté plusieurs autres variantes concernant ce sujet, que l'on peut consulter pour de plus amples détails. Les fleuves du Paradis ne sont pas seulement des cours d'eau. Au contraire, outre l'eau, leurs flots sont aussi faits de lait, de vin et de miel purifié.

Allah (سبحانه وتعالى) dit:

> ﴿Voici la description du Paradis qui a été promis aux *[gens]* pieux: il y aura là des ruisseaux d'une eau jamais malodorante, et des ruisseaux d'un lait au goût inaltérable, et des ruisseaux d'un vin délicieux à boire, ainsi que des ruisseaux d'un miel purifié.﴾ *[Coran 47: 15]*

Hakîm Ibn Mu'awiya rapporte dans les *Sunan* de Tirmidhi selon une chaîne de transmission authentique que le Messager d'Allah (ﷺ) a dit: *«Il y a au Paradis une mer de miel, une mer de vin, une mer de lait et une mer d'eau, donnant naissance à des fleuves.»*

En d'autres termes, les fleuves du Paradis sont alimentés par ces mers que le Messager (ﷺ) a mentionnées.

Le Messager d'Allah (ﷺ) nous a aussi informés d'un fleuve appelé *Bâriq;* c'est un fleuve situé à l'entrée du Paradis. Les martyrs se trouveront au niveau de ce fleuve, dans le *Barzakh.* Ibn 'Abbas (رضي الله عنه) rapporte selon une chaîne de transmission authentique dans le

Musned d'Ahmed, le *Mu'jame* de Tabarani et le *Moustadrak* d'Al-Hâkim que le Messager d'Allah (ﷺ) a dit: *«Les martyrs sont à Bâriq, un fleuve situé à l'entrée du Paradis sous une coupole verte où leurs substances sortiront du Paradis, matin et soir.»*

6.- Les sources du Paradis

Il y a au Paradis plusieurs sources différentes, par leur goût et par leur source. Allah (ﷻ) dit:

﴿Certes, les *[gens]* pieux seront dans des jardins avec des sources.﴾ *[Coran 15: 45]*

Et aussi:

﴿Les *[gens]* pieux seront parmi des ombrages et des sources.﴾ *[Coran 77: 41]*

Il a dit au sujet de la description des deux jardins qu'Il a réservés à celui qui craint Son Seigneur:

﴿Ils y trouveront deux sources courantes.﴾ *[Coran 55: 50]*

Il a dit au sujet de la description des deux autres jardins:

﴿Dans lesquels il y aura deux sources jaillissantes.﴾ *[Coran 55: 66]*

Il y a au Paradis deux sources où les *[croyants]* Rapprochés boiront une eau pure, sans mélange. Quant aux *[gens]* vertueux, ils y boiront; toutefois, l'eau sera mélangée à autre chose.

La première source

C'est une source de camphre. Allah (ﷻ) dit:

﴿Les *[croyants]* vertueux boiront d'une coupe dont le mélange sera de camphre, d'une source de laquelle boiront les serviteurs d'Allah et ils la feront jaillir en abondance.﴾ *[Coran 76: 5-6]*

Le Très-Haut nous a informés que les *[croyants]* vertueux auront une boisson mélangée de camphre, alors que les serviteurs d'Allah auront une boisson pure.

La deuxième source

C'est la source de *Tasnîme* au sujet de laquelle Allah (ﷻ) dit:

﴾Les bons seront dans *[un jardin]* des délices, sur des lits somptueux, promenant leurs regards. Tu reconnaîtras sur leurs visages l'éclat de la félicité. On leur sert à boire nectar pur, cacheté, laissant un arrière-goût de musc. Que ceux qui la convoitent entrent en compétition *[pour l'acquérir]* Il est mélangé à la boisson de *Tasnîme*, source où les *[gens]* Rapprochés boivent.﴿ *[Coran 83: 22-28]*

Parmi les sources du Paradis, il y en a une nommée *Salsabila*. Au sujet de cette source, Allah (ﷻ) dit:

﴾Et là, ils seront abreuvés d'une coupe dont le mélange sera de gingembre, puisé là-dedans d'une source qui s'appelle *Salsabila.*﴿ *[Coran 76: 17-18]*

7.- Les palais et les tentes du Paradis

Allah (ﷻ) a construit au Paradis à l'intention des gens du Paradis des demeures belles et confortables, conformément à ce qu'Il a dit:

﴾Et des demeures excellentes, aux jardins d'Eden *[du séjour permanent]*﴿ *[Coran 9: 72]*

A certains endroits de Son Livre, Il a appelé ces demeures *Ghouroufâte* (Hauts-Lieux) comme c'est le cas dans:

﴾Tandis qu'ils seront en sécurité aux étages (*Ghouroufâte*) du *[Paradis]*﴿ *[Coran 34: 37]*

Il a dit à propos de la récompense des serviteurs du Clément:

﴿Ceux-là auront pour récompense un lieu élevé *[du Paradis]* à cause de leur endurance, et ils y seront accueillis avec le salut et la paix.﴾ *[Coran 25: 75]*

Dans ce cadre, Il décrit ces Hauts-Lieux en ces termes:

﴿Mais ceux qui auront craint leur Seigneur auront *[pour demeure]* des Hauts-Lieux *[au Paradis]* au-dessus desquels d'autres Hauts-Lieux sont construits et sous lesquels coulent les rivières. Promesse d'Allah! Allah ne manque pas à Sa promesse.﴾ *[Coran 39: 20]*

A cet égard, Ibn Kathîr a dit: Allah (ﷻ) informe ses serviteurs bienheureux qu'ils auront des Hauts-Lieux au Paradis qui sont des palais imposants et majestueux:

﴿Des Hauts-Lieux au-dessus desquels d'autres Hauts-Lieux sont construits.﴾ *[Coran 39: 20*

Quant au Messager d'Allah (ﷺ), il nous a décrit ces palais. Ahmed dans le Hadith qu'il rapporte dans son *Musned* et Ibn Hibbâne dans son *Sahih*, rapportent qu'Abu Mâlik Al-Ach'ari a dit, et Tirmidhi rapporte d'Ali (رضي الله عنه) que le Messager d'Allah (ﷺ) a dit: *«Il y a au Paradis des Hauts-Lieux dont on voit l'extérieur de l'intérieur et l'intérieur de l'extérieur. Allah (ﷻ) les a préparés pour celui qui nourrira les gens, adoucira son langage, jeûnera constamment et priera la nuit, alors que les gens dorment.»*

Allah (ﷻ) a dit qu'il y a des tentes au Paradis. Il a dit:

﴿Des houris cloîtrées dans les tentes.﴾ *[Coran 55: 72]*

La tente est une perle creusée dont la hauteur est de trente pieds, et il y a à chaque coin une épouse pour le croyant que les autres ne voient pas. Abu Abdassamad et Al-Harith rapportent que Abu 'Imrane a dit: «Soixante *miles*».

Boukhari a aussi rapporté d'Abdallah Ibn Qays que le Prophète (ﷺ) a dit: *«Au Paradis, le croyant aura une tente creusée dans une perle d'une largeur de soixante* miles. *Il y aura des épouses qu'il fréquentera et qui ne se verront pas les unes les autres.»*

Et dans une variante de Muslim: *«Il y a au Paradis une tente faite d'un rubis excavé. Sa largeur est de soixante* miles. *A chaque angle d'une telle tente se trouvent des épouses qui ne se voient pas et que le croyant fréquentera.»*

Le Messager d'Allah (ﷺ) nous a informés des caractéristiques des palais de certaines de ses épouses et de certains de ses Compagnons.

Ainsi, dans les deux *Sahih* de Boukhari et de Muslim, Abu Houreira (رضي الله عنه) a dit: un jour, Gabriel vint auprès du Messager d'Allah (ﷺ) et lui dit: *«Ô Messager d'Allah! Voilà Khadîdja qui vient avec un récipient contenant de la sauce et de la nourriture. Lorsqu'elle te rejoindra, transmets-lui le salut et la paix de la part de son Seigneur et de moi! Fais-lui la bonne annonce d'une maison de roseau au Paradis, où il n'y a ni vacarme ni lassitude.»*

Jâbir (رضي الله عنه) a dit dans les deux *Sahih* de Boukhari et de Muslim que le Messager d'Allah (ﷺ) a dit: *«Je suis entré au Paradis où j'ai vu Ar-Romeissaa, la femme de Talha, et j'ai entendu un craquement. J'ai dit: qui est-ce? Il dit: Bilal. Ensuite j'ai vu un palais avec dans sa cour une servante. Alors, j'ai dit: à qui appartient ceci? Il m'a été répondu: à Omar Ibn Al-Khattab. Et là, j'ai voulu entrer voir et le regarder, mais je me suis rappelé ta jalousie.»* Sur ces mots, Omar dit: je t'offrirais en rançon mon père et ma mère, ô Messager d'Allah! Comment *[pourrais-je]* être jaloux envers toi?

Le Messager d'Allah (ﷺ) nous a, d'autre part, informés de la voie par laquelle le croyant obtient plus de demeures au Paradis. Ainsi, quiconque construit une mosquée pour Allah (سبحانه وتعالى), verra Celui-ci lui construire une maison au Paradis. Dans le *Musned* d'Ahmed, Ibn 'Abbas (رضي الله عنه) rapporte selon une chaîne de transmission authentique: le Messager (ﷺ) a dit: *«Quiconque construit pour Allah (سبحانه وتعالى) une mosquée (...) se verra construire une maison au Paradis.»*

D'après 'Othmane (رضي الله عنه) dont les propos ont aussi été rapportés dans le *Musned* d'Ahmed, les deux *Sahih*, les *Sunan* de Tirmidhi et celles d'Ibn Mâja, le Messager d'Allah (ﷺ) a dit: *«Quiconque construit une mosquée pour l'amour d'Allah (سبحانه وتعالى), Allah (سبحانه وتعالى) lui construira une maison semblable, au Paradis.»*

D'après Oum Habibah, dont les propos sont rapportés dans le *Sahih* de Muslim, dans le *Musned* d'Ahmed, dans les *Sunan* d'Abu Daoud, dans celles de Nassâ'i et d'Ibn Mâja, le Messager d'Allah (ﷺ) a dit: *«Quiconque, en un même jour, effectue volontairement douze unités de prière, Allah (سبحانه وتعالى) lui construira une maison au Paradis.»*

8.- La lumière du Paradis

Al-Qortobi a dit *[que]* les Savants ont dit: «Il n'y a au Paradis ni nuit, ni jour. Plutôt, les gens vivent sous une lumière permanente et éternelle. Ils connaissent la durée de la nuit lorsque les rideaux sont baissés et que les portes sont fermées. Et Ils connaissent la durée du jour lorsque les rideaux et les portes sont ouverts. Il a été mentionné par Abu-Al-Faraj Ibn Al-Jawzi.»

Ibn Kathîr a dit à propos de l'exégèse de ce verset:

> ﴿Ils auront là, leur nourriture, matin et soir. Voilà le Paradis dont Nous ferons hériter ceux de Nos serviteurs qui auront été pieux.﴾ *[Coran 19: 62-63]*

"C'est-à-dire à des moments semblables à celui du matin et à celui du soir. Ce n'est pas que la nuit et le jour y existent en tant que tels, mais des moments successifs dont ils connaissent l'alternance par l'entremise de la lumière."

Ibn Taymiya dit à propos de ce sujet: "Il n'y a au Paradis ni soleil, ni lune, ni nuit, ni jour. Le matin et le soir ne sont connus qu'au moyen d'une lumière qui émane du Trône."

9.- L'odeur du Paradis

Le Paradis a une odeur parfumée et pure imprégnant ses arbrisseaux. Il s'agit là d'une odeur que les croyants sentent à très grande distance. Ainsi, il est rapporté selon une chaîne authentique dans le *Musned* d'Ahmed, les *Sunan* de Nassâ'i, d'Ibn Mâja, le *Moustadrak* d'Al-Hâkim que le Messager (ﷺ) a dit: *«Celui qui tue un* dhimmi (non-musulman protégé par l'Etat musulman) *ne sentira pas l'odeur du Paradis. Certes, son odeur est sentie à une distance de soixante-dix ans de marche.»*

Il a aussi été rapporté d'Abdallah Ibn Omar (رضي الله عنه) dans le *Sahih* de Boukhari, le *Musned* d'Ahmed, les *Sunan* de Nassâ'i et celles d'Ibn Mâja que le Messager (ﷺ) a dit: *«Celui qui tue un allié ne sentira pas l'odeur du Paradis. Certes son odeur est sentie à une distance de quarante ans de marche.»*

10.- Les arbres et les fruits du Paradis

Ses arbres et ses fruits sont nombreux, divers et permanents.

Les arbres du Paradis sont nombreux, excellents et variés. Allah (تعالى) nous a informés qu'il y a au Paradis des vignes, des palmiers et des grenadiers. De même, il y a des jujubiers et des bananiers:

﴾Pour les *[croyants]* pieux, ce sera une réussite: jardins et vignes.﴿ *[Coran 78: 31-32]*

﴾Ils contiennent des fruits, des palmiers et des grenadiers.﴿ *[Coran 55: 68]*

Et aussi:

﴾Et les gens de la droite; qui sont les gens de la droite? *[Ils seront parmi]* des jujubiers sans épines, et parmi des bananiers aux régimes bien fournis, dans une ombre étendue, *[près]* d'une eau coulant continuellement, et des fruits abondants.﴿ *[Coran 56: 27-32]*

Quant au jujubier, il s'agit du jujubier épineux. Toutefois, au Paradis, il est débarrassé de ses épines. Pour ce qui est de l'acacia d'Arabie (*Talh*), il fait partie des arbres du Hedjaz qui comporte des épines. Il fait partie de l'espèce des arbres épineux; toutefois, au Paradis, il n'a pas d'épine et il est prêt à être consommé sans difficulté ni fatigue. Ce que le Saint Coran mentionne à propos des arbres du Paradis est très peu par rapport à ce qu'ils contiennent. C'est pourquoi Allah (سبحانه وتعالى) dit:

﴾Ils contiennent deux espèces de chaque fruit.﴿ *[Coran 55: 52]*

A cause de leur abondance, les gens du Paradis en demandent ce qu'ils veulent et en choisissent ceux qui leur plaisent. Allah dit:

﴾Ils demanderont des fruits abondants et des boissons.﴿ *[Coran 38: 51]*

﴾Et des fruits de leur choix.﴿ *[Coran 56: 20]*

﴾Les *[croyants]* pieux seront parmi des ombrages et des sources, de même que des fruits selon leurs désirs.﴿ *[Coran 77: 41-42]*

En somme, il y a au Paradis toutes sortes de fruits et de délices, tout ce que l'âme désire et dont les yeux se réjouissent à leur vue. Allah (سبحانه وتعالى) dit:

﴾On fera circuler parmi eux des plats en or et des coupes *[en or];* et il y aura là *[pour eux]* tout ce que les âmes désirent et ce qui réjouit les yeux.﴿ *[Coran 43: 71]*

Ibn Kathîr a tenu des propos éloquents dans lesquels il évoque la splendeur des fruits du Paradis. En effet, il a déduit qu'Allah (ﷻ), en faisant mention du jujubier et de l'acacia d'Arabie, a attiré l'attention sur des éléments de faible importance pour mieux mettre en valeur le caractère extraordinaire du Paradis.

Dans ce cadre, il dit: le jujubier qui, ici-bas, ne produit que de maigres fruits connus sous le nom de *jujubes* et qui comportent beaucoup d'épines, tout comme l'acacia d'Arabie dont on ne tire profit dans le bas monde - si ce n'est de son ombre - auront, au Paradis, des fruits d'une beauté et d'une quantité importante, au point que chacun de ces fruits se divisent en soixante-dix sortes de goûts et de couleurs voisines les unes des autres. Que diras-tu donc des arbres qui avaient d'excellents fruits ici-bas tels que les pommiers, les palmiers, les vignes, etc.? Que diras-tu des variétés de myrtes et de fleurs? En somme, il y a ce que l'œil n'a jamais vu, que l'oreille n'a jamais entendu, et qui n'est jamais venu à l'esprit d'un être humain. Nous demandons à Allah (ﷻ) de nous en faire profiter par Sa grâce.

Les arbres du Paradis donnent des fruits en permanence. Ils ne sont pas comme les arbres du monde ici-bas qui produisent à un moment et s'arrêtent de produire à un autre, qui produisent pendant telle saison et non pendant telle autre. Au contraire, leurs fruits et leur ombrage sont permanents:

﴾Tel est le Paradis qui a été promis aux *[croyants]* pieux sous lesquels coulent les ruisseaux; ses fruits sont perpétuels, ainsi que son ombrage.﴿ *[Coran 13: 35]*

﴾Et des fruits abondants, ni interrompus ni défendus.﴿ *[Coran 13: 35]*

C'est-à-dire permanents. Les gens du Paradis n'en sont pas lassés malgré leur permanence. Parmi les choses agréables que les gens du Paradis y trouvent lorsque leurs fruits leur parviennent, il y a le fait qu'ils trouvent qu'ils se ressemblent en apparence alors qu'ils diffèrent dans leur goût. Allah (ﷻ) dit:

﴾Chaque fois qu'ils seront gratifiés d'un fruit des jardins, ils diront: c'est bien là ce qui nous avait été servi auparavant. Or, c'est quelque chose de semblable *[seulement en apparence]*﴿ *[Coran 2: 25]*

Les arbres du Paradis ont des branches hautes et croissantes:

﴾Et pour celui qui aura craint de comparaître devant son Seigneur, il y aura deux jardins; lequel donc des bienfaits de votre Seigneur nierez-vous? Aux branches touffues.﴿ *[Coran 55: 46-48]*

Ces arbres sont d'un vert foncé:

﴾En deçà de ces deux jardins, il y aura deux autres jardins. Lequel donc des bienfaits de votre Seigneur nierez-vous? Ils sont d'un vert foncé.﴿ *[Coran 55: 62-64]*

On ne décrit le Paradis comme étant vert foncé que lorsque ses arbres tendent vers le noir du fait de leur vert sombre et de l'enchevêtrement des branches de ses arbres. Quant aux fruits de ces arbres, ils sont tout proches; les gens du Paradis les cueillent facilement:

﴾Ils s'accouderont sur des tapis doublés de brocart, et les fruits des deux jardins seront à leur portée *[pour être cueillis]*.﴿ *[Coran 55: 54]*

﴾Et ses fruits inclinés bien bas *[à portée de leurs mains]*.﴿ *[Coran 76: 14]*

Quant à l'ombrage de tels arbres, il est comme le dit Allah (ﷻ):

﴾Et Nous les ferons entrer sous un ombrage épais.﴿ *[Coran 4: 57]*

﴾Dans une ombre étendue.﴿ *[Coran 56: 30]*

﴿Les *[croyants]* pieux seront parmi des ombrages et des sources.﴾ *[Coran 77: 41]*

Description de certains arbres du Paradis

Le Messager d'Allah (ﷺ) nous a entretenus de manière extraordinaire à propos de certains arbres du Paradis. Cette description nous présente une création de nature merveilleuse et l'imagination se laisse aller longuement à la rêverie afin de l'apprécier et de la découvrir. Nous vous rapportons ci-dessous quelques Hadiths du Messager (ﷺ).

L'arbre à l'ombre duquel un cavalier galope pendant cent ans

Cet arbre est gigantesque, sa taille ne peut être estimée que par Celui qui l'a créé.

Le Messager d'Allah (ﷺ) a donné une idée de la grandeur de cet arbre en disant qu'un cavalier, enfourchant un cheval rompu à la course, aurait besoin de cent ans selon sa capacité pour cavaler d'un bout à l'autre.

Dans les deux *Sahih* de Boukhari et de Muslim, Abu Saïd Al-Khoudri (رضي الله عنه) a dit: *«Certes, il y a au Paradis un arbre si large qu'un cavalier rapide galope* [sous son ombre] *pendant cent ans sans en sortir.»* Hadith rapporté par Boukhari.

Abu Houreira (رضي الله عنه) rapporte dans le *Sahih* de Boukhari que le Prophète (ﷺ) a dit: *«Il y a certes au Paradis un arbre à l'ombre duquel un cavalier galope durant cent ans. Et lisez si vous voulez:*

﴿Dans une ombre étendue﴾» *[Coran 56: 30]*

Muslim aussi a rapporté d'Abu Houreira (رضي الله عنه) et Sahl Ibn Sa'd (رضي الله عنه) du Prophète (ﷺ) que ce dernier a dit: *«Il y a certes au Paradis un arbre sous l'ombre duquel un cavalier galope pendant cent ans sans en sortir.»*

Sidrate-l-Mountaha (le Lotus de la Limite)

Allah (ﷻ) a mentionné cet arbre dans le Saint Coran. Il a dit que notre Messager Mohammed (ﷺ) a vu Gabriel auprès de lui sous la forme dans laquelle Il l'a créé. Cet arbre se trouve auprès du jardin *Al-Ma'wâ* (jardin de l'asile paradisiaque). De même, Il nous fait savoir qu'Il a couvert un tel arbre avec ce dont Il est le Seul à savoir, au moment où le Messager (ﷺ) l'a vu:

> ﴾Près de la *Sidrate-l-Mountaha* (Lotus de la Limite). Près d'elle se trouve le jardin de *Ma'wâ*. Au moment où le Lotus était couvert de ce qui le couvrait... La vue n'a nullement dévié, ni outrepassé la mesure.﴿ *[Coran 53: 13-17]*

Le Messager d'Allah (ﷺ) nous a parlé de ce qu'il a vu de cet arbre: *«Ensuite le Lotus de la Limite me fut présenté. Ses épines sont semblables au sommet de Hajar et ses feuilles aux oreilles d'éléphant. Alors, Gabriel dit: voici le Lotus de la Limite! Il y avait quatre fleuves: deux internes et deux externes. Quels sont ces deux fleuves? Celui-ci répondit: les deux fleuves internes sont des fleuves du Paradis et les deux autres externes sont le Nil et l'Euphrate.»* Hadith rapporté par Boukhari et Muslim.

On retrouve aussi dans les deux *Sahih: «Ensuite, on m'emmena jusqu'au Lotus de la limite. Ses épines étaient semblables au sommet de Hajar et ses feuilles aux oreilles d'éléphant. Une seule feuille de cet arbre couvrirait toute cette Communauté. Il était recouvert de couleurs que je ne savais pas identifier. Par la suite, on me fit entrer au Paradis où il y avait des perles, et son sol était de musc.»*

L'Arbre Tôbâ

C'est un arbre énorme à partir duquel sont confectionnés les vêtements des gens du Paradis. Ainsi, dans le *Musned* d'Ahmed, le *Tafsir* d'Ibn Jarir et le *Sahih* d'Ibn Hibbâne, Abu Saïd (ﷺ) rapporte que le Messager d'Allah (ﷺ) a dit: *«Tôbâ est un arbre dans le Paradis dont les dimensions représentent une distance de cent ans. Les vêtements des gens du Paradis sont extraits de ses calices.»*

Abdallah Ibn 'Amr (رضي الله عنه) a dit d'après le Hadith rapporté par Ahmed dans son *Musned* et qui montre que les vêtements des gens du Paradis proviennent de ses fruits.

Un jour, un homme se présenta au Prophète (ﷺ) et lui dit: ô Messager d'Allah! Informe-nous au sujet des vêtements des gens du Paradis! Ces vêtements sont-ils créés ou tissés? Certains se mirent à rire. Le Messager d'Allah (ﷺ) dit: *«De quoi riez-vous? D'un ignorant interrogeant un Savant?»* Ensuite, il se pencha et dit: *«Où est le questionneur*?» L'homme répondit: *me voici, ô Messager d'Allah*! Le Prophète (ﷺ) reprit: *«Non! Au contraire, on les tire des fruits du Paradis* (trois fois).»

Le meilleur des parfums du Paradis

Allah (تعالى) nous a informés qu'il y a des parfums au Paradis:

﴿Si celui-ci est du nombre des *[gens]* Rapprochés d'Allah, il trouvera sérénité et parfums dans les jardins des délices.﴾ *[Coran 56: 88-89]*

Le Messager d'Allah (ﷺ) nous a aussi informés que le maître des parfums, pour les gens du Paradis est le Hanna. Dans le *Mu'jame kabir* de Tabarani, Abdallah Ibn Omar (رضي الله عنه) rapporte, selon une chaîne authentique selon la condition de Boukhari et de Muslim, que le Prophète (ﷺ) a dit: *«Le meilleur des parfums du Paradis est le Henné.»*

Les troncs d'arbre au Paradis sont en or

Parmi les choses extraordinaires dont le Messager d'Allah (ﷺ) a fait l'annonce, il y a le fait que les troncs d'arbre du Paradis sont en or. Abu Houreira (رضي الله عنه) rapporte dans les *Sunan* de Tirmidhi, le *Sahih* d'Ibn Hibbâne et les *Sunan* de Beihaqi selon une chaîne de transmission authentique que le Messager d'Allah (ﷺ) a dit: *«Il n'y a au Paradis aucun arbre dont le tronc n'est pas d'or.»*

Comment le croyant accroît-il sa part des arbres du Paradis?

L'Intime du Clément et Père des Prophètes, Ibrahim, a demandé à notre Prophète Mohammed (ﷺ) lors de la nuit du Voyage nocturne de transmettre le salut à son peuple et aussi de l'informer du chemin par lequel ils peuvent accroître leur part des arbres du Paradis.

Tirmidhi rapporte selon une chaîne de transmission authentique que Abu Massoud (رضي الله عنه) a dit que le Messager d'Allah (ﷺ) a dit: *«J'ai rencontré Ibrahim la nuit de mon Voyage nocturne. Il a dit: ô Mohammed! Dis à ta nation que le sol du Paradis est excellent, que son eau est agréable, qu'il est constitué de bas-fonds et que ses plantes sont* Gloire à Allah, Louange à Allah, Il n'y a de divinité qu'Allah *et* Allah est le plus Grand.»

11.- Les animaux et les oiseaux

Il existe au Paradis des animaux et des oiseaux qui ne sont connus que d'Allah (سبحانه وتعالى). Allah (سبحانه وتعالى) a dit à propos des délices que les gens du Paradis obtiendront:

> ﴿Et toute chair d'oiseau qu'ils désireront. Et ils auront des houris aux yeux grands et beaux.﴾ *[Coran 56: 21-22]*

Dans les *Sunan* de Tirmidhi, Anas (رضي الله عنه) a dit: on a interrogé le Messager d'Allah (ﷺ) à propos d'*Al-Kawthar* et il a répondu: *«Il s'agit là d'un fleuve du Paradis qu'Allah (سبحانه وتعالى) m'a donné. Il est plus blanc que le lait, plus agréable que le miel. Il y a des oiseaux ayant des cous comme ceux des chameaux.»*

Sur ces mots, Omar (رضي الله عنه) dit: de tels oiseaux sont délicieux. Alors, le Messager d'Allah (ﷺ) reprit: *«Leur chair est encore plus délicieuse.»*

Il a été cité dans *Al-Hilia* par Abu Nu'eim et *Al-Moustadrak* par Al-Hâkim, qu'Ibn Massoud (رضي الله عنه) a dit: un jour, un homme se présenta avec une chamelle munie de rênes et dit: ô Messager d'Allah! J'offre cette chamelle dans la voie d'Allah. Alors le Prophète (ﷺ) dit: *«Tu auras grâce à elle sept cents chamelles munies de rênes au Paradis.»* Al-Hâkim a dit: Hadith authentique, selon la condition de Boukhari et de Muslim. C'est aussi l'avis de Dhahabi et cheikh Nasser Eddine Al-Albani. Muslim l'a rapporté, d'après Abu Massoud Al-Ansary, dans son *Sahih* en disant: un jour, un homme se présenta avec une chamelle munie de rênes et dit: j'offre celle-ci dans la voie d'Allah. Alors, le Messager d'Allah (ﷺ) lui dit: *«Tu auras grâce à elle, au Jour de la Résurrection, sept cents chamelles, toutes munies de rênes.»*

CHAPITRE 4

LES GENS DU PARADIS

1.- Les œuvres grâce auxquelles ils ont mérité le Paradis

Les gens du Paradis sont les croyants monothéistes. Quiconque associe une autre divinité à Allah (ﷻ), le renie ou traite de fausse l'une des sources de la foi, se verra privé du Paradis et conduit en Enfer. Le Coran mentionne plusieurs fois que les gens du Paradis sont les croyants qui accomplissent de bonnes œuvres. Quelquefois, il détaille les bonnes œuvres par lesquelles ils ont mérité le Paradis. Parmi les versets coraniques dans lesquels il est dit que les gens du Paradis ont mérité ce dernier par la foi et les bonnes œuvres, il y a le verset suivant:

﴿Annonce à ceux qui croient et pratiquent de bonnes œuvres qu'ils auront pour demeures des jardins sous lesquels coulent les ruisseaux; chaque fois qu'ils seront gratifiés d'un fruit des jardins, ils diront: c'est bien là ce qui nous avait été servi auparavant. Or, c'est quelque chose de semblable *[seulement en apparence];* ils auront là des épouses pures et là, ils demeureront éternellement.﴾

[Coran 2: 25]

﴾Et quant à ceux qui ont cru et fait de bonnes œuvres, bientôt Nous les ferons entrer aux Jardins sous lesquels coulent les ruisseaux. Ils y demeureront éternellement. Il y aura là, pour eux, des épouses purifiées. Et Nous les ferons entrer sous un ombrage épais.﴿ *[Coran 4: 57]*

﴾Et ceux qui croient et font de bonnes œuvres - Nous n'imposons de charge à quelqu'un que selon sa capacité -, ceux-là seront les gens du Paradis: ils y demeureront éternellement.﴿ *[Coran 7: 42]*

﴾Aux croyants et aux croyantes, Allah a promis des Jardins sous lesquels coulent les ruisseaux, pour qu'ils y demeurent éternellement, et des demeures excellentes, aux jardins d'Eden *[du séjour permanent]*. Et la satisfaction d'Allah est plus grande encore, et c'est là l'énorme succès.﴿

[Coran 9: 72]

﴾Ceux qui croient et font de bonnes œuvres, leur Seigneur les guidera grâce à leur foi. A leurs pieds les ruisseaux couleront dans les Jardins des délices. Là, leur invocation sera: Gloire à Toi, ô Allah, leur salutation: *Salâm* (Paix) et la fin de leur invocation: Louange à Allah, Seigneur de l'Univers.﴿ *[Coran 10: 9-10]*

﴾Voilà ceux qui auront les jardins du séjour *[éternel]* sous lesquels coulent les ruisseaux. Ils y seront parés de bracelets d'or et se vêtiront d'habits verts de soie fine et de brocart, en s'accoudant sur des divans *[bien ornés]* Quelle bonne récompense et quelle belle demeure!﴿ *[Coran 18: 31]*

﴾Et ceux qui viendront auprès de Lui en croyants, après avoir fait de bonnes œuvres, voilà donc ceux qui auront les plus hauts rangs, les jardins du séjour *[éternel]* sous lesquels coulent les ruisseaux, où ils demeureront éternellement. Et voilà la récompense de ceux qui se purifient.﴿ *[Coran 20: 75-76]*

Dans certains cas, Allah (ﷻ) mentionne qu'ils ont mérité le Paradis à travers l'accomplissement d'un aspect de la foi ou d'une œuvre pieuse. Parfois, Il s'appesantit longuement sur les bonnes œuvres. Parfois, Il mentionne qu'ils ont mérité le Paradis à travers la foi et la paix:

﴿Ô Mes serviteurs! Vous ne devez avoir aucune crainte aujourd'hui; vous ne serez point affligés, ceux qui croient en Nos signes et sont musulmans, entrez au Paradis, vous et vos épouses, vous y serez fêtés.﴾ *[Coran 43: 68-70]*

﴿Sauf les serviteurs qui sont à la dévotion d'Allah; ceux-là auront une rétribution bien connue: des fruits, et ils seront honorés dans les jardins du Délice.﴾ *[Coran 37: 40-43]*

Parfois, Il montre qu'ils l'ont mérité de par leur fort attachement à Allah (ﷻ), le désir qu'ils avaient de Lui et l'adoration qu'ils Lui vouaient:

﴿Seuls croient en Nos versets ceux qui, lorsqu'on les leur rappelle, tombent en se prosternant et, par des louanges à leur Seigneur, célèbrent Sa Gloire et n'enflent pas d'orgueil. Ils s'arrachent de leurs lits pour invoquer leur Seigneur, par crainte et espoir; et ils font largesse de ce que Nous leur attribuons. Personne ne sait ce qu'on a réservé pour eux comme réjouissance pour leurs yeux, en récompense de ce qu'ils faisaient!﴾ *[Coran 32: 15-17]*

On note parmi les bonnes œuvres l'endurance et la confiance en Allah (ﷻ):

﴿Ceux qui auront cru et fait de bonnes œuvres, Nous leur assignerons certes au Paradis des résidences sous lesquelles coulent les ruisseaux pour y demeurer éternellement. Quelle belle récompense que celle de ceux qui font le bien, qui endurent et placent leur espoir en leur Seigneur!﴾ *[Coran 29: 58-59]*

Il y a aussi:

- **Le fait** de se tenir sur le chemin de la Foi:

  ﴾Ceux qui disent: notre Seigneur est Allah et qui, ensuite, se tiennent sur le droit chemin, ceux-là ne doivent avoir aucune crainte. Ils ne seront point affligés. Ceux-là sont les gens du Paradis où ils demeureront éternellement, en récompense de ce qu'ils faisaient.﴿ *[Coran 46: 13-14]*

- **L'humilité devant Allah (ﷻ):**

  ﴾Certes, ceux qui croient et font de bonnes œuvres et s'humilient devant leur Seigneur, voilà les gens du Paradis où ils demeureront éternellement.﴿ *[Coran 11: 23]*

- **La crainte d'Allah (ﷻ):**

  ﴾Et pour celui qui aura craint de comparaître devant son Seigneur, il y aura deux jardins.﴿ *[Coran 55: 46]*

- **Le fait** d'éprouver de la haine envers les mécréants et les polythéistes et de ne point les aimer:

  ﴾Tu ne trouveras pas, parmi les gens qui croient en Allah et au Jour Dernier, *[des gens]* qui prennent pour amis ceux qui s'opposent à Allah et à Son Messager, fussent-ils leurs pères, leurs fils, leurs frères ou les gens de leur tribu. Il a prescrit la foi dans leurs cœurs et Il les a aidés de Son secours. Il les fera entrer dans les jardins sous lesquels coulent les ruisseaux, où ils demeureront éternellement. Allah les agrée et ils L'agréent.﴿ *[Coran 58: 22]*

Il arrive qu'Allah (ﷻ) détaille bien les versets en faisant mention des bonnes œuvres par lesquelles les gens du Paradis ont mérité le Paradis. Aussi a-t-Il rappelé dans la sourate Le Tonnerre qu'ils l'ont mérité pour avoir cru que ce que l'on a révélé au Messager (ﷺ) est la stricte vérité, pour avoir rempli leurs engagements, évité de rompre le pacte, entretenu ce qu'Allah (سبحانه وتعالى) a ordonné d'entretenir, craint Allah (سبحانه وتعالى), craint le mauvais jugement, enduré les épreuves pour l'amour d'Allah (سبحانه وتعالى), accompli les prières, dépensé en secret et en public, repoussé le mal par le bien:

> ﴿Celui qui sait que ce qui t'est révélé de la part de ton Seigneur est la vérité, est-il semblable à l'aveugle? Seuls les gens doués d'intelligence réfléchissent bien, ceux qui remplissent leur engagement envers Allah et ne violent pas le pacte, qui unissent ce qu'Allah a commandé d'unir, redoutent leur Seigneur et craignent une malheureuse reddition de compte, et qui endurent dans la recherche de l'agrément d'Allah, accomplissent la Prière et dépensent *[dans le bien],* en secret et en public, de ce que Nous leur avons attribué et repoussent le mal par le bien, à ceux-là, la bonne demeure finale, les jardins d'Eden, où ils entreront, ainsi que tous ceux de leurs *[bons]* ascendants, conjoints et descendants, et qui ont été de bons croyants. De chaque porte, les Anges entreront auprès d'eux: Paix sur vous, pour ce que vous avez enduré! - Comme elle est bonne, votre demeure finale!﴾ *[Coran 13: 19-24]*

Au début de la sourate Les Croyants, Allah (سبحانه وتعالى) a rappelé que le succès n'est réservé qu'aux croyants. Ensuite, Il a détaillé les œuvres qui leur faisaient mériter le succès et Il nous fait savoir que le succès des croyants consistait à les introduire au jardin du *Firdaws* où ils séjourneront éternellement:

> ﴿Bienheureux sont, certes, les croyants, ceux qui sont humbles dans leur prière, qui se détournent des futilités, qui s'acquittent de la *Zakate*, et qui préservent leurs sexes *[de tout rapport],* sauf avec leurs épouses ou les esclaves qu'ils possèdent, car, là, vraiment, on ne peut les blâmer; alors que ceux qui cherchent Au-delà de ces limites sont des transgresseurs; et qui veillent à la sauvegarde des dépôts confiés à eux et honorent leurs engagements, et qui

observent strictement leur prière. Ce sont eux les héritiers, qui hériteront du Paradis, pour y demeurer éternellement.﴿

[Coran 23: 1-11]

Le Messager d'Allah (ﷺ) nous a parlé de trois œuvres importantes par lesquelles leurs auteurs méritent le Paradis.

Selon un Hadith rapporté par Muslim dans son *Sahih*, 'Iyadh dit que le Messager d'Allah (ﷺ) a dit un jour, dans son sermon: *«Les gens du Paradis constituent trois catégories: un* [grand] *responsable juste, charitable et chanceux, un homme clément et sensible envers un proche et un musulman, un chef de famille très chaste à la tête d'une famille nombreuse.»*

2.- Le chemin du Paradis est difficile

Le Paradis est un degré élevé: ainsi, l'escalade requiert-elle beaucoup d'efforts. Le chemin menant au Paradis consiste à aller contre les désirs et les passions de l'âme. Il nécessite une résolution persistante et une forte volonté.

Ainsi, Boukhari et Muslim rapportent dans un Hadith que Abu Houreira a dit: le Messager d'Allah (ﷺ) a dit: *«L'Enfer a été recouvert de délices alors que le Paradis, lui, a été recouvert de désagréments.»*. On retrouve chez Muslim: *«Entouré de»,* au lieu de *«Recouvert de».*

Dans les *Sunan* de Nassâ'i, de Tirmidhi et de Abu Daoud, Abu Houreira (رضي الله عنه) rapporte: le Messager d'Allah (ﷺ) a dit: *«Après avoir créé le Paradis, Allah (سبحانه وتعالى) dit à Gabriel: "Vas-y jeter un coup*

d'œil!'' *Gabriel alla y jeter un coup et, à son retour, il dit: par Ta puissance! Nul n'en entendra parler sans vouloir y entrer. Alors, Allah (سبحانه وتعالى) entoura le Paradis de désagréments, puis reprit: "Vas-y jeter un coup d'œil!'' Gabriel alla y jeter un coup d'œil et, à son retour, il dit: par Ta Puissance! Je crains que personne ne veuille y entrer.»*

Dans son *Charh* du *Sahih* de Muslim, Nawawi a commenté le premier Hadith en disant: "Ceci fait partie de la beauté de la parole, de son éloquence et de sa brièveté, dons qui ont été donnés à Mohammed (ﷺ) en ce qui concerne la bonne analogie. Un tel Hadith veut dire que l'on n'accède au Paradis qu'en bravant les désagréments, et, en Enfer, qu'en s'abandonnant aux passions. Et ces deux derniers recouvrent le Paradis et l'Enfer. Déchirer le voile du Paradis consiste à braver ses désagréments et déchirer celui de l'Enfer consiste à suivre la loi du plaisir. Entrent dans la liste des désagréments l'effort et l'assiduité en matière d'adoration, le fait de patienter face à ses difficultés, réprimer sa colère, pardonner, être bon, pratiquer l'aumône, le fait d'être bienfaisant à l'égard du malveillant, de supporter de ne point s'abandonner aux plaisirs, ainsi de suite.''

3.- Les gens du Paradis hériteront de la part des gens de l'Enfer au Paradis

Allah (ﷻ) a prévu pour chaque 'fils' d'Adam deux demeures: une au Paradis et une en Enfer. Sur cette base, ceux pour qui le malheur a été décrété parmi les mécréants et les polythéistes, hériteront des maisons dont les gens du Paradis disposaient en Enfer. Ceux pour qui le bonheur a été décrété parmi les gens du Paradis, hériteront des maisons dont les gens de l'Enfer disposaient au Paradis. Allah (ﷻ) dit au sujet des croyants bienheureux, après avoir fait mention des œuvres qui les ont fait entrer au Paradis:

> ﴾Ce sont eux les héritiers, qui hériteront du Paradis pour y demeurer éternellement.﴿ *[Coran 23: 10-11]*

Commentant ces versets, Ibn Kathîr a dit: Ibn Abi Hâtim a dit - il cita la chaîne de transmission qui remonte à Abu Houreira (رضي الله عنه) - qui a dit que le Messager d'Allah (ﷺ) a dit: *«Il n'y a personne parmi vous qui ne possède deux demeures: une au Paradis et une en Enfer.*

Le croyant édifie sa demeure au Paradis et détruit sa demeure en Enfer.»

Cela a été rapporté à peu près ainsi de Saïd Ibn Joubair (رضي الله عنه). Les croyants hériteront des maisons des mécréants parce qu'ils ont été créés pour adorer Allah (سبحانه وتعالى), Seul, en dehors de tout associé. Comme les uns se sont acquittés du devoir d'adoration qui leur incombait et que les autres ont délaissé ce pourquoi ils avaient été créés, les croyants ont pris la part des mécréants.

Parmi ce qu'il y a de plus remarquable, à ce propos, il y a ce que Muslim rapporte dans son *Sahih* d'après Abu Burda, puis Abu Moussa qui cite que le Prophète (ﷺ) qui a dit: *«Au Jour de la Résurrection, des musulmans viendront avec des péchés ressemblant à des montagnes, mais Allah (سبحانه وتعالى) leur pardonnera ces péchés et en chargera les juifs et les chrétiens.»*

Dans une autre variante, le Messager d'Allah (ﷺ) a dit: *«Au Jour de la Résurrection, Allah (سبحانه وتعالى) remettra à chaque musulman un juif ou un chrétien, en lui disant: "Celui-ci est* [pour toi] *une libération de l'Enfer".»...* Ce Hadith ressemble aux versets coraniques ci-après:

﴿Voilà le Paradis dont Nous ferons hériter ceux de Nos serviteurs qui auront été pieux.﴾ *[Coran 19: 63]*

﴿Tel est le Paradis dont On vous fait hériter pour ce que vous faisiez.﴾ *[Coran 43: 72]*

Ils hériteront donc de la part des mécréants au Paradis.

4.- Les faibles seront les plus nombreux au Paradis

La plupart de ceux qui entreront au Paradis sont des faibles qui, peu considérés aux yeux des gens, sont de grands hommes auprès d'Allah (سبحانه وتعالى), car ils se tournaient vers le Très-Haut, y trouvaient leur refuge et s'acquittaient normalement de leur devoir d'adoration. Boukahri et Muslim ont rapporté que Hâritha Ibn Wahb a dit que le Messager d'Allah (ﷺ) a dit: *«Ne désirez-vous pas que je vous informe à propos des gens du Paradis?»* Les gens dirent: si! Alors il dit: *«Tout faible se faisant faible qu'Allah exaucerait s'il venait à L'invoquer.»*

Commentant ce Hadith, Nawawi a dit: cela veut dire que les gens les maltraitent, les méprisent et les oppriment à cause de leur faiblesse et de leur impuissance ici-bas. Ce que l'on veut dire, c'est que ceux-ci constitueront la majorité des gens du Paradis... et non point la totalité.

Dans les deux *Sahih* de Boukhari et de Muslim, comme dans le *Musned* d'Ahmed, on rapporte que Oussama Ibn Zeyd a dit que le Messager d'Allah (ﷺ) a dit: *«Je me suis tenu debout à la porte du Paradis et la majorité de ceux qui y entraient, étaient des pauvres, et les hommes puissants étaient retenus. Entre temps, on avait déjà ordonné aux gens de l'Enfer d'entrer dans le feu. Je me mis debout à sa porte et la majorité de ceux qui y entraient étaient des femmes.»*

5.- Les hommes sont-ils plus nombreux en Enfer que les femmes?

Hommes et femmes se sont disputés à propos de cette question du vivant des Compagnons. Ibn Sirine, dans le *Sahih* de Muslim, a dit: hommes et femmes se sont querellés sur la question de savoir lesquels d'entre eux seront plus nombreux au Paradis. Et dans une autre variante: soit ils se sont enorgueillis, soit ils se sont mutuellement interrogés: qui des hommes ou des femmes sont les plus nombreux au Paradis?

Ils interrogèrent Abu Houreira (رضي الله عنه) qui argumenta en faveur des femmes en se basant sur la parole du Messager d'Allah (ﷺ): *«Le premier groupe à accéder au Paradis aura une lumière comparable à celle de l'astre lunaire en pleine lune, suivi d'un groupe à la lumière semblable à celle d'une étoile perçue dans le ciel. Chacun des hommes du Paradis aura deux femmes dont la chair, transparente, laissera voir la moelle des jambes. Il n'y aura point de célibataires.»* Ce Hadith indique clairement que les femmes sont plus nombreuses que les hommes.

Certains ont argumenté que c'était les hommes, en s'appuyant sur le Hadith suivant: *«J'ai constaté que vous êtes les plus nombreuses en Enfer.»*

A ce niveau, la remarque à faire est que le fait que les femmes seront majoritaires en Enfer, ne signifie pas qu'elles seront minoritaires au Paradis, comme le note d'ailleurs Ibn Hajar Al-'Asqalani. La synthèse des deux Hadiths conduit à considérer que les femmes seront plus nombreuses en Enfer et au Paradis. Par ce biais, elles sont plus nombreuses que les hommes au regard de la création et de l'existence. Par ailleurs, on peut dire que le Hadith d'Abu Houreira (رضي الله عنه) montre que le sexe féminin sera majoritaire au Paradis, qu'il s'agisse des femmes humaines ou des houris aux grands yeux. En fait, la question est la suivante: lesquels des hommes ou des femmes du monde ici-bas seront majoritaires au Paradis?

Al-Qortobi, pour sa part, a fait la synthèse des deux textes pour dire, dans sa *Tadhkira*, p. 475, que les femmes seront majoritaires en Enfer, avant l'intercession et la sortie de la Fournaise des monothéistes désobéissants. Une fois que ceux-ci auront quitté l'Enfer, grâce à l'intercession des intercesseurs et à la clémence du Plus Clément des cléments, les femmes seront, alors, majoritaires au Paradis.

Parmi les signes qui montrent que les femmes seront minoritaires au Paradis, il y a ce que Ahmed et Abu Ya'là ont rapporté de 'Amr Ibn Al-'As qui a dit: alors que nous étions avec le Messager d'Allah (صلى الله عليه وسلم) dans cette passe, il nous dit: *«Regardez!*

Voyez-vous quelque chose?» Nous répondîmes: nous apercevons des corbeaux parmi lesquels il y a un corbin crave au bec et aux pattes rouges. Le Messager d'Allah (ﷺ) a dit: *«Aucune femme n'accédera au Paradis, à moins d'être semblable parmi toutes les femmes à ce corbin crave parmi les corbeaux.»*

6.- Ceux qui sont morts avant la puberté

Les enfants des croyants

Les enfants de croyants qui n'atteignent pas l'âge de la puberté seront au Paradis, s'il plaît à Allah (ﷻ), par Sa grâce et Sa clémence. A ce sujet, le Très-Haut dit:

> ﴾Ceux qui auront cru et que leurs descendants auront suivis dans la foi, Nous ferons que leurs descendants les rejoignent. Et Nous ne diminuerons en rien le mérite de leurs œuvres, chacun étant tenu responsable de ce qu'il aura acquis.﴿ *[Coran 52: 21]*

Ali Ibn Abi Tâlib a pris le verset suivant comme argument:

> ﴾Toute âme est l'otage de ce qu'elle a acquis﴿
> *[Coran 74: 38]*

pour montrer que les enfants des croyants seront au Paradis parce qu'ils ne sont otages d'aucune de leurs œuvres, n'étant point responsables.

Dans son *Sahih*, Boukhari a rédigé un chapitre intitulé *Chapitre sur le mérite de celui dont l'enfant est mort et qui a recherché la récompense ultérieurement.* Il a cité le Hadith d'Anas (رضي الله عنه) qui a dit que le Prophète (ﷺ) a dit: *«Un musulman ne perd pas trois enfants mineurs sans qu'Allah le fasse accéder au Paradis par Sa clémence envers eux.»*

Il y a également le Hadith d'Abu Saïd (رضي الله عنه) dans lequel les femmes dirent au Prophète: réserve-nous un jour! Alors celui-ci leur fit un prêche en ces termes: *«Toute femme qui perd trois enfants verra ceux-ci lui servir de voile contre l'Enfer.»* Sur ce, une femme dit: et si l'on *[en]* perd deux? Le Prophète répondit: *«Et deux* [également]»

Boukhari a aussi prévu un chapitre intitulé *Chapitre sur ce qu'on a dit à propos des enfants des polythéistes.* A cet égard, il a cité le Hadith d'Anas (رضي الله عنه) qui précède, ainsi que celui d'Abu Houreira (رضي الله عنه) qui rapporte que le Prophète (ﷺ) a dit: *«Quiconque perd trois enfants qui n'ont pas atteint l'âge de la puberté, ceux-ci constitueront pour lui un voile contre l'Enfer ou il entrera au Paradis.»* Dans ce même cadre, Al-Bara' dit: lorsque *[son fils]* Ibrahim mourut, son père, le Messager d'Allah, (ﷺ) a dit: *«Il a une nourrice, au Paradis.»*

Le contenu des arguments des Hadiths cités par Boukhari montre que les enfants des croyants seront au Paradis - comme Ibn Hajar le dit: celui qui sera la cause de la protection de ses parents contre l'Enfer, mérite d'être le premier à en être protégé, dans la mesure où il est à l'origine de la clémence.

Des textes nombreux et évidents ont été rapportés en ce qui concerne l'accès au Paradis des enfants des croyants. Parmi ces textes, on note le Hadith rapporté par Ali (رضي الله عنه), qu'Abdallah Ibn Ahmed (رضي الله عنه), dans les annexes du *Musned,* fait remonter au Prophète (ﷺ): *«Certes les musulmans et leurs enfants seront au Paradis.»*

On retrouve aussi dans le *Musned* d'Ahmed un Hadith *marfou'e* rapporté par Abu Houreira (رضي الله عنه): *«Il n'y a pas un couple de musulmans qui perd trois enfants n'ayant pas atteint la puberté sans qu'Allah (سبحانه وتعالى) les fasse entrer avec eux au Paradis par Sa clémence et Sa grâce.»*

Muslim, dans son *Sahih* et Ahmed, dans son *Musned,* ont également rapporté que Abu Houreira (رضي الله عنه) a dit: le Messager d'Allah (ﷺ) a dit: *«Leurs enfants seront les aides de camp* [au] *Paradis. L'un d'entre eux rencontrera son père ou ses parents, il le tiendra par son vêtement ou par sa main, de la même manière que je tiens ton vêtement-ci. Il continuera à faire ainsi jusqu'à ce que Allah les fasse entrer au Paradis.»*

L'imam Ahmed, Ibn Hibbâne et Al-Hâkim rapporte que Abu Houreira (رضي الله عنه) a dit: le Prophète (ﷺ) a dit: *«Les enfants des musulmans seront au Paradis, sous la charge de Ibrahim et de Sarah.»*

Abu Nu'eim, dans *Akhbar Asbahan,* Deilami et Ibn 'Assakir, ont rapporté d'après Abu Houreira (رضي الله عنه) que le Prophète (ﷺ) a dit: *«Les enfants des croyants seront au Paradis sous la charge d'Ibrahim et de Sarah jusqu'à ce qu'ils les remettent à leurs parents au Jour Dernier.»*

Nawawi a rapporté le consensus d'un groupe de savants musulmans accrédités selon lequel quiconque meurt parmi les enfants des musulmans, accèdera au Paradis. Toutefois, il a aussi rapporté le refus d'un certain nombre de savants de se prononcer sur cette question. Al-Qortobi a cité l'abstention de Hammâd Ibn Zeyd, Hammâd Ibn Salama...

Nawawi a dit: certains des savants se sont abstenus à cause du Hadith de 'Aïcha, c'est-à-dire celui rapporté par Muslim, avec la formulation que voici: un des enfants des *Ansar* (Partisans médinois du Prophète) est mort. Alors, je dis: qu'il soit heureux car il n'a jamais fait ni rencontré de mal. Le Prophète (ﷺ) dit: *«Ou c'est peut-être autre chose que cela, ô 'Aïcha! Allah (سبحانه وتعالى) a certes créé pour le Paradis ses gens...»*

Nawawi a conclu: il (ﷺ) a peut-être répondu ainsi pour interdire à 'Aïcha de trancher vite en l'absence de preuves sûres ou il l'a dit avant de savoir que les enfants des musulmans seront au Paradis.

Je pense que le Hadith montre qu'il n'est pas permis d'affirmer qu'une personne quelconque fera partie des gens du Paradis, même si nous leur témoignons du Paradis de manière absolue. La deuxième chose est le fait de ne pas s'attaquer violemment à cela afin que les gens n'aient pas le courage d'agir de la sorte, comme c'est le cas à notre époque-ci. En effet, les gens qui annoncent la mort d'un des leurs, prétendent que celui-ci est au Paradis, fût-il le plus pervers de tous. D'ailleurs, à cet égard, Ibn Taymiya a dit: il ne convient pas d'attester que n'importe quel enfant de musulmans est au Paradis, même si cela est leur cas en général.

Les enfants des polythéistes

Boukhari a aussi prévu dans son *Sahih* un chapitre intitulé *Chapitre sur ce qu'on a dit des enfants des polythéistes*. Dans un tel chapitre, il a rapporté le Hadith d'Ibn 'Abbas (رضي الله عنه) dans lequel il dit: le Messager d'Allah (ﷺ) a été interrogé au sujet des enfants des polythéistes et il a dit: *«Allah qui les a créés sait mieux ce qu'ils auraient fait.»*

Il y a aussi le Hadith d'Abu Houreira (رضي الله عنه) dans lequel il dit que le Prophète (ﷺ) a été interrogé au sujet des enfants des polythéistes et il dit: *«Allah sait mieux ce qu'ils auraient accompli comme œuvres.»*

Il y a en outre le Hadith d'Abu Houreira (رضي الله عنه) dans lequel il dit que le Prophète (ﷺ) a dit: *«Chaque enfant naît selon la* fitrah (l'innéité), *ce sont ses parents qui font de lui un juif, un chrétien ou un zoroastrien (un mage), exactement de la manière qu'une bête met bas. Vois-tu une bête née mutilée?»*

Comme le note Ibn Hajar, Boukhari montre, par l'intitulé du chapitre, qu'il s'était abstenu de se prononcer sur les enfants des polythéistes. Après cela, il a fait, en commentant la sourate Les Byzantins dans son *Sahih,* une affirmation qui exprime sa position, c'est-à-dire qu'il pense qu'ils seront au Paradis.

De même, il a classé les Hadiths de ce chapitre d'une manière qui indique le choix de la doctrine adoptée. Il a commencé par les propos qui montrent l'abstention, puis il les a fait suivre par le Hadith qui rend probable leur présence au Paradis. Ensuite, il a corroboré son propos avec le Hadith qui fait penser qu'ils seront au Paradis. Troisièmement, il a cité le Hadith explicite sur ce point, avec la citation: *«Quant aux enfants qui l'entourent, ce sont ceux des enfants de gens»* que Boukhari a rapportée selon l'expression suivante: *«Quant aux enfants qui l'entourent, ce sont tous ceux qui sont nés selon la* fitra *(innéité)...»* Sur ce, certains musulmans dirent: et les enfants des polythéistes? Alors, le Prophète (ﷺ) ajouta: «... *Y compris les enfants des polythéistes.»*

A ce sujet, Ibn Hajar a dit: ce propos est renforcé par ce que Abu Ya'la a rapporté du Hadith *marfou'e* d'Anas: *«J'ai demandé à mon Seigneur de ne pas châtier ceux qui sont inattentifs (al-lâhîne) parmi les 'fils' d'Adam et Il me l'a accordé.»* Sa chaîne de transmission est bonne.

Le mot *lâhîne* a été commenté comme désignant les enfants, d'après le Hadith *marfou'e* d'Ibn Abbas rapporté par Al-Bazzar.

Quant à Ahmed, il a rapporté, par l'intermédiaire de Khansaa Bint Mu'awiya, un Hadith de sa tante qui a dit: j'ai dit: ô Messager d'Allah! Quels sont ceux qui seront au Paradis? Alors, il a répondu: *«Les Prophètes, le martyr et le nouveau-né seront au Paradis.»* Sa chaîne de transmission est bonne.

Ils ont également pris pour argument ce propos du Prophète (ﷺ): *«Les enfants des polythéistes seront les serviteurs des gens du Paradis.»* Hadith rapporté par Abu Nu'eim dans *Al-Hilia* et Abu

Ya'la dans son *Musned.* Le cheikh Nasser Eddine Al-Albani l'a jugé authentique par toutes ses voies de transmission.

Le propos selon lequel ils seront au Paradis est celui d'un certain groupe des gens de science. C'est le choix d'Abu Al-Faraj Ibn Al-Jawzi.

Nawawi a dit à propos de ce point de vue: c'est la doctrine authentique à laquelle les chercheurs ont abouti conformément au verset d'Allah (ﷻ):

﴿Et Nous n'avons jamais puni *[un peuple]* avant de *[lui]* avoir envoyé un Messager.﴾ *[Coran 17: 15]*

Il a pris comme arguments les preuves citées par Boukhari et les autres. Selon moi, ce propos est celui que Al-Qortobi a également jugé plus probable.

Il a concilié les textes apparemment contradictoires concernant ce sujet. En effet, le Messager (ﷺ) a dit au début qu'ils sont en Enfer comme leurs pères, puis il s'est abstenu de répondre. Il a dit: Allah (ﷻ) sait mieux ce qu'ils auraient accompli comme œuvres. Puis on lui révéla que personne ne sera puni pour le péché d'un autre:

﴿Et nul ne portera le fardeau d'autrui.﴾ *[Coran 17: 15]*

Il conclut donc qu'ils seront au Paradis. Il mentionna un Hadith rapporté par Abdarrazzaq, mais ce Hadith est faible, comme l'a dit Al-'Asqalani.

Mais cette conciliation évoquée par Ibn Hajar est confrontée au problème suivant: ce n'est pas une question d'examen et d'interprétation, mais plutôt une affaire relevant de l'inconnaissable et on ne peut en parler qu'en s'appuyant sur une Révélation. Allah sait mieux que quiconque ce qu'il en est exactement.

Il se peut aussi que la thèse qui dit que les enfants des musulmans et ceux des polythéistes seront tous au Paradis pose problème au regard des textes affirmant qu'Allah (سبحانه وتعالى) sait de toute Eternité les gens du Paradis et ceux de l'Enfer, et que lorsque l'Ange s'approche du fœtus, il lui assigne sa substance, son terme de vie, et inscrit s'il fait partie des heureux ou des malheureux. A cela on peut, peut-être, répondre que l'enfant qui meurt en bas âge avant d'avoir accompli une œuvre, aurait été inscrit parmi les gens bienheureux dans le ventre de sa mère. Toutefois, Allah (سبحانه وتعالى) sait mieux que quiconque ce qu'il en est exactement.

Un groupe de savants a dit qu'ils dépendent de la volonté d'Allah (سبحانه وتعالى) et qu'ils seront éprouvés le Jour Dernier.

Ceci est rapporté de Hammâd Ibn Zeyd, de Hammâd Ibn Salama, d'Ibn Al-Moubarak et de Is'haq.

Beihaqi l'a rapporté dans *Al-i'tiqad* d'après Chafi'i au sujet des enfants des polythéistes. Ibn Abdalberr a dit: il s'agit là d'une affaire divine et je ne dispose d'aucun texte sur cela, si ce n'est que les Compagnons du Messager d'Allah (ﷺ) ont dit que les enfants des musulmans seront au Paradis et que ceux des polythéistes seront sous la volonté d'Allah (سبحانه وتعالى) conformément au Hadith suivant: *«Allah sait mieux ce qu'ils auraient accompli comme œuvres.»*

Abu Al-Hassan Al-Ach'ari a rapporté ce propos des gens de la Sunna et de la Communauté. C'est le choix de *cheikh El-Islam* pour qui les enfants des polythéistes seront soumis à la volonté d'Allah (سبحانه وتعالى) et seront éprouvés le jour dernier. Et l'opinion la plus solide revient à Abu Al-Hassan Al-Ach'ari et à l'imam Ahmed. *Cheikh El-Islam* a dit: il est juste qu'on dise: Allah (سبحانه وتعالى) sait mieux ce qu'ils accomplissaient comme œuvres. Et on ne doit pas attribuer le Paradis ou l'Enfer à l'un d'eux.

De nombreux Hadiths rapportent qu'ils seront éprouvés le Jour Dernier dans l'enceinte du Jour Dernier. A l'occasion, ils auront à obéir à des ordres et à s'abstenir d'interdits. Ainsi, *[ceux]* obéissants iront au Paradis et les désobéissants en Enfer. Voilà ce que Abu Al-

Hassan Al-Ach'ari a rapporté des gens de la Sunna et de la communauté.

Ailleurs, il dit: les enfants des polythéistes qui n'ont pas été chargés de responsabilité ici-bas, le seront dans l'Au-delà, comme le rapportent de nombreux Hadiths. C'est le point de vue rapporté par Abu Al-Hassan Al-Ach'ari à propos des enfants des polythéistes, conformément à ce qui est mentionné dans les deux *Sahih* où le Prophète (ﷺ) a été interrogé à leur sujet. Il a dit: *«Allah (سبحانه وتعالى) sait mieux ce qu'ils auraient fait.»*

Ibn Hajar a mentionné qu'ils seront éprouvés dans l'Au-delà en étant exposés en Enfer. Il sera pour celui qui y entrera fraîcheur et paix, et celui qui refusera sera châtié. Rapporté par Al-Bazzar du Hadith d'Anas (رضي الله عنه) et d'Abu Saïd (رضي الله عنه). Rapporté par Tabarani du Hadith de Mu'adh Ibn Jabal (رضي الله عنه)

La question de l'épreuve du fou, notamment, est authentique selon des voies justes. Beihaqi rapporte dans *Kitab al-i'tiqad* qu'il s'agissait là de la doctrine authentique. Le bien-fondé d'une telle version est illustré par le Saint Coran, dans le récit du serviteur vertueux que le Prophète d'Allah (ﷺ), Moussa (Moïse) est allé rencontrer au confluent des deux mers. Il a en effet mis en évidence la raison pour laquelle il avait tué le garçon:

> ﴾Quant au garçon, son père et sa mère étaient des croyants. Nous avons craint qu'il ne leur imposât la rébellion et la mécréance.﴿ *[Coran 18: 80]*

Dans le *Sahih* de Muslim, Ibn 'Abbas (رضي الله عنه) a dit que le Messager d'Allah (ﷺ) a dit à propos de l'enfant qu'Al-Khadhir a tué: *«Il a été marqué du sceau de la mécréance le jour où il fut conçu. S'il avait été épargné, il aurait imposé à ses parents la rébellion et la mécréance.»*

Suite à un ce Hadith, Ibn Taymiya a dit: c'est-à-dire qu'Allah (سبحانه وتعالى) a marqué dans le Livre-mère qu'il était mécréant. C'est-à-dire que s'il avait vécu, il aurait mécru effectivement.

Al-Qortobi a quant à lui traité de faible un tel point de vue, tout en faisant valoir que l'Au-delà est la demeure de rétribution et non des épreuves.

L'auteur dit dans sa *Tadhkira* qu'il "le conteste *[le propos qui fait allusion à leur épreuve dans les enceintes du jour dernier]* en disant que l'Au-delà n'est pas la demeure de la responsabilité, mais plutôt celle de la rétribution; de la récompense ou de la punition. Al-Halimi a dit: ce Hadith n'est pas prouvé, il contredit les fondements de la croyance des musulmans, dans la mesure où l'Au-delà n'est pas la demeure des épreuves. En fait, la connaissance d'Allah (ﷻ) y est une nécessité et il n'y a point d'épreuve avec la nécessité.''

Celui qui a dit que la responsabilité s'arrête avec la mort n'est pas équitable.

D'ailleurs, *cheikh El-Islam* Ibn Taymiya en réponse à cela, s'exprime en ces termes: la responsabilité s'interrompt par l'entrée dans la demeure de la Rétribution qui est le Paradis ou l'Enfer. Ils seront éprouvés dans les enceintes du Jour Dernier de la même manière qu'ils le seront dans le *Barzakh.* Il sera dit à l'un d'entre eux: *«Qui est ton Seigneur? Quelle est ta religion? Qui est ton Prophète?»* A cet égard, le Très-Haut dit:

> ﴾Le jour où ils affronteront les horreurs *[du jugement]* et où ils seront appelés à la Prosternation mais ils ne le pourront pas.﴿ *[Coran 68: 42]*

Ibn Taymiya poursuit dans ses *Majmu'e al fatawa,* 17/309 et 24/372, qu'il est confirmé dans le *Sahih* que le Messager d'Allah (ﷺ) a dit: *«Allah (ﷻ) apparaîtra à Ses serviteurs au lieu du Stationnement et il sera demandé à chaque peuple de suivre ce qu'il adorait. Alors les polythéistes suivront leurs divinités. Les croyants, eux, resteront sur place. Sur ce, le Seigneur de la vérité leur apparaîtra sous une forme différente de celle qu'ils connaissaient. Aussi, le rejetteront-ils. Il leur apparaîtra par la suite, sous la forme qu'ils connaissaient et ils se prosterneront devant Lui. S'agissant des hypocrites, leurs dos resteront comparables à des cornes de vaches. Ils voudront se prosterner sans y parvenir. C'est cette situation que décrit la Parole d'Allah:*

﴾Le jour où ils affronteront les horreurs [du jugement]﴿»
[Coran 68: 42].

Ainsi, les épreuves ne cesseront qu'après l'accès au Paradis ou en Enfer. Ce qu'a mentionné Al-Qortobi, c'est-à-dire que, ce jour-là, la connaissance d'Allah (ﷻ) est nécessaire, est tout à fait juste. Toutefois, les épreuves prendront la forme de commandements et d'interdictions comme le montrent certains textes qui notent qu'Allah, ce jour-là, leur ordonnera d'entrer en Enfer. Alors, quiconque obéira fera partie des gens heureux et quiconque désobéira, sera avec les malheureux.

7.- La proportion de ceux qui accéderont au Paradis de cette communauté

Un nombre important de membres de cette communauté entrera au Paradis et Allah (ﷻ) Seul connaît leur nombre.

A ce sujet, Saïd Ibn Jâbir (رضي الله عنه) a dit dans le *Sahih* de Boukhari: Ibn 'Abbas (رضي الله عنه) m'a dit que le Prophète (ﷺ) a dit: *«Les nations m'ont été présentées. Alors un prophète passa avec sa nation. Puis un autre avec une personne, puis un autre avec cinq personnes, le suivant avec dix personnes et un autre qui passa tout seul. Sur ce, j'ai observé une grande masse sombre, alors j'ai interrogé Gabriel: ô Gabriel! S'agit-il là de ma communauté? Celui-ci m'a répondu: non, mais regarde à l'horizon. J'ai regardé à l'horizon et j'ai vu une grande masse sombre. Aussitôt après il m'a dit: ceux-là sont ta communauté. Soixante-dix mille parmi eux entreront au Paradis sans jugement ni châtiment.»* Hadith rapporté par Boukhari.

La première masse sombre que le Prophète d'Allah (ﷺ) avait cru être sa communauté est celle des 'enfants' d'Israël, conformément à ce qui est rapporté dans certaines versions: *«J'ai souhaité que ce soit mon peuple et l'on m'a dit que c'était Moussa et son peuple.»*

Il n'y a aucun doute que la communauté de Mohammed (ﷺ) est numériquement supérieure à celles des 'enfants' d'Israël. Il est rapporté dans le Hadith: *«J'ai vu une grande masse sombre.»*

Ibn Hajar dit à propos de la version de Saïd Ibn Mansour: *«Immense»*, et il ajouta: *«On me dit: regarde à l'horizon! J'ai alors regardé à l'horizon et j'ai vu une énorme masse sombre. Sur ce, on m'a dit: regarde aussi de l'autre côté de l'horizon!»*

Et dans la version d'Ibn Foudhayl: *«Tout à coup, une masse sombre a rempli l'horizon.* Alors on m'a dit: *regarde par ici et par-là à l'horizon!»*

Et dans le Hadith d'Ibn Massoud (رضي الله عنه): *«Tout à coup, l'horizon s'est rempli de visages d'hommes.»*

Et selon une expression de l'imam Ahmed: *«J'ai vu ma communauté et celle-ci avait rempli plaines et montagnes. J'ai aussitôt admiré sa multitude et son allure. Ensuite on m'a dit: Mohammed, es-tu satisfait? J'ai répondu oui, mon Seigneur.»*

Il a été rapporté dans certains Hadiths que pour chaque personne parmi les soixante-dix mille, soixante-dix mille autres et trois Poignées d'Allah (سبحانه وتعالى) seront préservées du Jugement. Abu Oumamah (رضي الله عنه) a dit dans le *Musned* d'Ahmed, les *Sunan* de Tirmidhi et celles d'Ibn Hibbâne: j'ai entendu le Messager d'Allah (ﷺ) dire: *«Mon Seigneur m'a promis de faire entrer au Paradis soixante-dix mille serviteurs de ma communauté qui ne seront ni jugés ni châtiés. Chaque* [nombre de] *mille sera accru de soixante-dix mille serviteurs et trois Poignées de mon Seigneur.»* Il n'y a pas de doute que les trois poignées qui entreront au Paradis constituent un nombre important de créatures. Notre Messager (ﷺ) a dit qu'il espérait que sa communauté constitue la moitié des gens du Paradis.

Abu Saïd Al-Khoudri (رضي الله عنه) a dit dans le Hadith rapporté par Boukhari et Muslim que le Messager (ﷺ) a dit à propos du groupe de l'Enfer: «*Par Celui Qui tient ma vie en Sa Main: je souhaite que vous soyez le quart des gens du Paradis.*» Alors nous dîmes: Allah est très Grand! Ensuite, il reprit: «*Je souhaite que vous soyez le tiers des gens du Paradis.*» Nous dîmes encore: Allah est très grand! Il poursuivit: «*Je souhaite que vous soyez la moitié des gens du Paradis.*» Nous dîmes encore une fois: Allah est très grand! Enfin, il dit: «*Vous n'êtes par rapport aux gens que comme un poil noir sur le pelage d'un taureau blanc ou comme un poil blanc sur le pelage d'un taureau noir.*»

Mieux, il a été rapporté dans certains Hadiths que cette communauté atteindra les deux tiers des gens du Paradis.

Ainsi, Boureidah dans les *Sunan* de Tirmidhi, dans celles de Darimi et dans *Al-Ba'th wan-Nouchour* de Beihaqi, a dit selon un bon *isned* (chaîne de transmission): le Messager d'Allah (ﷺ) a dit: «*Les gens du Paradis constitueront cent vingt rangs dont quatre-vingts font partie de cette communauté et quarante, le reste, des autres nations.*»

Dans le *Sahih* de Muslim, Anas (رضي الله عنه) a dit: le Messager d'Allah (ﷺ) a dit: «*Je serai le premier à intercéder pour l'accès au Paradis. Aucun prophète n'a eu autant d'adeptes que cela a été* [dans] *mon cas. Il y a parmi les Prophètes celui dont une seule personne a cru en lui.*»

La raison de la multitude de ceux qui ont cru parmi cette communauté réside dans le fait que le plus grand miracle du Messager d'Allah (ﷺ) était la Révélation coranique qui interpellait la compréhension.

Il s'agit là d'un miracle permanent et protégé jusqu'à la fin des temps. Dans ce sens, Abu Houreira (ﷺ) a dit dans les deux *Sahih* de Boukhari et de Muslim que le Messager d'Allah (ﷺ) a dit: *«Il n'y a pas de Prophète parmi les Prophètes qui n'ait reçu de signes auxquels les hommes ont cru. Toutefois, les signes que j'ai reçus me sont venus d'Allah par Révélation. Je souhaite avoir un plus grand nombre d'adeptes que les autres Prophètes, au Jour de la Résurrection.»*

8.- Les maîtres des personnes âgées et des jeunes parmi les gens du Paradis

Les deux maîtres des personnes âgées parmi les gens du Paradis

Un grand nombre de Compagnons dont Ali Ibn Abi Tâlib (رضي الله عنه), Anas Ibn Mâlik (رضي الله عنه), Abu Jouheifa (رضي الله عنه), Jâbir Ibn Abdallah (رضي الله عنه) et Abu Saïd Al-Khoudri (رضي الله عنه), rapporte que le Messager d'Allah (ﷺ) a dit: *«Abu Bakr et Omar seront les maîtres des personnes âgées parmi les gens du Paradis, parmi les premiers et les derniers.»*

Le cheikh Nasser Eddine Al-Albani a mentionné ses voies de recherche dans les livres de la Sunna. Et il a dit à la fin de l'authentification du Hadith: en conclusion, le Hadith reste sans doute authentique au regard de l'ensemble de ses voies de transmission, car certaines voies sont bonnes en elles-mêmes et d'autres sont prises comme argument...

Les deux maîtres des jeunes gens du Paradis

Le Messager d'Allah (ﷺ) nous a informés que Al-Hassan (رضي الله عنه) et Al-Hussein (رضي الله عنه) seront les deux maîtres de la jeunesse parmi les gens du Paradis. Ceci est confirmé par de nombreuses sources qui atteignent le degré de récurrence.

Le cheikh Nasser Eddine Al-Albani en a, d'ailleurs, regroupé les sources dans son livre très intéressant intitulé *Collection des Hadiths authentiques.* Tirmidhi, Al-Hâkim, Tabarani, Ahmed et d'autres ont rapporté que Abu Saïd Al-Khoudri (رضي الله عنه) a dit que le Messager d'Allah (ﷺ) a dit: *«Al-Hassan et Al-Hussein seront les maîtres de la jeunesse parmi les gens du Paradis.»*

Tirmidhi, Ibn Hibbâne, Tabarani et d'autres ont aussi rapporté que Houdhayfah a dit: je me suis rendu *[un jour]* chez le Prophète (ﷺ) et j'ai accompli la prière du *maghrib* avec lui. Ensuite, au terme de la prière, il se leva et continua à prier jusqu'au *'Ichah.* Puis il sortit et je lui emboîtai le pas. Alors, il dit: *«On m'a présenté un Ange qui a demandé la permission à Son Seigneur de me saluer et de m'annoncer que Al-Hassan et Al-Hussein seront les maîtres des jeunes parmi les gens du Paradis.»*

Al-Hâkim et Ibn 'Assâkir ont aussi rapporté d'après Abdallah Ibn Omar (رضي الله عنه) que le Messager (ﷺ) a dit: *«Mes deux petits-fils-ci seront les maîtres des jeunes parmi les gens du Paradis.»*

Les maîtresses des femmes parmi les gens du Paradis

Le vrai maître est celui dont le Seigneur fait l'éloge et témoigne en sa faveur. La maîtresse vertueuse est celle que son Seigneur agréait et accepte de la meilleure manière. Sur cette base, les meilleures femmes seront celles qui bénéficieront des jardins des délices. Les femmes du Paradis sont différentes en mérite les unes des autres. Les maîtresses des femmes parmi les gens du Paradis sont: Khadîdja, Fatima, Maryam et Assiya.

Ibn 'Abbas (رضي الله عنه) a dit, selon une chaîne de transmission authentique, dans le *Musned* d'Ahmed, le *Muchkal al-Athâr* de Tahawi et le *Moustadrak* d'Al-Hâkim: *«le Messager d'Allah (ﷺ) a tracé quatre traits par terre puis il a dit: savez-vous ce que c'est?»* Les gens ont répondu: Allah et son Messager le savent mieux que quiconque.

Alors il reprit: «*Les meilleures femmes parmi les gens du Paradis sont Khadîdja fille de Khouweilid, Fatima fille de Mohammed, Maryam fille de 'Imrane et Assia fille de Mouzahim, femme de Pharaon.*»

Les meilleures parmi les quatre sont Maryam et Khadîdja. Dans le *Sahih* de Boukhari, Ali Ibn Abi Tâlib (رضي الله عنه) rapporte que le Prophète (ﷺ) a dit: «*Les meilleures parmi les femmes sont Maryam et Khadîdja.*»

Maryam est la maîtresse des femmes de façon absolue. Tabari a rapporté selon une chaîne de transmission authentique et selon la condition de Muslim que Jâbir a dit: le Messager d'Allah (ﷺ) a dit: «*Les maîtresses des femmes parmi les gens du Paradis après Maryam fille de 'Imrane, sont Fatima, Khadija et Assia femme de Pharaon.*» Elles sont les meilleures femmes parce que le Coran l'a mis en évidence:

﴿*[Rappelle-toi]* quand les Anges dirent: ô Marie, certes Allah t'a élue au-dessus des femmes des mondes.﴾

Et comment ne peut-t-elle pas être ainsi alors qu'Allah a dit qu'Il l'a agréée:

﴿Son Seigneur l'agréa si agréablement et la fit croître de manière sublime.﴾

Ces quatre-là sont l'exemple des femmes parfaites et pieuses. Allah a fait l'éloge de Maryam fille de 'Imrane dans le verset suivant:

﴿De même, Marie qui avait préservé sa virginité; Nous y insufflâmes alors Notre Esprit. Elle avait déclaré véridiques les paroles de son Seigneur ainsi que Ses livres: elle fut parmi les *[croyants]* dévoués.﴾

Khadîdja, la sincère, a cru au Messager (ﷺ) sans la moindre hésitation. Elle l'a raffermi et consolé avec sa personne et avec ses biens. Son Seigneur (سبحانه وتعالى) lui a fait la bonne annonce de son vivant, d'un palais de roseaux au Paradis où ne règne ni bruit ni lassitude. Boukhari a rapporté dans son *Sahih* que Abu Houreira (ﷺ) a dit: *«Un jour, Gabriel a rendu visite au Prophète (ﷺ) et lui a dit: ô Messager d'Allah! Voilà Khadîdja qui arrive et qui porte un récipient contenant une soupe, un mets ou une boisson. A son arrivée, transmets-lui le salut de son Seigneur et de moi-même, et fais-lui la bonne annonce d'un palais de roseaux au Paradis, calme et sans lassitude.»*

Assia, la femme de Pharaon, considérait comme futile le pouvoir et les délices du bas monde. Elle mécrut en Pharaon et en sa divinité. Son époux la soumit à des tourments qu'elle endura jusqu'au jour où elle rendit l'âme:

> ﴿Et Allah a cité en parabole, pour ceux qui croient, la femme de Pharaon, quand elle dit: Seigneur! Construis-moi auprès de Toi une maison au Paradis et sauve-moi de Pharaon et de son œuvre, et sauve-moi des gens injustes.﴾ *[Coran 66: 11]*

Fatima Az-Zahrâ est la fille du Messager (ﷺ). Endurante, bienfaisante et pieuse, elle était une ramification de l'arbre de la pureté et de l'éducation émanant du maître de l'Humanité.

9.- Les Dix à qui le Paradis a été promis

Le Messager d'Allah (ﷺ) a indiqué clairement les dix personnes parmi ses Compagnons qui feront partie des gens du Paradis.

A cet égard, il est rapporté dans le *Musned* d'Ahmed d'après Saïd Ibn Zeyd (ﷺ), et dans les *Sunan* de Tirmidhi, d'après Abdarrahmane Ibn 'Awf (ﷺ) que le Prophète (ﷺ) a dit: *«Abu Bakr ira au Paradis, Omar ira au Paradis, 'Othmane ira au Paradis, Ali ira au Paradis, Talha ira au Paradis, Az-Zubair ira au Paradis, Abdarrahman Ibn 'Awf ira au Paradis, Sa'd Ibn Abi Waqqas ira au Paradis, Saïd Ibn Zeyd (ﷺ) ira au Paradis, Abu 'Obeida Ibn Al-Jarrah ira au Paradis.» Sa chaîne de transmission est authentique.*

Ce Hadith a également été rapporté par l'imam Ahmed, Abu Daoud, Ibn Mâja et Al-Dhiya' dans *Al-Mokhtarah* avec une légère différence d'après Saïd Ibn Zeyd (رضي الله عنه).

Son expression est la suivante: *«Dix iront au Paradis: le Prophète (ﷺ), Abu Bakr, Omar, 'Othmane, Ali, Talha, Az-Zoubeir, Sa'd Ibn Mâlik, Abdarrahman Ibn 'Awf et Saïd Ibn Zeyd (رضي الله عنه).» Sa chaîne de transmission est authentique.*

Les livres de Sunna nous rappellent que le Messager d'Allah (ﷺ) était un jour assis sur le puits Aris et Abu Moussa Al-Ach'ari (رضي الله عنه) jouait pour lui le rôle de portier. Alors, Abu Bakr As-Siddiq (رضي الله عنه) se présenta, demandant la permission d'entrer. Alors, le Messager (ﷺ) dit à Abu Moussa (رضي الله عنه): *«Laisse-le entrer et fais-lui la bonne annonce du Paradis!»* Ensuite, Omar (رضي الله عنه) se présenta et il répéta la même consigne: *«Laisse-le entrer et fais-lui la bonne annonce du Paradis.»* Puis 'Othmane (رضي الله عنه) arriva. Il dit: *«Laisse-le entrer et fais-lui la bonne annonce du Paradis, suite à un malheur qui l'atteindra.»*

Ibn 'Assâkir a rapporté selon une chaîne de transmission authentique d'après Ibn Massoud (رضي الله عنه) que le Prophète (ﷺ) a dit: *«Le calife après moi, celui qui le suivra, le troisième et le quatrième iront au Paradis.»*

Il entend par *le calife* celui qui sera investi de l'Autorité après sa mort. Ces quatre-là sont: Abu Bakr (رضي الله عنه), Omar (رضي الله عنه), 'Othmane (رضي الله عنه) et Ali (رضي الله عنه). Tirmidhi et Al-Hâkim rapportent d'après une chaîne de transmission authentique de 'Aïcha que le Messager d'Allah (ﷺ) a dit à Abu Bakr (رضي الله عنه): *«Tu es libéré de l'Enfer.»*

10.- Certains à qui le Paradis a été annoncé, outre ceux précédemment cités

1 et 2 - Ja‘far Ibn Abi Tâlib (رضي الله عنه) et Hamza Ibn Abd Al-Mouttalib (رضي الله عنه):

Parmi ceux dont le Messager d'Allah (ﷺ) a annoncé qu'ils sont au Paradis, il y a Ja'far (رضي الله عنه) et Hamza (رضي الله عنه).

Abu Houreira (رضي الله عنه) rapporte dans les *Sunan* de Tirmidhi, dans le *Musned* de Abu Ya‘la et dans le *Moustadrak* d'Al-Hâkim que le Messager d'Allah (ﷺ) a dit: *«J'ai vu Ja‘far Ibn Abi Tâlib (رضي الله عنه) voler de ses ailes au Paradis comme un Ange.» Tabarani, Al-Hâkim rapportent d'après Ibn ‘Abbas (رضي الله عنه) que le Prophète (ﷺ) a dit: «Hier, je suis entré au Paradis et j'y ai jeté un coup d'œil. J'ai alors vu Ja‘far voler avec les Anges et Hamza accoudé sur un lit.»* Sa chaîne de transmission est authentique.

Il est aussi vérifié du Messager d'Allah (ﷺ) que: *«Le maître des martyrs est Hamza Ibn Abi Tâlib.»*

3 - Abdallah Ibn Salam (رضي الله عنه):

Ahmed, Tabarani et Al-Hâkim rapportent de Mu‘adh (رضي الله عنه) d'après un Hadith à la chaîne authentique que ce dernier a dit que le Messager d'Allah (ﷺ) a dit: *«Abdallah Ibn Salam est le dixième des dix personnes à qui le Paradis a été promis.»*

4 - Zeyd Ibn Hâritha (رضي الله عنه):

Rawyani et Dhiya' rapportent d'après Boureidah que le Prophète (ﷺ) a dit: *«Je suis entré au Paradis où j'ai été accueilli par une jeune servante à qui j'ai demandé: à qui appartiens-tu? Elle dit: à Zeyd Ibn Hâritha.»*

5 - Zeyd Ibn 'Amr Ibn Noufeil (رضي الله عنه):

Ibn 'Assakir rapporte que 'Aïcha a dit: le Messager d'Allah (ﷺ) a dit: *«Je suis entré au Paradis où j'ai constaté que Zeyd Ibn 'Amr Ibn Noufeil avait deux grades.»*

En fait, Zeyd Ibn 'Amr Ibn Noufeil (رضي الله عنه) invitait à l'unicité d'Allah (سبحانه وتعالى) à l'époque antéislamique et professait la *Hanifiya*, la religion d'Ibrahim.

6 - Hâritha Ibn An-Nou'mène (رضي الله عنه):

Tirmidhi et Al-Hâkim ont rapporté de 'Aïcha que le Messager d'Allah (ﷺ) a dit: *«Je suis entré au Paradis et j'y ai entendu quelqu'un lire. Alors, j'ai dit: qui est-ce? On m'a répondu: Hâritha Ibn An-Nou'mène. C'est comme cela la piété. C'est comme cela la piété.»*

7 - Bilal Ibn Abi Rabâh (رضي الله عنه):

Tabarani et Ibn 'Ady rapportent, sur la base d'une chaîne de transmission authentique et d'après Abu Oumama (رضي الله عنه), que le Prophète (ﷺ) a dit: *«Je suis entré au Paradis et j'ai entendu un bruit de pas devant moi; alors j'ai dit: qu'est-ce que ce bruit? On m'a répondu: c'est Bilal qui marche devant toi.»*

Dans le *Musned*, il a été rapporté d'Ibn 'Abbas (رضي الله عنه), selon une chaîne de transmission authentique, que le Messager d'Allah (ﷺ) a dit: *«Je suis entré au Paradis la nuit de mon Voyage nocturne. Ayant alors entendu un bruit, j'ai dit: ô Gabriel! Qu'est-ce que c'est? Il dit: c'est Bilal, le* muedhine *(muezzin).»*

8 - Abu Ad-Dehdêh (رضي الله عنه):

Muslim a rapporté dans son *Sahih*, Abu Daoud, Tirmidhi et Ahmed d'après Jâbir Ibn Samura (رضي الله عنه) que le Messager d'Allah (ﷺ) a dit: *«Combien y a t-il de grappes de raisin suspendues au Paradis pour Abu Ad-Dehdêh*?» En effet, Abu Ad-Dehdêh (ﷺ) fut celui qui offrit en aumône son jardin *Birouhâ'*, le plus beau jardin de Médine lorsqu'il a entendu qu'Allah (ﷻ) a dit:

﴿Quiconque prête à Allah de bonne grâce, Il le lui rendra, multiplié plusieurs fois.﴾ *[Coran 2: 245]*

9 - Waraqa Ibn Nawfal (ﷺ):

Al-Hâkim a rapporté de 'Aïcha selon une chaîne de transmission authentique que le Messager d'Allah (ﷺ) a dit: *«N'injuriez pas Waraqa Ibn Nawfal car j'ai vu un ou deux jardins qui lui reviendront.»* En effet, Waraqa Ibn Nawfal (ﷺ) a cru au Messager d'Allah (ﷺ) lorsque Khadîja est allée vers lui avec le Messager (ﷺ) pour la première fois et il a souhaité vivre jusqu'au moment de son Apparition pour l'aider.

11.- Le Paradis n'est pas le prix du travail

Le Paradis est une chose importante que l'homme n'obtient pas par les œuvres qu'il accomplit. On l'obtient plutôt par la faveur du Clément. Muslim rapporte dans son *Sahih* qu'Abu Houreira (ﷺ) a dit que le Messager d'Allah (ﷺ) a dit: *«L'œuvre d'aucun d'entre vous ne le fera entrer au Paradis.»* Sur ce, les gens dirent: *et toi non plus, ô Messager d'Allah?* Il répondit: *«Moi non plus, à moins qu'Allah (ﷻ) ne me recouvre de Sa Clémence et de Sa Grâce.»*

Ceci peut paraître ambigu, à la lumière des textes qui indiquent que le Paradis est le prix des œuvres, tel le verset ci-dessous:

﴿Aucun être ne sait ce qu'on a réservé pour eux, comme réjouissance pour les yeux, en récompense de ce qu'ils faisaient!﴾ *[Coran 32: 17]*

﴿Voilà le Paradis qui vous a été donné en héritage, pour ce que vous faisiez.﴾ *[Coran 7: 43]*

Il n'y a pas de contradiction entre ces versets et le Hadith. En effet, lesdits versets montrent que les œuvres sont la cause d'accès au Paradis et non son prix. Or, le Hadith, lui aussi, réfute le fait que les œuvres soient le prix du Paradis.

Sur cette question, deux sectes se sont égarées:

- **Les Jabriya *[partisans du déterminisme]* qui ont pris le Hadith pour argument, en disant que la rétribution ne dépend pas des œuvres dans la mesure où le serviteur n'a pas de lien avec ses œuvres.**

- **Les Qadarites *[partisans du libre arbitre]* ont pris les versets pour argument et ils ont affirmé qu'ils indiquent que le Paradis est le prix des œuvres et que le serviteur mérite d'entrer au Paradis sur la base de ses œuvres.**

Le commentateur de *Tahawiya* dit à propos de cette question: les Jabriya et les Qadarites se sont égarés quant au fait de dire que la récompense soit liée aux actes. Et Allah (ﷻ) a guidé les gens de la Sunna, c'est à Lui que la louange et la grâce reviennent. La particule *ba* (par) utilisée dans la négation est différente de celle utilisée dans la confirmation. Ce qui est nié dans sa parole suivante: *«Nul n'accédera au Paradis par son travail»* indique que l'œuvre est le prix pour l'homme de son accès au Paradis, comme le prétendent les Mu'tazilites selon qui, l'homme mérite le Paradis selon son œuvre, ce qui n'est point le cas, car, c'est par Sa clémence et Sa grâce que l'on accède au Paradis. Le *ba* employé dans le deuxième cas est un *ba* de causalité signifiant «à cause de leurs œuvres», or, c'est Allah le Très-Haut, le Créateur des causes, et Il est à leur origine. Il a fait tout revenir à Sa grâce et à Sa miséricorde:

﴾En récompense de ce qu'ils faisaient!﴿ *[Coran 32: 17]*

CHAPITRE 5

LES CARACTERISTIQUES DES GENS DU PARADIS...

Les gens entreront au Paradis sous la forme la plus parfaite et la plus belle, sous la forme de leur père Adam. En fait, il n'y a pas de forme plus parfaite et plus complète que celle dans laquelle Allah (سبحانه وتعالى) a créé Adam, le père de l'Humanité. Allah (سبحانه وتعالى) l'a créé de Sa Main, a parachevé sa création et a embelli sa forme. Ainsi, quiconque entrera au Paradis, sera à l'image et de la forme d'Adam. Allah (سبحانه وتعالى) l'avait créé grand, élancé comme un palmier. Sa taille était de soixante coudées. Abu Houreira (رضي الله عنه) rapporte dans le *Sahih* de Muslim que le Messager d'Allah (ﷺ) a dit: *«Allah le Tout-Puissant créa Adam à son image, avec une taille de soixante coudées. Quiconque entre au Paradis, aura la taille d'Adam, qui était de soixante coudées. Et l'être humain n'a cessé de diminuer après lui.»*

Si leur création apparente est une, leur création interne l'est également. Leurs âmes sont pures et leurs esprits aussi.

Dans le *Sahih* de Muslim, d'après le Hadith dans lequel le Messager d'Allah (ﷺ) décrit l'entrée des gens du Paradis au Paradis, parmi lesquels il y a un groupe dont la lumière sera semblable à celle de l'astre lunaire en pleine lune, le Compagnon Abu Houreira (رضي الله عنه) dit: *«Leur caractère est semblable à celui d'un seul homme. Ils seront à l'image de leur père Adam, avec une taille de soixante coudées.»*

Un des aspects de la beauté de leur forme est qu'ils seront imberbes et glabres, et auront comme du fard autour des yeux. Ils accéderont tous au Paradis à l'âge de la force et de la jeunesse; ce seront des jeunes gens âgés de trente-trois ans. A ce sujet, Mu'adh Ibn Jabal (رضي الله عنه) a dit dans le *Musned* d'Ahmed et les *Sunan* de

Tirmidhi: *«Les gens du Paradis entreront au Paradis imberbes et glabres, avec comme du fard autour des yeux. Sous la forme de jeunes gens ayant trente-trois ans.»*

Les gens du Paradis, comme cela est rapporté dans le Hadith rapporté d'Abu Houreira (رضي الله عنه) dans les deux *Sahih* de Boukhari et de Muslim: *«Ne crachent pas, ne se mouchent pas et ne vont pas à la selle.»*

Les gens du Paradis ne dorment pas. Il a été rapporté dans le Hadith de Jâbir Ibn Abdallah (رضي الله عنه) et Abdallah Ibn Abi Awfa (رضي الله عنه) que le Messager d'Allah (ﷺ) a dit: *«Le sommeil est le frère de la mort. Les gens du Paradis ne dorment pas.»*

CHAPITRE 6

LES DELICES DES GENS DU PARADIS

1.- La supériorité des délices du Paradis aux jouissances du bas monde

Les jouissances ici-bas sont concrètes et observables alors que les délices du Paradis sont invisibles et relèvent de la promesse. Or, les gens sont influencés par ce qu'ils voient et observent. Il est difficile pour les cœurs d'abandonner ce qu'ils ont devant eux pour ce qu'ils obtiendront dans un futur à venir. Qu'en sera-t-il donc si la chose promise est obtenue après la mort? C'est pour cela qu'Allah (ﷻ) a fait une comparaison entre les plaisirs ici-bas et les délices du Paradis et Il a montré que ces dernières sont meilleures que le bas monde. Il s'est attardé sur le blâme de la vie terrestre et a démontré le mérite de celle de l'Au-delà, afin que le serviteur fournisse des efforts dans la recherche de l'Au-delà et l'acquisition de ses délices. Tu trouveras dans plusieurs endroits du Coran la critique du bas monde et la préférence que l'on doit accorder à ce qui est auprès d'Allah (ﷻ) par rapport aux plaisirs immédiats d'ici bas. Notons, à titre d'exemples, les versets suivants:

﴾Mais quant à ceux qui craignent leur Seigneur, ils auront des jardins sous lesquels coulent les ruisseaux pour y demeurer éternellement, un lieu d'accueil de la part d'Allah. Et ce qu'il y a auprès d'Allah est meilleur pour les *[croyants]* pieux.﴿ *[Coran 3: 198]*

﴾Et ne tends point tes yeux vers ce dont Nous avons donné jouissance temporaire à certains groupes d'entre eux, comme parure de la vie présente, afin de les éprouver par cela. Ce qu'Allah fournit *[au Paradis]* est meilleur et plus durable.﴿ *[Coran 20: 131]*

Ailleurs, Allah (ﷻ) dit:

﴾On a enjolivé aux gens l'amour des choses qu'ils désirent: femmes, enfants, trésors thésaurisés d'or et d'argent, chevaux marqués, bétail et champs; tout cela est l'objet de jouissance pour la vie présente, alors que c'est près d'Allah qu'il y a bon retour. Dis: puis-je vous apprendre quelque chose de meilleur que tout cela? Pour les *[croyants]* pieux, il y a auprès de leur Seigneur, des jardins sous lesquels coulent les ruisseaux, pour y demeurer éternellement, et aussi des épouses purifiées et l'agrément d'Allah. Et Allah est clairvoyant sur *[Ses]* serviteurs.﴿ *[Coran 3: 14-15]*

Si nous recherchons la raison pour laquelle les délices du Paradis sont préférables aux jouissances terrestres, nous verrons qu elle se subdivise en plusieurs points.

Premièrement:

La jouissance dans le bas monde est éphémère. A ce propos, Allah (ﷻ) dit:

﴾Dis: la jouissance ici-bas est éphémère, mais la vie future est meilleure pour quiconque est pieux.﴿ *[Coran 4: 77]*

Le Messager d'Allah (ﷺ) nous a déjà montré le caractère éphémère de la jouissance du bas monde par rapport au bien-être de l'Au-delà à travers un exemple qu'il nous a donné en ces termes: *«Par Allah! La vie ici-bas n'est, par rapport à celle de l'Au-delà, que ce que votre doigt-ci* (il montra son index) *vous rapporte de la mer, lorsque vous l'y introduisez.»*

Que peut rapporter le doigt lorsqu'on le plonge dans la mer immense? Il n'en rapporte pas une goutte. Voilà la situation du bas monde par rapport à celui de l'Au-delà. Considérant que les jouissances ici-bas sont éphémères, Allah (سبحانه وتعالى) a blâmé ceux qui préfèrent les jouissances du bas monde aux délices de l'Au-delà. A cet égard, Il (سبحانه وتعالى) dit:

> ﴿Ô vous qui croyez! Qu'avez-vous? Lorsque l'on vous a dit: élancez-vous dans le chemin d'Allah, vous vous êtes appesantis sur la terre. La vie présente vous agrée-t-elle plus que l'Au-delà? Or, la jouissance de la vie présente ne sera que peu de chose, comparée à l'Au-delà!﴾ *[Coran 9: 38]*

Nous avons déjà mentionné dans ce qui précède les textes illustrant l'abondance, la permanence et le caractère inépuisable des délices de l'Au-delà.

Deuxièmement:

Les jouissances de l'Au-delà sont meilleures sur le plan qualitatif. Ainsi, les vêtements des gens du Paradis, leur nourriture, leur breuvage, leurs bijoux et leurs palais sont meilleure que ceux du bas monde. D'ailleurs, aucune comparaison n'est possible. La place d'un fouet au Paradis est meilleur que le bas monde et tout ce qu'il contient.

Abu Houreira (رضي الله عنه), dans le *Sahih* de Boukhari et celui de Muslim dit que le Messager d'Allah (ﷺ) a dit: *«La place d'un fouet au Paradis est meilleure que le bas monde et tout ce qu'il contient.»*

Dans un autre Hadith, que Boukhari et Muslim ont également rapporté d'Abu Houreira (رضي الله عنه), le Messager d'Allah (ﷺ) a dit: *«Le petit espace qu'occupe l'arc de l'un d'entre vous au Paradis est meilleur que le monde sur lequel le soleil se lève.»*

Fais la comparaison entre les femmes des gens du Paradis et les femmes du bas monde, tu verras la supériorité qu'il y a au Paradis par rapport à ce qu'il y a ici-bas. Dans le *Sahih* de Boukhari, Anas (رضي الله عنه) a dit: le Messager d'Allah (ﷺ) a dit: *«Si une seule des femmes du Paradis apparaissait sur terre, elle l'inonderait de lumière et de parfum. Son voile de tête est meilleur que le bas monde et tout ce qui s'y trouve.»*

Si tu veux connaître davantage la supériorité des délices du Paradis sur les jouissances du bas monde, alors lis les chapitres consacrés aux délices du Paradis dans notre livre-ci.

Troisièmement:

Le Paradis est dénué des souillures et des impuretés du bas monde. En effet, la nourriture et le breuvage des gens de ce monde ont pour corollaires la défécation et l'urine, ainsi que des odeurs nauséabondes. Si l'homme consomme du vin de ce monde, il ne saura raison garder. Les femmes ici-bas ont leurs règles et elles sont astreintes aux douleurs de l'accouchement. Et les règles sont un préjudice. Le Paradis, lui, est exempt de tout cela. Ses gens n'urinent pas, ne vont pas à la selle et ne crachent pas. Le vin du Paradis est comme notre Créateur nous le décrit:

> ﴾*[Liqueur]* blanche, savoureuse à boire. Elle n'offusquera point leur raison et ne les enivrera pas.﴿ *[Coran 37: 46-47]*

L'eau du Paradis ne s'altère point. Quant au lait, jamais il ne perd sa saveur:

> ﴾Il y aura là des ruisseaux d'une eau jamais malodorante, et des ruisseaux d'un lait au goût inaltérable.﴿ *[Coran 47: 15]*

Les femmes du Paradis sont purifiées de la menstruation, du sang de couche et de toutes les impuretés connues des femmes ici-bas, comme le note cette parole d'Allah:

﴾Ils auront là des épouses pures.﴿ *[Coran 2: 25]*

Les cœurs des gens du Paradis sont purs, leurs paroles sont bonnes et leurs œuvres sont pieuses. Tu n'entendras pas au Paradis de propos répugnants, affligeants, choquants ou énervants. Le Paradis est dénué de toute parole et de tout acte futiles, comme le note d'ailleurs le Coran:

﴾... Ni vanité, ni incrimination.﴿ *[Coran 15: 47]*

On n'entendra que des paroles sincères, dénuées des défauts des propos des gens de ce monde:

﴾Ils n'y entendront ni futilités, ni mensonges.﴿ *[Coran 78: 35]*

﴾On n'y entend nulle parole insignifiante; seulement *Salâm*.﴿ *[Coran 19: 62]*

﴾Où ils n'entendent aucune futilité.﴿ *[Coran 88: 11]*

Le Paradis est la demeure de la propreté et de la pureté, dénuée de déchets et de souillures. C'est la maison de la paix et de la soumission, comme le certifient ces versets:

﴾Ils n'y entendront ni futilité, ni blasphème; mais seulement les propos: *Salâm*! *Salâm*!﴿ *[Coran 56: 25-26]*

C'est pour cette raison que les gens du Paradis, après avoir été sauvés de l'Enfer, seront retenus sur un pont entre le Paradis et l'Enfer. Puis ils seront purifiés par la loi du talion qui sera appliquée entre les uns et les autres. Après cela, ils accèderont au Paradis le cœur pur, débarrassé de toute haine, de toute envie et de tout ce qui se trouvait sur terre. Ainsi, dans les deux *Sahih*, la description des gens du Paradis lors de leur accès au Paradis a été rapportée en ces termes:

«Il n'y aura entre eux ni différence ni haine. Leurs cœurs, à l'unisson, seront celui d'un seul homme. Ils glorifieront Allah (ﷻ) matin et soir.»

Allah (ﷻ) a certes dit vrai lorsqu'Il dit:

﴾Et Nous aurons arraché toute rancune de leurs poitrines: *[et ils se sentiront]* frères, faisant face les uns aux autres sur des lits.﴿ *[Coran 15: 47]*

D'après Ibn 'Abbas (رضي الله عنه) et Ali Ibn Abi Tâlib (رضي الله عنه), les gens du Paradis, lorsqu'ils entreront au Paradis, boiront d'une source, et alors, Allah (ﷻ) ôtera toute rancune de leurs cœurs. Ils boiront d'une autre source, alors, leurs couleurs et leurs visages brilleront. Peut-être ont-ils tiré leurs conclusions de ce verset:

﴾Et leur Seigneur les abreuvera d'une boisson très pure.﴿ *[Coran 76: 21*

Quatrièmement:

Les jouissances terrestres sont appelées à disparaître alors que les délices de l'Au-delà sont permanentes et perpétuelles. C'est pourquoi Allah (ﷻ) a qualifié les plaisirs du bas monde, enjolivés aux yeux des gens, de biens éphémères car sitôt que l'on jouit d'eux, ils disparaissent. Quant aux délices de l'Au-delà, elles sont éternelles, elles ne s'épuiseront jamais comme le notent ces versets:

﴾Tout ce que vous possédez s'épuisera, tandis que ce qui est auprès d'Allah durera.﴿ *[Coran 16: 96]*

﴾Les voilà, Nos biens inépuisables.﴿ *[Coran 38: 54]*

﴾Ses fruits sont perpétuels, ainsi que son ombrage.﴿ *[Coran 13: 35]*

Allah (ﷻ) a donné des exemples de la disparition rapide du bas monde, comme dans les versets, ci-dessous:

﴾Et donne-leur comme exemple la vie ici-bas. Elle est semblable à une eau que Nous faisons descendre du ciel; la végétation de la terre se mélange à elle. Puis, elle devient de l'herbe desséchée que les vents dispersent. Allah est, certes, Puissant en toutes choses! Les biens et les enfants sont l'ornement de la vie de ce monde. Cependant, les bonnes œuvres qui persistent ont, auprès de ton Seigneur, une meilleure récompense et *[suscitent]* une belle espérance.﴿ *[Coran 18: 45-46]*

Allah (ﷻ) a comparé la rapide disparition du bas monde à de l'eau qui descend du ciel, eau qui se mêle à la végétation de la terre qu'elle rend verdoyante, fait fleurir et ensuite porter des fruits. Cela ne dure pas longtemps et la végétation perd sa beauté, dépérit et jaunit, après quoi, le vent la disperse un peu partout. C'est le cas aussi des jouissances du bas monde telles que la jeunesse, les biens, les enfants, les plantes, etc. Tout cela disparaît. La jeunesse dépérit et passe. La santé et la vitalité cèdent le pas à la décrépitude et à la maladie. Les biens et les enfants peuvent disparaître et il se peut que l'homme se retrouve privé de sa famille et de ses biens. Quant à l'Au-delà, il ne disparaît pas, comme le note ce verset:

﴾Mais la demeure de l'Au-delà est certes meilleure. Combien agréable sera la demeure des *[croyants]* pieux! Les jardins du séjour *[éternelles]*, où ils entreront et sous lesquels coulent les ruisseaux.﴿ *[Coran 16: 30-31]*

Cinquièmement:

Le fait d'œuvrer pour les jouissances de ce monde et d'oublier l'Au-delà entraîne la perte, le regret et l'entrée en Enfer. C'est ce que d'ailleurs illustre ce verset:

﴾Toute âme goûtera à la mort. Mais c'est seulement au Jour de la Résurrection que vous recevrez votre rétribution entière. Quiconque donc est écarté du Feu et introduit au

Paradis, a, certes, réussi. Et la vie ici-bas n'est qu'un objet de jouissance trompeuse.﴾ *[Coran 3: 185]*

2.- Nourriture et breuvage des gens du Paradis

Nous avons déjà parlé des arbres du Paradis, de leurs fruits toujours à portée de main et du choix qui s'offrira aux gens du Paradis. Au Paradis, on trouve tous les aliments et boissons que l'âme peut désirer, comme le montrent les versets suivants:

﴿Et des fruits de leur choix, et toute chair d'oiseau qu'ils désireront.﴾ *[Coran 56: 20-21]*

﴿Et il y aura *[là pour eux]* tout ce que les âmes désirent et ce qui réjouit les yeux.﴾ *[Coran 43: 71]*

Allah (ﷻ) a permis aux gens du Paradis de jouir de toutes les délices du Paradis, de tous ses aliments, de toutes les boissons qu'ils désirent:

﴿Mangez et buvez agréablement pour ce que vous avez avancé dans les jours antérieurs.﴾ *[Coran 69: 24]*

Nous avons également mentionné, dans ce qui précède, qu'il y a au Paradis une mer d'eau, une mer de vin, une mer de lait et une mer de miel et que les rivières du Paradis prennent leur source dans ces mers. Il y a de nombreuses sources au Paradis et les gens boiront le contenu des ces mers, de ces fleuves et de ces sources. Dans ce cadre, le Très-Haut dit:

﴿Les *[croyants]* vertueux boiront d'une coupe dont le mélange sera de camphre, d'une source de laquelle boiront les serviteurs d'Allah et ils la feront jaillir en abondance.﴾
[Coran 76: 5-6]

Allah (ﷻ) dit aussi:

﴿Et là, ils seront abreuvés d'une coupe dont le mélange sera de gingembre puisé là-dedans à une source qui s'appelle *Salsabila.*﴾ *[Coran 76: 17-18]*

﴿Il est mélangé à la boisson de *Tasnîme*, source dont les *[gens]* Rapprochés boivent.﴾ *[Coran 83: 27-28]*

Le vin des gens du Paradis

Le vin fait partie des boissons qu'Allah (ﷻ) offrira aux gens du Paradis. C'est un vin exempt des défauts et des vices qui le caractérisent ici-bas. Le vin terrestre fait perdre la raison, donne des maux de tête, fait mal au ventre, expose l'homme à diverses maladies, et, de plus, sa fabrication et sa qualité peuvent être mauvaises. Quant au vin de l'Au-delà, il est exempt de tout cela. Il est beau, pur et limpide, comme le notent ces versets:

﴿On fera circuler entre eux une coupe d'eau remplie à une source blanche, savoureuse à boire. Elle n'offusquera point leur raison et ne les enivrera pas.﴾ *[Coran 37: 45-47]*

Allah (ﷻ) en a décrit la beauté de la couleur *[blanche]* puis a montré qu'il est bon à boire et qu'il n'aliène pas l'esprit:

﴿Des ruisseaux d'un vin délicieux à boire.﴾*[Coran 47: 15]*

Quiconque boit de ce vin, trouve le plaisir de continuer à boire:

﴿Et ne les enivrera pas.﴾ *[Coran 37: 47]*

Ailleurs, Allah (ﷻ) dit, décrivant le vin du Paradis:

﴿Parmi eux, circuleront des garçons éternellement jeunes, avec des coupes, des aiguières et un verre *[rempli]* d'une liqueur de source qui ne leur provoquera ni maux de tête, ni étourdissement.﴾ *[Coran 56: 17-19]*

Ibn Kathîr a dit en commentant ces versets: ce vin ne leur causera ni maux de tête, ni étourdissement. Au contraire, il est stable, ce qui ajoute à sa suavité et à son charme.

Dhahâk a rapporté qu'Ibn 'Abbas a dit: il y a quatre défauts dans le vin: l'ivresse, les maux de tête, le vomissement et l'urine. Allah a mentionné le vin du Paradis et l'a purifié de ces défauts.

Ailleurs encore, Allah (سبحانه وتعالى) dit:

﴿On leur sert à boire un nectar pur, cacheté, laissant un arrière-goût de musc.﴾ *[Coran 83: 25-26]*

Nectar signifie vin. Allah (سبحانه وتعالى) a décrit ce vin en lui attribuant deux qualités. D'abord, il est cacheté, c'est-à-dire recouvert d'un cachet; ensuite, on lui trouve, après l'avoir bu, un goût de musc.

La première nourriture des gens du Paradis

La toute première nourriture qu'Allah (سبحانه وتعالى) offrira aux gens du Paradis sera l'appendice du foie de baleine. A cet égard, Boukhari et Muslim ont rapporté que Abu Saïd Al-Khoudri (رضي الله عنه) a dit que le Messager d'Allah (ﷺ) a dit: «*Au Jour de la Résurrection, la terre sera transformée en un seul pain qu'Allah (سبحانه وتعالى) le Puissant fabriquera de Sa Main, de la même manière que l'on fabrique son pain pour les besoins d'un voyage, et cela, pour l'offrir aux gens du Paradis comme repas inaugural.*» Un juif se présenta et dit: que le Clément te bénisse, ô Abu Al- Qâssim! Veux-tu que je t'informe à propos du repas inaugural des gens du Paradis le Jour de la Résurrection? Oui, lui répondit-il. Alors l'homme dit: eh bien, la terre sera comme un seul pain, comme l'a dit le Prophète (ﷺ). Sur ce, le Messager d'Allah (ﷺ) nous regarda et ensuite rit au point que ses molaires parurent. Ensuite il dit: «*Ne voudrais-tu pas que je t'informe à propos de leur sauce? Elle sera à base de* Balam *et de* Noune. Qu'est-ce que cela veut dire?, demandèrent les gens présents. Il reprit: «Thawr wa noun (baleine), *soixante-dix mille personnes mangeront de l'appendice de son foie.*»

Nawawi a commenté le Hadith en disant: *An-Nouzoul* est ce qu'on prépare pour l'invité lorsqu'on le reçoit. Il le fabriquera de Sa

Main, c'est-à-dire qu'Il le moulera avec les deux mains jusqu'à ce qu'il devienne une pâte, car il n'est pas large comme du pain mince. Le Hadith signifie qu'Allah (ﷻ) transformera la terre en un énorme pain qui sera offert comme premier repas aux gens du Paradis. Le *noune* et le *thawr* ont le même sens; le *Balam* étant un mot d'origine hébraïque. L'appendice du foie de la baleine est une partie indépendante liée au foie; il en est la meilleure partie.

Il a été rapporté dans le *Sahih* de Boukhari que Abdallah Ibn Salam avait adressé au Messager d'Allah (ﷺ), lors de sa première arrivée à Médine, une série de questions parmi lesquelles: quel sera le premier aliment que les gens du Paradis consommeront? Il dit: *«Un appendice de foie de baleine.»*

D'après Thawbane, dont les propos ont été rapportés dans le *Sahih* de Muslim, un juif, un jour interrogea le Messager d'Allah (ﷺ) en ces termes: qu'est-ce qu'on leur offrira lorsqu'ils entreront au Paradis? A cela le Prophète (ﷺ) répondit: *«Un appendice de foie de baleine.»* Le juif posa une deuxième question: que mangeront-ils après cela? Le Prophète répondit: *«On leur égorgera le taureau du Paradis qui broute aux abords de celui-ci.»* Une troisième question fut posée: et quelle sera leur boisson? Le Messager d'Allah (ﷺ) répondit: *«Le liquide d'une source appelée Salsabil.»* Tu as dit vrai!, lui dit le juif.

La nourriture et les boissons des gens du Paradis ne s'altèrent pas

On pourrait penser que ce qui se produit avec la nourriture et les boissons des gens ici-bas se produit avec celles du Paradis, c'est-à-dire que les gens y produisent urine, selles, morve, crachat, etc. Tel n'est point le cas.

Le Paradis est une demeure exempte de tout préjudice. Ses gens seront purifiés de toutes les souillures des gens de ce monde. Ainsi, dans le Hadith rapporté par Boukhari et Muslim, Abu Houreira (رضي الله عنه) a dit que le Prophète (ﷺ) a dit, réfutant une telle conjecture: *«L'apparence du premier groupe qui entrera au Paradis est semblable à l'astre lunaire en pleine lune. Ils n'y cracheront pas et ils ne s'y moucheront pas.»*

Une telle clarté n'est pas spécifique au premier groupe qui accédera au Paradis. Elle est commune à toute personne qui accèdera au Paradis. Dans une variante de Muslim, Abu Houreira (رضي الله عنه) a dit que le Messager d'Allah (ﷺ) a dit: *«Le premier groupe à entrer au Paradis parmi les gens de ma communauté sera semblable à la lune quand elle est pleine. Ensuite, ceux qui les suivront seront semblables à l'étoile la plus luisante dans le ciel. Après cela, les gens auront des degrés différents. Ils n'y urineront pas, n'iront pas à la selle, ne se moucheront pas et ne cracheront pas.»*

Les gens du Paradis diffèreront selon leur degré de lumière, mais ils sont égaux quant au fait d'être débarrassés des préjudices. En outre, ils n'urineront pas, tout comme ils n'iront pas à la selle, ne cracheront pas et ne se moucheront pas. On peut se poser la question suivante: où vont alors les déchets de nourriture et de breuvage?

Cette question a été posée au Messager d'Allah (ﷺ) par ses Compagnons. Il leur répondit que les déchets de nourriture et de breuvage se transforment en une sueur de musc émanant de leurs corps. De même, une partie de ces déchets se transformera en rot qui dégage une odeur parfumée.

Jâbir Ibn Abdallah (ﷺ) rapporte dans le *Sahih* de Muslim qu'il a entendu le Messager d'Allah (ﷺ) dire: *«Les gens au Paradis mangent et boivent. Toutefois, ils ne crachent pas, n'urinent pas, ne se mouchent pas et ne vont pas à la selle.»* Alors les gens demandèrent: que devient alors la nourriture? Il répondit: *«Un rot à la senteur du musc.»*

Les gens du Paradis mangent, boivent et se peignent: pourquoi?

Si les gens du Paradis y vivent éternellement et si le Paradis est un lieu où n'existent ni douleurs, ni malaises, ni maladies, ni faim, ni soif ni souillures, pourquoi alors les gens du Paradis y mangent, boivent, se parfument et se peignent-ils? Dans *Tadhkira*, Al-Qortobi a répondu à une telle question en ces termes: les délices et les vêtements des gens du Paradis ne sont pas destinés à repousser la douleur qui les a atteints, ils ne mangent pas parce qu'ils ont faim, ne boivent pas parce qu'ils ont soif, ni ne se parfument pas parce qu'ils exhalent de mauvaises odeurs. Ce sont plutôt des plaisirs successifs, des délices qui se suivent. Ne voit-on pas ce qu'Allah (ﷻ) dit à Adam:

﴾Tu n'y auras certes pas faim, ni ne seras nu; tu n'y auras certes pas soif ni ne seras frappé par l'ardeur du soleil.﴿ *[Coran 20: 118-119]*

Et la sagesse, en cela, réside dans le fait qu'Allah (ﷻ) leur a fait connaître les délices dont ils jouissaient ici-bas et Il leur en a ajouté celles qui n'étaient connues que de Lui.

Les ustensiles des gens du Paradis

Les ustensiles dans lesquels les gens du Paradis mangent et boivent sont en or et en argent. A ce propos, Allah (ﷻ) dit:

﴾On fera circuler parmi eux des plats en or et des coupes *[en or]*.﴿ *[Coran 43: 71]*

C'est-à-dire des coupes en or. Le Très-Haut dit aussi:

﴾Et l'on fera circuler parmi eux des ustensiles d'argent et des coupes cristallines...﴿ *[Coran 76: 15-16]*

Il faudra entendre par cela des récipients et des coupes réunissant la pureté des cristaux et la blancheur de l'argent. Boukhari et Muslim ont respectivement rapporté dans leurs recueils de Hadiths authentiques que Abu Moussa Al-Ach'ari (ﷺ) a dit que le Messager d'Allah (ﷺ) a dit: *«Au Paradis, le croyant aura une tente creusée... Il y aura pour chacun deux jardins dont les vases et tous les meubles seront en argent, et deux jardins dont les vases et tous les meubles seront en or. Parmi les récipients dans lesquels boiront les gens du Paradis, il y a des coupes, des aiguières et des verres».*

﴾Parmi eux, circuleront des garçons éternellement jeunes, avec des coupes, des aiguières et un verre *[rempli]* d'une liqueur de source.﴿ *[Coran 56: 17-18]*

3.- Vêtements, joyaux et parfums des gens du Paradis

Les gens du Paradis portent des vêtements somptueux. Ils se parent de diverses sortes de joyaux en or, en argent et en perles. Leurs vêtements sont de soie et, parmi leurs joyaux, il y a des bracelets en or, en argent et d'autres faits de perles. A cet égard, Allah (ﷻ) dit:

﴾Et les rétribuera pour ce qu'ils auront enduré, en leur donnant le Paradis et des *[vêtements]* de soie.﴿ *[Coran 76: 12]*

﴾Là, ils seront parés de bracelets d'or, et aussi de perles; et leurs vêtements y seront de soie.﴿ *[Coran 22: 23]*

﴾Les jardins d'Eden où ils entreront, parés de bracelets d'or ainsi que de perles; et là, leurs vêtements sont de soie.﴿ *[Coran 35: 33]*

﴾Et ils seront parés de bracelets d'argent. Et leur Seigneur les abreuvera d'une boisson très pure.﴿ *[Coran 76: 21]*

Leurs vêtements ont plusieurs couleurs; il y a ainsi des vêtements verts, faits de soie fine et de brocart:

﴾Ils y seront parés de bracelets d'or et se vêtiront d'habits verts, de soie fine et de brocart, en s'accoudant sur des divans *[bien ornés]* Quelle bonne récompense et quelle belle demeure!﴾ *[Coran 18: 31]*

﴿Ils porteront des vêtements verts de satin et de brocart. Et ils seront parés de bracelets d'argent.﴾ *[Coran 76: 21]*

Leurs vêtements sont plus somptueux que n'importe quel type de vêtements fabriqué par l'homme. Boukhari a rapporté dans son *Sahih* que Al-Bara' Ibn 'Azib (رضي الله عنه) a dit: un jour, le Messager d'Allah (ﷺ) apporta un vêtement de soie et les gens se mirent à en admirer la beauté et la mollesse. Alors, le Messager d'Allah (ﷺ) dit: *«Les mouchoirs de Sa'd Ibn Mu'adh (رضي الله عنه), au Paradis, sont meilleurs que ceci.»*

Le Messager d'Allah (ﷺ) nous a aussi informés que les gens du Paradis ont des peignes d'or et d'argent et qu'ils utilisent un excellent encens de *'Oûd.*

Rappelons que des odeurs de musc se dégagent de leurs corps purs. Abu Houreira (رضي الله عنه) a rapporté dans le *Sahih* de Boukhari que le Messager d'Allah (ﷺ) a dit à propos de la description de ceux qui entreront au Paradis: *«Leurs récipients sont en or et en argent. Leurs peignes sont en or, le combustible de leur encensoir est l'aloès* [un excellent bois, selon Abu Al-Yemêne] *et leur sueur de musc.»*

Parmi leurs parures, il y a des diadèmes. Ainsi, Miqdad rapporte dans les *Sunan* de Tirmidhi et d'Ibn Mâja que le Messager d'Allah (ﷺ) a dit à propos des qualités que l'on attribuera aux martyrs: *«On posera sur sa tête* [celle du martyr] *la couronne de l'honneur dont un seul des rubis est meilleur que le bas monde et tout ce qu'il contient.»*

Les vêtements et les parures des gens du Paradis ne s'usent pas. A ce sujet, il a été rapporté, dans le *Sahih* de Muslim, d'Abu Houreira (رضي الله عنه) que le Prophète (ﷺ) a dit: *«Quiconque entrera au Paradis, jouira des délices et ne désespèrera point. Jamais ses vêtements ne s'useront et il conservera sa jeunesse.»*

4.- La literie des gens du Paradis

Les palais du Paradis ainsi que les places aménagées pour s'asseoir dans les jardins et les vergers ont été dotés de coussins somptueux et splendides pour s'asseoir, s'accouder, etc. Les lits sont nombreux et très bien faits. Les coussins sont de haute facture et doublés à l'intérieur de brocart; que dire donc de leur aspect

extérieur? Là, nous verrons des coussins rangés avec beauté et confort ainsi que des tapis étalés de manière convenable et ordonnée. A ce sujet, Allah (ﷻ) dit:

﴿Là, des divans élevés, et des coupes posées, et des coussins rangés et des tapis étalés.﴾ *[Coran 88: 13-16]*

﴿Ils s'accouderont sur des tapis doublés de brocart.﴾ *[Coran 55: 54]*

﴿... S'accoudant sur des lits bien rangés, et Nous leur ferons épouser des houris aux grands yeux.﴾ *[Coran 52: 20]*

﴿Une multitude d'élus parmi les premières *[générations],* et un petit nombre parmi les dernières *[générations],* sur des lits ornés *[d'or et de pierreries],* s'y accoudant et se faisant face.﴾ *[Coran 56: 13-16]*

Le fait pour les gens du Paradis de s'accouder de la sorte est une faveur dont ils jouiront lorsqu'ils se retrouveront, comme Allah (ﷻ) nous en informe dans les versets ci-dessous:

﴿Et Nous aurons arraché toute rancune de leurs poitrines: et ils se sentiront frères, faisant face les uns aux autres sur des lits.﴾ *[Coran 15: 47]*

﴿Ils s'accouderont sur des coussins verts et des tapis épais et jolis.﴾ *[Coran 55: 76]*

﴿... S'accoudant sur des divans *[bien ornés]*﴾ *[Coran 18: 31]*

5.- Les valets des gens du Paradis

Au service des gens du Paradis, seront affectés des garçons qu'Allah (ﷻ) a créés à cette fin. Ceux-ci seront d'une beauté et d'une perfection splendides, comme le dit le Très-Haut:

﴿Parmi eux, circuleront des garçons éternellement jeunes, avec des coupes, des aiguières et un verre *[rempli]* d'une liqueur de source.﴾ *[Coran 56: 17-18]*

Ailleurs, Il (ﷻ) dit:

﴿Et parmi eux, circuleront des garçons éternellement jeunes. Quand tu les verras, tu les prendras pour des perles éparpillées.﴾ *[Coran 76: 19]*

Dans ce cadre, Ibn Kathîr dit: des garçons éternellement jeunes au service des gens du Paradis circuleront entre eux. Ils ne changeront pas. Leur âge n'augmentera pas, ils garderont une jeunesse éternelle. Certains ont ajouté qu'ils auront des boucles d'oreilles. Ils se sont exprimés de la sorte car en réalité c'est aux plus jeunes que cela sied, pas aux gens âgés. Sur cette base, il y a la Parole d'Allah (ﷻ):

﴿Quand tu les verras, tu les prendras pour des perles éparpillées.﴾ *[Coran 76: 19]*

C'est-à-dire: si vous les voyez éparpillés dans les jardins afin de répondre aux besoins de leurs maîtres, étant donné la fraîcheur de leur visage, la beauté de leur teint, de leurs vêtements et de leurs parures, vous les prendrez pour des perles dispersées. Il ne saurait y avoir plus belle comparaison que cela et il ne saurait y avoir plus beau spectacle que celui de perles éparpillées en un lieu de beauté.

Certains parmi les gens de la science ont dit que de tels garçons sont les enfants des croyants et des polythéistes qui sont morts en bas âge. Cela, le grand érudit Ibn Taymiya l'a réfuté, précisant que les garçons en question sont des créatures parmi les créatures du Paradis.

Il a dit: les garçons qui circulent parmi les gens du Paradis sont des créatures du Paradis. Ils ne sont pas des enfants de ce monde. Au contraire, la forme de ces enfants, lorsqu'ils entreront au Paradis, se parachèvera et deviendra comme celle de leur père Adam.

6.- Le marché des gens du Paradis

Muslim rapporte dans son *Sahih,* d'après Anas Ibn Mâlik (رضي الله عنه), que le Messager d'Allah (ﷺ) a dit: *«Certes, il y a un marché au Paradis où les gens se rendent tous les vendredis. Le vent du nord soufflera sur leurs visages et sur leurs vêtements. Ils deviendront plus beaux. Ils retrouvent leurs familles avec un surcroît de beauté et, alors, celles-ci leur diront: par Allah! Vous êtes devenus plus beaux depuis votre départ. A cette remarque, ils répondront: vous aussi, par Allah! Vous êtes devenus plus beaux après notre départ.»*

Nawawi a dit en commentant ce Hadith: ce que l'on veut dire par *«marché»*, c'est un lieu de rassemblement où les gens du Paradis se retrouvent, de la même manière que les gens ici-bas se réunissent dans les marchés. Les termes *«ils s'y rendent tous les vendredis»*, veulent dire *«au moment correspondant au vendredi»*, c'est à dire dans la semaine.

En fait, *poursuit Nawawi* dans *An-Nawawi 'ala Muslim*, 17/170, il n'y a pas de semaine au Paradis, à cause de la disparition du soleil, de la nuit, du jour... Le vent du Paradis est identifié comme le *«vent du nord»* parce que, chez les Arabes d'alors, c'était le vent qui apportait la pluie, venant du côté du Châme *[Grande Syrie]* C'était le vent qui apportait les nuages chargés de pluie. A l'époque, les Arabes espéraient avoir de la pluie des nuages du Châme. La dénomination de ces nuages a été rapportée dans le Hadith, car ils soulèvent sur leurs visages le musc de la terre du Paradis et bien d'autres de ses délices.

7.- Les assemblées et les conversations des gens du Paradis

Les gens du Paradis se rendent visite et se réunissent dans d'excellentes assemblées dans lesquelles ils conversent et ils y font mention de ce qu'ils étaient dans le bas monde et de la faveur qu'Allah (ﷻ) leur a accordée en les introduisant au Paradis. Allah (ﷻ) a dit en décrivant les assemblées des gens du Paradis:

﴾Et Nous aurons arraché toute rancune de leurs poitrines: *[et ils se sentiront]* frères, faisant face les uns aux autres sur des lits.﴿ *[Coran 15: 47]*

Allah (ﷻ) nous a aussi informés du type de conversation qu'ils échangent dans leurs assemblées:

﴾Et ils se tourneront les uns vers les autres, s'interrogeant mutuellement; ils diront: nous vivions au milieu des nôtres dans la crainte *[d'Allah]*; puis, Allah nous a favorisés et protégés du châtiment du *Samoume [supplice du souffle de l'Enfer]* Antérieurement, nous L'invoquions. C'est Lui, certes, le Charitable, le Tout-Miséricordieux.﴿

[Coran 52: 25-28]

Ils se rappelleront aussi les gens du mal qui semaient le doute chez les gens de la foi et les invitaient à la mécréance:

﴾Puis, les uns se tourneront vers les autres, s'interrogeant mutuellement. L'un d'eux dira: j'avais un compagnon qui disait: es-tu vraiment de ceux qui croient? Est-ce que quand nous mourrons et serons poussière et ossements, nous aurons à rendre des comptes? Il dira: est-ce que vous voudriez regarder d'en haut? Alors, il regardera d'en haut et il le verra au milieu de la Fournaise et dira: par Allah! Tu as bien failli causer ma perte! Et sans le bienfait de mon Seigneur, j'aurais certainement été du nombre de ceux que l'on traîne *[au supplice]*. N'est-il pas vrai que nous ne mourrons que de notre première mort, et que nous ne serons pas châtiés? C'est cela, certes, le grand succès. C'est pour une chose pareille que doivent travailler ceux qui travaillent.﴿ *[Coran 37: 50-61]*

8.- Les vœux des gens du Paradis

Certaines personnes du Paradis désireront des choses qui se réaliseront de manière extraordinaire et absolument différente de ce qui se passe ici-bas. Le Messager d'Allah (ﷺ) nous a parlé de certains de ces vœux, et de la manière par laquelle ils se concrétiseront.

A titre d'exemple, une personne parmi les gens du Paradis a demandé à son Seigneur la permission de cultiver, Il la lui accorda. Dès qu'il sema ses graines, elles prirent immédiatement racine dans la terre, puis elles poussèrent et atteignirent leur maturité.

Abu Houreira (رضي الله عنه) rapporte dans le *Sahih* de Boukhari que le Prophète (ﷺ) disait - alors qu'un bédouin se trouvait auprès de lui: *«Un homme parmi les gens du Paradis demanda à son Seigneur la permission de cultiver. Alors, Il lui dit: "N'es-tu pas dans ce que tu désires?" L'homme répondit: si! mais j'aimerais cultiver. Sur ce, il sema des graines et aussitôt les plantes poussèrent, se dressèrent et mûrirent. Elles avaient la taille des montagnes. Alors, Allah le Très-Haut dit: "Voyons! 'Fils' d'Adam! Assurément, rien ne te rassasie!" Sur ces mots, le bédouin dit: par Allah! Celui-là ne peut être qu'un Quraychite ou un* Ansâri [Médinois], *car ils sont des cultivateurs. Nous autres, nous ne sommes pas des cultivateurs. Alors, le Messager d'Allah (ﷺ) se mit à rire.»*

Telle habitante du Paradis souhaiterait avoir un enfant. Sur l'heure, Allah (سبحانه وتعالى) réalise son vœu, de sorte qu'elle conçoive et accouche au même moment.

Tirmidhi a rapporté dans ses *Sunan*, Ahmed dans son *Musned* et Ibn Hibbâne dans son *Sahih* - selon une chaîne de transmission authentique - d'après Abu Saïd (رضي الله عنه) que le Prophète (ﷺ) a dit: *«Lorsque, au Paradis, le croyant désire avoir un enfant, sa conception, son accouchement et sa croissance se déroulent en une heure, comme il l'a désiré.»*

9.- Les femmes des gens du Paradis

La femme du croyant ici-bas demeure la sienne dans l'Au-delà si elle est croyante

La femme du croyant qui accèdera au Paradis, continuera également d'être sa femme si elle a été une femme vertueuse:

﴾Les jardins d'Eden où ils entreront, ainsi que tous ceux de leurs *[bons]* ascendants, conjoints et descendants.﴿ *[Coran 13: 23]*

Au Paradis, ils jouiront des délices avec leurs femmes. Ils s'accouderont, sous les ombrages du Paradis, tout heureux:

﴾Eux et leurs épouses sont sous des ombrages s'accoudant sur les divans.﴿ *[Coran 36: 56]*

﴾Entrez au Paradis, vous et vos épouses. Vous y serez fêtés.﴿ *[Coran 43: 70]*

La femme appartient à son dernier mari

Abu Ali Al-Herrani rapporte dans *Târikh Ar-Riqqa* que Meimoun Ibn Mahrane a dit: Mu'awiya Ibn Abi Soufiane a demandé la main d'Oumm Ad-Darda'. Celle-ci refusa de se marier avec lui et dit: j'ai entendu Abu Ad-Darda' dire: le Messager d'Allah (ﷺ) a dit: *«La femme sera rapportée à son dernier mari ou la femme appartiendra à son dernier mari.»*

Les hommes de cet *isned* (chaîne de transmission) sont tous dignes de foi, sauf Al-'Abbas Ibn Salih qui reste inconnu. Abu Cheikh a aussi rapporté le Hadith dans *Târikh* avec une chaîne de transmission authentique et en se limitant au *marfou'e*. Tabarani l'a également rapporté dans son *Mu'jame* avec une chaîne de transmission faible. Mais il devient fort après avoir joint les deux voies. La partie directement attribuée au Messager d'Allah (*marfou'e*) est authentique. Il a deux témoins *mawqouf* (tenus des Compagnons).

Le premier de tels Hadiths est rapporté par Ibn 'Assâkir d'après 'Ikrimah: Asmâ, la fille d'Abu Bakr était l'épouse de Zoubeir Ibn Al-'Awam qui était sévère avec elle. Alors, un jour, Asmâ se rendit chez son père et se plaignit de cela auprès de lui. Il lui dit: «Sois endurante, ma fille, car toute femme mariée à un époux vertueux et qui meurt, le rejoindra au Paradis si elle ne se remarie pas à un autre après lui.» Les hommes qu'on retrouve dans la chaîne de transmission de ce Hadith sont tous dignes de foi.

Toutefois, il y a là une anomalie, car 'Ikrimah n'a pas vécu au même moment que Abu Bakr (ﷺ) pour recevoir de lui le Hadith, à moins qu'il ne l'ait reçu d'Asma'.

Le deuxième Hadith a été rapporté par Beihaqi dans les *Sunan* d'après Houdheifa qui a dit à sa femme: «Si tu désires être ma femme au Paradis, ne te remarie pas après moi, car la femme au Paradis revient à son dernier mari ici-bas.» C'est pourquoi Allah (ﷻ) a interdit aux femmes du Prophète (ﷺ) de se remarier après Lui, car elles seront ses épouses dans l'Au-delà.

Les houris aux grands yeux

Allah (ﷻ) mariera les croyants à des femmes belles autres que leurs femmes sur terre, comme l'atteste ce verset:

﴾C'est ainsi! Et Nous leur donnerons pour épouses des houris aux grands yeux.﴿ *[Coran 44: 54]*

Hoûr est Le pluriel de *hawrâ':* il désigne la femme qui a des yeux extrêmement blancs et des iris extrêmement noirs. *'Ine* est le pluriel de *'einâa,* qui désigne de grands yeux. Le Coran a décrit les houris aux grands yeux comme des belles aux bustes émergents, d'une égale jeunesse. En effet, le Très-Haut dit:

﴾Pour les *[croyants]* pieux, ce sera une réussite: jardins et vignes, et des *[belles]* aux bustes émergents, d'une égale jeunesse.﴿ *[Coran 78: 31-33]*

Les houris font partie des créatures du Paradis. Allah (ﷻ) les a créées et en a fait des vierges, d'une jeunesse égale:

﴾C'est nous qui les avons créées à la perfection et nous les avons faites vierges, aimantes et d'égale jeunesse.﴿ *[Coran 56: 35-37]*

Le fait qu'elles soient vierges veut dire que personne ne s'est marié à elles; comme le note Allah (ﷻ) en ces termes:

﴾... Aucun homme ou djinn n'aura déflorées.﴿ *[Coran 55: 56]*

Ceci réfute ainsi les propos de celui qui soutient que les femmes qu'Allah (ﷻ) crée au Paradis ne sont autres que les épouses du bas monde, à qui Il a rendu leur jeunesse après leur vieillesse. Ce dernier sens est vrai, car Allah (ﷻ) fera entrer les croyantes au Paradis sous leur apparence de jeunesse. Toutefois, ces femmes ne sont pas les houris aux grands yeux qu'Allah (ﷻ) a créées. Celles aux bustes émergents sont celles qui font des câlineries à leur mari et se font aimer par ces derniers. Le Coran nous a parlé de la beauté des femmes du Paradis, en ces termes:

﴾Et ils auront des houris aux yeux grands et beaux, pareilles à des perles dans leur coquille.﴿ *[Coran 56: 22-23]*

Dans leur coquille, c'est-à-dire protégées, dont le soleil ne change pas la pureté de leur couleur, et qui n'ont pas été profanées par le contact des mains. Ailleurs, dans le Coran les houris sont comparées au rubis et au corail:

> ﴿Ils y trouveront *[les houris]* aux regards chastes, qu'avant eux, aucun homme ou djinn n'aura déflorées. Lequel donc des bienfaits de votre Seigneur nierez-vous? Elles seront *[aussi belles]* que le rubis et le corail.﴾ *[Coran 55: 56-58]*

Le rubis et le corail sont des pierres précieuses d'une très grande beauté. Les houris sont aussi décrites comme ayant des regards chastes qui se limitent à leur mari et qui ne se sont pas portés vers d'autres hommes que ceux-ci. Allah (ﷻ) a Lui-même attesté de la beauté des houris aux grands yeux. Il est suffisant qu'Allah (ﷻ) ait attesté de cela pour montrer qu'elles ont atteint le summum de la beauté. En effet, Allah (ﷻ) dit:

> ﴿Là, il y aura des *[femmes]* vertueuses et des belles. Lequel donc des bienfaits de votre Seigneur nierez-vous? Des houris cloîtrées dans les tentes.﴾ *[Coran 55: 70-72]*

Les femmes du Paradis ne sont pas semblables à celles de ce monde. Elles sont purifiées des menstruations, des lochies, du besoin de cracher, des morves, de l'urine et des selles. C'est ce qu'implique le verset ci-après:

> ﴿Ils auront là des épouses pures, et, là, ils demeureront éternellement.﴾ *[Coran 2: 25]*

Le Messager d'Allah (ﷺ) nous a aussi parlé de la beauté des femmes du Paradis. Ainsi, dans le Hadith que Boukhari et Muslim ont rapporté, Abu Houreira (رضي الله عنه) a dit que le Messager d'Allah (ﷺ) a dit: *«Le premier groupe à accéder au Paradis sera à l'image de l'astre lunaire en pleine lune. Ils n'y cracheront pas, ne se moucheront pas et n'iront pas à la selle. Leurs récipients seront en or, leurs peignes en or et en argent, leurs encensoirs d'aloès et leur sueur de musc. Chacun d'entre eux aura deux femmes dont il verra la moelle des jambes derrière la chair en raison de la beauté.»*

Regarde cette beauté dont nous parle le Messager d'Allah (ﷺ)! Lui trouves-tu de semblable parmi tout ce que tu connais? *«Si une seule des femmes houris du Paradis apparaissait aux gens de la terre, elle remplirait le monde de lumière et de parfum. Le voile qu'elle porte sur sa tête est meilleur que le bas monde et tout ce qu'il contient.»* Hadith rapporté par Boukhari.

Le fait que le nombre des femmes pour chaque personne soit fixé à deux, semble être le minimum, car il a été rapporté que le martyr épousera soixante-douze femmes parmi les houris aux grands yeux. Ainsi, dans les *Sunan* de Tirmidhi et d'Ibn Mâja, Miqdam dit - selon une authentique chaîne de transmission: le Messager d'Allah (ﷺ) a

dit: *«Le Martyr aura trois qualités auprès d'Allah (ﷻ): dès l'effusion de son sang, Allah (ﷻ) lui pardonnera, il verra sa place au Paradis, il sera préservé du châtiment de la tombe et de la grande Peur, on mettra sur sa tête la couronne d'honneur dont un seul rubis est meilleur que le bas monde et ce qu'il contient. On le mariera à soixante-douze femmes parmi les houris aux grands yeux et il intercèdera en faveur de soixante-dix de ses proches.»*

Le chant des houris

Le Messager d'Allah (ﷺ) nous a informés que les houris aux grands yeux chanteront au Paradis d'une voix belle et mélodieuse. Tabarani a rapporté dans son *Mu'jame wassite* d'après une chaîne de transmission authentique, que le Prophète (ﷺ) a dit: *«Les épouses au Paradis chanteront d'une voix qu'aucune personne n'aura entendue. Elles diront dans leurs chansons: nous sommes les belles choisies, les épouses de gens nobles, celles qui ne s'intéressent qu'à leur époux. Nous sommes les* [femmes] *éternelles qui ne mourront point, nous sommes les* [femmes] *indemnes qui ne sauraient être malades, à l'abri des maladies, les résidentes qui ne sauraient quitter leur demeure.»*

Semaweih rapporte dans son *Fawa'id,* d'après Anas (رضي الله عنه), que le Messager d'Allah (ﷺ) a dit: *«Certes, les houris aux grands yeux chanteront au Paradis en disant: nous sommes les belles houris, nous avons été réservées à des époux nobles.»*

La jalousie des houris à l'encontre de leurs futurs époux sur terre

Le Messager d'Allah nous a informés que les houris sont jalouses à l'endroit de leurs futurs époux sur terre, lorsque l'un d'entre subit un préjudice de la part de sa femme sur terre. Ainsi, dans le *Musned* d'Ahmed et les *Sunan* de Tirmidhi, Mu'adh (رضي الله عنه) rapporte, sur la base d'une chaîne de transmission authentique, que le Messager d'Allah (ﷺ) a dit: *«Une femme ne commet un préjudice à l'endroit de son époux ici-bas sans que sa femme parmi les houris aux grands yeux dise: ne lui cause pas de préjudice! Qu'Allah (سبحانه وتعالى) te combatte! Il n'est chez toi qu'un intrus. Bientôt, il te quittera pour nous rejoindre.»*

Au Paradis, on donnera au croyant la force de cent hommes

D'après Anas (رضي الله عنه), le Prophète (ﷺ) a dit: *«Au Paradis, le croyant se verra doter d'une force de coït comme ceci ou comme cela.»* Sur ces mots, quelqu'un dit: ô Messager d'Allah! Le croyant en aura-t-il la force? Il répondit: *«On lui donnera la force de cent hommes.»* Rapporté par Tirmidhi.

10.- Le rire des gens du Paradis à propos de l'Enfer

Après qu'Allah (ﷻ) aura fait entrer les gens du Paradis au Paradis, ceux-ci apostropheront leurs adversaires mécréants séjournant en Enfer, les réprimandant et les rabrouant.

> ﴾Les gens du Paradis crieront aux gens du Feu: certes, nous avons trouvé vrai ce que notre Seigneur nous avait promis. Avez-vous aussi trouvé vrai ce que votre Seigneur vous avait promis? Oui, diront-ils. Un héraut annoncera alors au milieu d'eux: que la malédiction d'Allah soit sur les *[gens]* injustes.﴿ *[Coran 7: 44]*

Les mécréants se disputaient avec les croyants et les prenaient en raillerie. Toutefois, ce jour-là, les croyants triompheront. Ils jouiront des délices, ils observeront les criminels à loisir et les prendront en raillerie:

> ﴾Les bons seront dans *[un Jardin]* de délices. Sur les divans, ils regardent. Tu reconnaîtras sur leurs visages, l'éclat de la félicité. On leur sert à boire un nectar pur, cacheté, laissant un arrière-goût de musc. Que ceux qui convoitent cela, entrent en compétition *[pour l'acquérir]* Il est mélangé à la boisson de *Tasnîme*, source dont les *[gens]* Rapprochés boivent. Les criminels riaient de ceux qui croyaient, et, passant près d'eux, ils se faisaient des œillades et, retournant dans leurs familles, ils retournaient en plaisantant, et, les voyant, ils disaient: ce sont vraiment ceux-là les *[gens]* égarés. Or, ils n'ont pas été envoyés pour être leurs gardiens. Aujourd'hui, donc, ce sont ceux qui ont cru qui rient des infidèles. Sur les divans, ils regardent. Est-ce que les infidèles ont eu la récompense de ce qu'ils faisaient?﴿ *[Coran 83: 22-36]*

Oui! Par Allah! Les infidèles ont été gratifiés d'une rétribution conformément à ce qu'ils faisaient. La rétribution fait partie de la nature de l'œuvre. Au Paradis, le croyant se rappellera ce camarade ou cet ami qui lui enjolivait l'impiété sur terre, l'appelait à des principes erronés qui le rangeaient du côté des mécréants, les ennemis d'Allah. Il parlera à ses frères du Paradis de ce camarade ou de cet ami et les invitera à l'observer dans le lieu où il est châtié. Quand il verra ce qu'il endure comme châtiment, il reconnaîtra l'étendue de la faveur qu'Allah lui a accordée et la manière par laquelle il a été épargné de ce supplice. Alors il se mettra, aussitôt, à le réprimander et à le rabrouer:

> ﴿Puis les uns se tourneront vers les autres s'interrogeant mutuellement. L'un d'eux dira: j'avais un compagnon qui disait: es-tu vraiment de ceux qui croient? Est-ce que quand nous mourrons et serons poussière et ossements, nous aurons à rendre des comptes? Il dira: est-ce que vous voudriez regarder d'en haut? Alors, il regardera d'en haut et il le verra au milieu de la Fournaise et dira: par Allah! Tu as bien failli causer ma perte! Et sans le bienfait de mon Seigneur, j'aurais certainement été du nombre de ceux que l'on traîne *[au supplice]*. N'est-il pas vrai que nous ne mourrons que de notre première mort et que nous ne serons pas châtiés? C'est cela, certes, le grand succès.﴾
>
> *[Coran 37: 50-60]*

11.- Le *tasbîh* et le *takbîr* font partie intégrante des délices du paradis

Le Paradis est la demeure de récompense et des délices et non celle de la responsabilité et de l'épreuve. Ceci peut poser problème par rapport à ce que Boukhari et d'autres ont rapporté d'Abu Houreira (ﷺ), qui a dit que le Prophète (ﷺ) dans la description qu'Il a faite du premier qui entrera au Paradis s'est exprimé en ces termes: *«Ils proclameront la gloire d'Allah (ﷻ), matin et soir.»* Il n'y a point d'ambiguïté dans ce cadre, s'il plaît à Allah (ﷻ), parce qu'il ne s'agit pas là d'une responsabilité *[charge]*

Ibn Hajar a dit en commentant ce Hadith: selon Al-Qortobi, cette proclamation de la gloire d'Allah (ﷻ) n'est pas issue d'une charge ou d'une obligation. Jâbir l'a commenté dans son Hadith rapporté par Muslim, en ces termes: *«On leur inspirera le* tasbîh (la proclamation de la Gloire d'Allah) *et le* takbîr (dire *Allahou Akbar*) *de la même manière que l'on vous inspire la respiration.»*

La ressemblance réside dans le fait que l'homme n'éprouve non seulement aucune peine à respirer mais en plus il ne saurait s'empêcher de le faire. Aussi, Allah (ﷻ) fera-t-il du *tasbîh* la respiration des gens du Paradis. La raison en est que leurs cœurs, illuminés par la connaissance du Seigneur, seront également remplis de l'amour du Très-Haut; or, quiconque aime une chose l'évoque abondamment.

Cheikh El-Islam, lui, a admis que le *tasbîh* et le *takbîr* en question constituent l'une des formes des délices dont jouiront les gens du Paradis. A cet égard, il dit: ceci ne fait nullement partie d'une charge dont on exige une récompense supplémentaire. Au contraire, ce travail fait partie des délices dont les âmes jouissent et y trouvent plaisir.

12.- La plus grande jouissance: l'Agrément d'Allah et la vue de Son Visage Noble

D'après Abu Saïd (رضي الله عنه), le Messager d'Allah (ﷺ) dit: *«Allah (ﷻ) dira aux gens du Paradis: "Ô gens du Paradis!" Ceux-ci répondront: oui, Seigneur! Tout le bien T'appartient! Ainsi, Allah leur dira: "Etes-vous satisfaits?" Ceux-ci diront: comment cela ne serait-il pas, Seigneur, alors que Tu nous as donné ce que Tu n'as donné à personne parmi Tes créatures? Il dira: "Voulez-vous que Je vous donne ce qui est meilleur que cela?" Ils diront: qu'est-ce qui est meilleur que cela? Sur ces mots, Allah dira: "Je vous accorde Ma satisfaction et Je ne Me mettrais plus en colère contre vous".»* Rapporté par Boukhari et Muslim.

Le plus grand délice sera la vue du Visage Noble d'Allah (ﷻ) dans les jardins du Paradis.

A ce propos, Ibn Kathîr dit: voir Allah (ﷻ) sera le plus sublime des délices de l'Au-delà. C'est le sommet des grandes faveurs d'Allah. Puisse Allah nous accorder ce que nous souhaitons.

Le Tout-Puissant a déjà rapporté que les gens du Paradis verront leur Seigneur dans les jardins du Paradis:

﴾Ce jour-là, il y aura des visages resplendissants qui regarderont leur Seigneur.﴿ *[Coran 75: 22-23]*

Les mécréants et les polythéistes seront privés de ce grand délice:

﴾Qu'ils prennent garde! En vérité, ce jour-là, un Voile les empêchera de voir leur Seigneur.﴿ *[Coran 83: 15]*

Muslim, dans son *Sahih* et Tirmidhi, dans ses *Sunan*, ont rapporté de Soheib Ar-Roumi (رضي الله عنه) que le Messager d'Allah (ﷺ) s'est exprimé en ces termes: *«Quand les gens du Paradis entreront au Paradis, Allah (ﷻ) dira: "Voulez-vous que je vous donne davantage?" Les gens diront: n'as-Tu pas blanchi nos visages de lumière? Ne nous as-Tu pas fait accéder au Paradis, nous sauvant ainsi de l'Enfer? Sur ce, on enlèvera le Voile et on ne leur aura rien donné de plus agréable que la vue de leur Seigneur, le Tout-Puissant.»* Et dans une autre version: *«Ensuite, il récita le verset suivant*:

﴾A ceux qui agissent agréablement est réservée la meilleure *[récompense]* - et même davantage.﴿» *[Coran 10: 26]*

Dans les deux *Sahih* de Boukhari et de Muslim, Abu Moussa Al-Ach'ari (رضي الله عنه) a dit que le Messager d'Allah (ﷺ) a dit: *«Au Paradis, le croyant aura une tente creusée dans une perle d'une largeur de soixante* miles - et, dans une autre variante: *une longueur de soixante* miles -, *il y aura à chaque coin une épouse; elles ne verront pas les autres et le croyant les fréquenteront l'une après l'autre. Il y aura pour chacun deux jardins dont les vases et tous les meubles seront en argent, et deux jardins dont les vases et tous les meubles seront en or. Il n'y aura entre les gens et la vue de leur Seigneur d'autre voile que la Majesté de Son Visage dans le jardin d'Eden.»*

La vision du Visage d'Allah (ﷻ) fait partie des suppléments qu'Allah (ﷻ) a promis aux serviteurs bienfaiteurs:

﴾Il y aura là pour eux tout ce qu'ils voudront. Et auprès de Nous, il y a encore plus.﴿ *[Coran 50: 35]*

﴾A ceux qui agissent agréablement est réservée la meilleure *[récompense]* - et même davantage.﴿ *[Coran 10: 26]*

La *«récompense»* a été interprétée comme étant le Paradis et *«davantage»* comme la vue du Visage Noble d'Allah (ﷻ). Le Hadith rapporté par Muslim, que nous avons mentionné au début de ce chapitre, fait allusion à cela. Voir Allah (ﷻ) est un fait réel à venir, même si certaines sectes l'ont niée en usant de faux paramètres logiques et d'expressions corrompues.

On interrogea l'imam Mâlik Ibn Anas, l'imam de Médine, au sujet de la Parole d'Allah:

﴾Qui regarderont leur Seigneur﴿,

en lui faisant remarquer que certains comprenaient *«regarderont Sa récompense»*. A l'occasion, Mâlik dit: ils mentent! Quelle serait donc leur position par rapport à ce verset d'Allah:

﴾Qu'ils prennent garde! En vérité, ce jour-là, un Voile les empêchera de voir leur Seigneur.﴿ *[Coran 83: 15]*

Mâlik dit: les gens regarderont Allah (ﷻ) au Jour de la Résurrection de leurs yeux. Si les croyants ne devaient pas voir leur

Seigneur au Jour de la Résurrection, Allah n'aurait pas dit qu'un voile empêcherait les infidèles de Le voir:

﴾Qu'ils prennent garde! En vérité, ce jour là, un Voile les empêchera de voir leur Seigneur.﴿ *[Coran 83: 15]*

Ceci est apporté dans *Charh As-Sunna.*

Parmi ceux qui ont écrit noir sur blanc que les croyants verront leur Seigneur au Paradis, il y a Tahawi, dans le célèbre ouvrage intitulé *Al 'Aqidah at-tahawiya.*

Dans ce cadre, il dit: voir Allah est une vérité pour les gens du Paradis. Elle s'effectuera sans obstacle ni selon une manière quelconque, comme la prévoit le Livre de notre Seigneur:

﴾Ce jour-là, il y aura des visages resplendissants qui regarderont leur Seigneur.﴿ *[Coran 75: 22-23]*

Le commentaire d'un tel verset doit s'effectuer selon ce qu'Allah a voulu et a fait connaître. Tout ce qui a été rapporté sur ce point dans le Hadith authentique d'après le Messager d'Allah (ﷺ) est tel qu'Il l'a dit. Sa signification est telle qu'Il a voulu qu'elle soit. Nous ne nous y introduisons pas en les interprétant suivant nos idées et nos passions.

Certes, n'est préservé dans sa religion que celui qui l'a laissée à Allah (ﷻ) et à Son Messager (ﷺ), et a abandonné la connaissance de ce qui lui a paru douteux à Celui qui en a connaissance.

Le commentateur de *Tahawiya* a dit en mettant en évidence la doctrine des sectes égarées sur cette question et celle des gens de la vérité: les Jahmites, les Mu'tazilites et leurs adeptes parmi les Kharidjites et les Imâmites, font partie de ceux qui ont contredit la vue *[d'Allah (ﷻ)]* Toutefois, leurs propos sont faux et rejetés par le Coran et la Sunna. Les Compagnons, ceux qui ont vécu après eux, les imams de l'Islam connus pour leur *imâma* (exemplarité) dans le cadre de la religion, les gens du Hadith, les factions des gens du

Kalam ('parathéologie') appartenant à la Sunna et au Consensus, font partie de ceux qui ont confirmé la thèse du fait de voir Allah (ﷻ).

Ensuite, le commentateur de *Tahawiya* a expliqué toute l'importance de cette question en ces termes: cette question est l'une des plus nobles et des plus importantes parmi celles qui relèvent des fondements de la religion. Elle est la finalité pour laquelle les courageux se sont mis en concurrence et dont ont été écartés ceux qu'un voile empêchera de voir leur Seigneur, ceux chassés de la porte d'Allah (ﷻ).

A ce niveau, il a précisé que le verset:

﴿Ce jour-là, il y aura des visages resplendissants qui regarderont leur Seigneur﴾,

fait partie des arguments les plus convaincants, au regard de cette question. S'agissant de ceux qui se sont entêtés à les dévier de leur sens au nom de ce qu'ils nomment "interprétation": l'interprétation des textes de la Résurrection, du Paradis, de l'Enfer et du jugement sont plus faciles à interpréter pour ceux qui les interprètent. Un négateur qui cherche à interpréter les textes et à modifier leurs sens ne peut qu'aboutir à la même chose que ceux qui ont eu à interpréter les dits versets.

Le commentateur de *Tahawiya* a aussi montré le danger de l'interprétation. A cet égard, il a dit: c'est ce qui a corrompu le monde et la religion. C'est ce qu'ont fait les juifs et les chrétiens avec les textes de la Torah et de l'Evangile. Allah (ﷻ) nous a dissuadés de faire comme eux! Les corrupteurs, eux, se sont entêtés à suivre leur chemin.

Qu'ils sont nombreux les méfaits apportés à la religion et à ses adeptes par une mauvaise interprétation N'est-ce pas à cause d'une fausse interprétation que 'Othmane (رضي الله عنه) a été tué? N'est-ce pas le même cas pour les batailles du chameau, de Siffîne, du meurtre de Hussein (رضي الله عنه) et Al-Harra (رضي الله عنه)? N'est-ce pas à cause d'une fausse interprétation que les Kharidjites sont sortis du Groupe, que les Mu'tazilites se sont isolés et que les Râfidites se sont rebellés et que la communauté s'est scindée en soixante-treize sectes?

Ensuite, il a montré la signification du verset selon deux aspects: la compréhension du texte et la compréhension que les Prédécesseurs *(Salaf)* pieux ont de lui. Dans le premier cas, le commentateur dit: le fait d'adjoindre dans ce verset la vision au visage qui est son lieu et le fait de la rendre transitive par la particule évidente *[*ilâ, *vers]* et le fait de vider le texte de tout indice qui indique son contraire, est un procédé objectif par lequel Allah (ﷻ) fait comprendre qu'il s'agit de la vision du Seigneur par l'œil qui se trouve sur le visage.

En effet, la vue a plusieurs emplois qui dépendent de sa relation avec le transitif lui-même. S'il est transitif, cela veut dire attendre, s'abstenir:

﴿Attendez que nous empruntions *[un peu]* de votre lumière.﴾ *[Coran 57: 13]*

Dans la langue arabe, s'il est transitif avec la particule *fi* (dans), cela veut dire "méditer", "considérer" - comme dans le Texte arabe du verset:

﴿N'ont-ils pas médité sur le royaume des cieux et de la terre?﴾ *[Coran 7: 185]*

Toujours dans la langue arabe, s'il est transitif avec la particule *ilâ* (vers, à), cela signifie "voir" par les yeux, "regarder", comme dans le Texte arabe du verset:

﴿Regardez leurs fruits au moment de leur apparition et de leur mûrissement.﴾ *[Coran 6: 99]*

Que dire donc lorsque le regard est associé au visage qui est le support de la vue? Dans le deuxième cas, il a cité plusieurs textes des Prédécesseurs *(Salaf)* pieux qui indiquent leur compréhension du verset.

A cet égard Al-Hassan dit: des visages qui regarderont leur Seigneur et brilleront de sa lumière. Abu Salih a dit d'après Ibn 'Abbas (ﷺ):

﴾Qui regarderont leur Seigneur﴿ *[Coran 75: 23]*

c'est-à-dire qu'ils regarderont le Visage de leur Seigneur.

Pour 'Ikrima, la Parole divine:

﴾Ce jour-là, il y aura des visages resplendissants﴿ *[Coran 75: 22]*

signifie: des visages resplendissants de bien-être,

﴾Qui regarderont leur Seigneur﴿ *[Coran 75: 23]*

c'est-à-dire que les visages regarderont bel et bien leur Seigneur.

Ibn 'Abbas (رضي الله عنه) a avancé la même signification, selon 'Ikrimah.

Tel est le point de vue des exégètes parmi les gens de la Sunna et du Hadith.

A un autre niveau, Allah (سبحانه وتعالى) dit:

﴾Il y aura là, pour eux, tout ce qu'ils voudront. Et, auprès de Nous, il y a encore plus.﴿ *[Coran 50: 35]*

Ainsi, Al-Qortobi a dit: Ali Ibn Abi Tâlib (رضي الله عنه) et Anas Ibn Mâlik (رضي الله عنه) ont dit: c'est la vue du Visage d'Allah le Tout-Puissant. Puis il a fait mention de la signification du passage «et même davantage» dans le verset:

﴾A ceux qui agissent agréablement est réservée la meilleure *[récompense]* - et même davantage.﴿ *[Coran 10: 26]*

Et il a dit que cela est la vue du Visage Noble d'Allah (سبحانه وتعالى), et il a cité en cela ce que Muslim a rapporté de Soheib, dans son *Sahih*: le Messager d'Allah (ﷺ) a lu:

﴿A ceux qui agissent agréablement est réservée la meilleure *[récompense]* - et même davantage.﴾ *[Coran 10: 26]*

Et il a dit (ﷺ): *«Quand les gens du Paradis entreront au Paradis et ceux de l'Enfer en Enfer, quelqu'un criera: ô gens du Paradis! Vous avez rendez-vous avec Allah, Il voudrait vous récompenser. Ils diront: à quel sujet? N'a-t-Il pas alourdi nos mesures? N'a-t-Il pas blanchi nos visages de lumière? Ne nous a-t-Il pas introduits au Paradis et préservés de l'Enfer? Sur ce, le Voile sera levé et ils Le verront. Il ne leur a pas donné quelque chose d'aussi agréable que sa vue.»* C'est le sens du supplément.

D'autres ont rapporté selon diverses chaînes de transmission *(assânîd)* et expressions que le supplément signifie la vision du Visage d'Allah (سبحانه وتعالى). C'est ainsi que les Compagnons l'ont commenté. Ibn Jarir (رضي الله عنه) a rapporté cela d'un certain groupe comprenant Abu Bakr As-Siddiq (رضي الله عنه), Houdheifa (رضي الله عنه), Abu Moussa Al-Ach'ari (رضي الله عنه) et Ibn 'Abbas (رضي الله عنه).

Parmi les arguments de cette question, il y a le verset ci-après:

﴿Qu'ils prennent garde En vérité, ce jour-là, un Voile les empêchera de voir leur Seigneur.﴾ *[Coran 83: 15]*

L'auteur a mentionné que Chafi'i et les autres imams ont pris ce verset pour argument afin de prouver que les gens du Paradis verront leur Seigneur. Tabari et d'autres ont mentionné cela d'après Al-Mazani qui lui-même l'a rapporté de Chafi'i.

A ce sujet, Al-Hâkim a dit: Al-Assam nous a dit qu'Ar-Rabi'e Ibn Souleiman nous a dit: j'étais chez Mohammed Ibn Idris Chafi'i quand une lettre lui est parvenue de Haute-Egypte. On y avait écrit: que penses-tu de la Parole d'Allah (سبحانه وتعالى):

﴿Qu'ils prennent garde! En vérité, ce jour-là, un Voile les empêchera de voir leur Seigneur.﴾ *[Coran 83: 15]*

Alors, Chafi'i a dit: étant donné qu'un voile empêchera ceux-ci de voir leur Seigneur, ceci était donc une preuve manifeste que les bien-aimés d'Allah (ﷻ) Le verront, avec satisfaction. Puis il aborda l'argumentation des Mu'tazilites fondée sur les versets:

﴾Tu ne Me verras pas.﴿ *[Coran 7: 143]*

﴾Les regards ne peuvent l'atteindre.﴿ *[Coran 6: 103]*

Il dit que les deux versets constituent des preuves contre eux. Dans le premier cas, le verset montre que la vue est confirmée sous plusieurs aspects:

1 - Ils n'ont pas réfléchi au statut de celui à qui Allah (ﷻ) s'est adressé, Son Messager noble (ﷺ) qui connaissait Son Seigneur à Son époque mieux que quiconque, et qui aurait demandé ce qui lui était interdit. C'est pour eux quelque chose de tout à fait impossible.

2 - Allah (ﷻ) ne lui a pas reproché sa demande. Lorsque Nouh lui a demandé de sauver son fils, il a aussitôt refusé sa requête en ces termes:

﴾Je t'exhorte afin que tu ne sois pas du nombre des ignorants.﴿ *[Coran 11: 46]*

3 - Allah (ﷻ) dit:

﴾Tu ne Me verras pas.﴿

Il n'a pas dit: «Je ne suis pas visible», «Il n'est pas possible de Me voir» ou «Je suis invisible». Or, il y a une différence explicite entre ces deux réponses. Ne penses-tu pas que celui qui détient une pierre sous sa manche et qu'un autre y voit un mets aura bien raison de dire à celui-ci: "Tu ne le mangeras pas?" Ceci montre qu'Allah le Tout-Puissant peut être vu. Toutefois, Moussa n'a pu soutenir le fait de voir Allah (ﷻ), en raison de l'impuissance de l'homme à supporter *[une telle]* expérience.

4 - Le troisième aspect aussi clarifie le verset ci-après:

﴾Mais regarde le Mont: s'il tient à sa place, alors, tu Me verras.﴿ *[Coran 7: 143]*

Il lui fit savoir que le mont ne saurait supporter Sa manifestation, malgré sa force et sa solidité dans la demeure sur cette terre. Si le mont ne parvient à y résister, que dire de l'homme que l'on sait faible de par sa création?

5 - Allah (ﷻ) est capable de rendre le mont statique - car cela relève du possible. Il a lié la vision à Lui-même. Si c'était impossible, ce serait comme s'il disait: si la montagne tient à sa place, *[alors]*, je mangerai, boirai et dormirai. Tout cela est égal auprès de Lui.

6 - La Parole d'Allah (ﷻ) ci-après est aussi un argument:

﴾Mais, lorsque son Seigneur Se manifesta au mont, Il le pulvérisa.﴿ *[Coran 7: 143]*

En effet, si Allah (ﷻ) daigne apparaître au Mont qui est un objet inanimé, qui n'a ni récompense ni punition, il y a lieu de se demander pour quelle raison Il refuserait de se manifester à Son Messager (ﷺ) et à Ses bien-aimés dans la demeure de Ses grâces. Cependant, Allah (ﷻ) fit savoir à Moussa que si le mont, en ce lieu, ne parvenait pas à tenir le coup dans la demeure dans ce monde, c'est que l'homme, en ce qui le concerne, ne saurait jamais y parvenir.

7 - Allah (ﷻ) a parlé à Moussa, l'a appelé et a conversé avec lui en secret. Or, celui à qui l'on peut parler et qui se fait entendre sans intermédiaire, sa vision est tout à fait possible. C'est pourquoi, on ne peut en nier la visibilité qu'en niant aussi, et du même coup, l'aptitude à la parole. En fait, les deux sont liés. Sur cette base, le commentateur a aussi répondu aux allégations des Mu'tazilites selon lesquelles *lène* (particule du futur) a le sens de

" perpétuité'', et il montre la possibilité de la vision dans l'Au-delà. Dans ce cadre, le cheikh a précisé que si on liait *lène* à "la perpétuité'', cela ne montrerait pas la perpétuité de la négation dans l'Au-delà. Qu'en serait-il donc si elle était absolue? Cette particule est employée dans d'autres cas semblables dans le Coran. Par exemple, Allah (ﷻ) dit:

﴿Or, ils ne la *[la mort]* souhaiteront jamais.﴾ *[Coran 2: 95]*

On retrouve aussi dans le Coran:

﴿Et ils crieront: ô Mâlik! Que ton Seigneur nous achève!﴾ *[Coran 43: 77]*

En effet, si *lène* signifiait la perpétuité absolue, il ne conviendrait pas alors de préciser le verbe après lui. A ce sujet, Allah (ﷻ) dit:

﴿Je ne quitterai point le territoire, jusqu'à ce que mon père me le permette.﴾ *[Coran 12: 80]*

Sous cet éclairage, il est clair que *lène* n'implique pas la négation perpétuelle. Par rapport à cette question, le cheikh Jamal Eddine Ibn Mâlik a dit: si quelqu'un comprend *lène* comme négation perpétuelle, renvoie-lui ses idées et appuie de ton soutien autre que lui!

Quant au fait de prendre le deuxième verset comme argument, c'est une démarche juste. Elle consiste à souligner qu'Allah (ﷻ) l'a cité dans un contexte d'éloge. Et il est connu que l'éloge se fait en s'appuyant sur des qualités constantes. Quant au néant pur, il n'est pas une perfection: on ne l'utilise donc pas dans l'éloge.

On fait l'éloge du Seigneur par la négation, si cela renferme une chose réelle, comme le fait de faire Son éloge par la négation, Le concernant, de la somnolence et du sommeil, qui implique la plénitude de la subsistance. Par la négation de la mort, qui implique la plénitude la vie, par la négation de la fatigue et de la lassitude, qui implique la plénitude de la puissance. Par la négation de tout associé, de toute compagne, de tout enfant et de tout soutien, qui implique la plénitude de Son Eternité et de Sa Suffisance. Par la négation de l'injustice, qui implique la plénitude de Sa Justice, de Son Savoir et de Sa Suffisance. Par la négation de l'oubli et des fuites de mémoire, qui implique la plénitude de Son Savoir et de Sa Capacité à tout cerner, la négation d'un semblable qui implique la plénitude de Son Entité et de Ses Attributs.

C'est pour cela qu'on ne fait pas d'éloge en se basant sur un pur néant, car il ne renferme rien de constant. En effet, la chose absente s'associe à la chose décrite dans ce néant-là. On ne décrit pas la plénitude par une chose qui participe en cela avec une chose inexistante. L'expression: on ne Le voit pas, on ne Le saisit pas et on ne Le cerne pas, comme:

﴾... Les regards ne peuvent l'atteindre﴿ *[Coran 6: 103],*

montre la plénitude de Sa grandeur et qu'Il est plus grand que toute chose. Ainsi, à cause de Sa grandeur, on ne Le saisit pas en Le cernant. La saisie consiste à cerner quelque chose. C'est un degré supérieur à la vue, comme Allah (ﷻ) l'a dit:

> ﴾Puis, quand les deux parties se virent, les compagnons de Moïse dirent: nous allons être rejoints. Il dit: jamais!﴿
>
> *[Coran 26: 61-62]*

A ce niveau, Moussa ne nie pas la vision. Toutefois, il nie plutôt la saisie (le fait de cerner). Alors la vision et le fait de cerner existent indépendamment l'une de l'autre. Aussi peut-on voir le Seigneur sans toutefois Le cerner, de la même manière qu'on Le connaît sans toutefois Le cerner par la science. Voilà la compréhension que les Compagnons et les Imams avaient du verset, si l'on se réfère à leurs propos mentionnés dans le commentaire de ce verset. En fait, celui qui voit le soleil ne peut le cerner dans l'état dans lequel il se trouve. Le cheikh mentionne ensuite que les Hadiths rapportés du Prophète (ﷺ) et aussi de ses Compagnons, et qui confirment la vue *[d'Allah*

(سبحانه وتعالى)], sont récurrents. Ils ont été rapportés par les auteurs des recueils de Hadiths authentiques, des *massanide* et des *Sunan*.

Parmi eux il y a le Hadith d'Abu Houreira (رضي الله عنه): des gens dirent: ô Messager d'Allah! Verrons-nous notre Seigneur le Jour de la Résurrection? Alors, le Prophète répondit: *«Etes-vous gênés* [visuellement] *de voir l'astre lunaire en pleine lune?»* Ils dirent: non, Messager d'Allah. Le Messager d'Allah (ﷺ) reprit: *«Etes-vous gênés* [visuellement] *de voir le soleil lorsqu'il n'est pas couvert de nuages?»* Non, répondirent-ils. Alors le Prophète (ﷺ) dit: *«Vous Le verrez de la même manière.»* Rapporté par Boukhari et Muslim dans les deux *Sahih*, *in extenso*, de même que celui d'Abu Saïd Al-Khoudri (رضي الله عنه), qui lui est semblable.

Jarir Ibn Abdallah Al-Bajali (رضي الله عنه) dit dans son Hadith: nous étions assis avec le Prophète (ﷺ). *Alors il observa l'astre lunaire en pleine lune et dit: «Certes, vous verrez votre Seigneur de vos yeux, de la même manière que vous voyez ceci, vous ne serez pas empêchés de Le voir.»* Rapporté par Boukhari et Muslim dans les deux *Sahih.*

Le Hadith précédent de Soheib a été rapporté par Muslim et d'autres. D'après Abu Moussa (رضي الله عنه), le Prophète (ﷺ) a dit: *«Et deux jardins en argent autant que leurs récipients et ce qu'ils contiennent, deux jardins en or autant que leurs récipients et ce qu'ils contiennent. Ce qui empêchera les gens de voir leur Seigneur, le Tout-Puissant, ce ne sera que le voile de fierté posé sur Son Visage dans le jardin d'Eden.»* Rapporté par Boukhari et Muslim.

Et du Hadith d'Ibn Hatim: *«Il ne fait aucun doute que chacun d'entre vous rencontrera Allah (سبحانه وتعالى) le jour où il devra Le rencontrer; il n'y aura ni voile ni interprète entre eux. Il dira: "Ne t'avais-Je pas envoyé un Messager chargé de te communiquer Mon Message?" Le serviteur répondra: si, Seigneur! Allah reprendra: "Ne t'avais-Je pas accordé des biens et ne t'avais-Je pas si donné?"*

Le serviteur répondra: si, Seigneur!» Rapporté par Boukhari dans son *Sahih.*

13.- Les délices du Paradis sont compatibles avec les jouissances de ce monde

Les moines ainsi que plusieurs serviteurs de cette communauté ont pensé que l'on ne saurait obtenir les délices dans l'Au-delà que si l'on refuse les plaisirs terrestres. C'est pourquoi tu les vois se flageller, passer tout leur temps à jeûner et à prier. Parfois certains d'entre eux s'interdisent la nourriture, les boissons et les vêtements. Il est fréquent qu'ils renoncent au travail et au mariage. Tout ceci n'est qu'aberration, car Allah (ﷻ) a créé les bonnes choses pour les croyants. Il a blâmé celui qui interdit les parures qu'Allah (ﷻ) a fait sortir pour Ses serviteurs:

> ﴾Dis: qui a interdit la parure d'Allah qu'Il a produite pour Ses serviteurs ainsi que les bonnes nourritures? Dis: elles sont destinées à ceux qui ont la foi dans cette vie, et exclusivement à eux, au Jour de la Résurrection.﴿
>
> *[Coran 7: 32]*

Le bas monde n'est fustigé que lorsqu'il détourne de l'Au-delà. Si le serviteur n'en fait qu'un pont pour l'Au-delà, alors, la chose devient différente de la conception qu'en ont certains.

14.- Leur dernière invocation

Les croyants passeront dans le lieu de Stationnement par des scènes effroyables. Ensuite, ils passeront par le *Sirate* (le Pont) où ils assisteront à d'autres scènes terribles. Par la suite, Allah (ﷻ) les introduira aux Jardins des délices, après avoir dissipé leur tristesse. Ils verront ce qu'Allah (ﷻ) leur a préparé comme bienfaits, immenses et inépuisables. Ils commenceront alors à proclamer la gloire et la sainteté de leur Seigneur. Il les aura ainsi débarrassés de la tristesse et aura tenu Sa promesse:

> ﴾Et ils diront: Louange à Allah qui a écarté de nous l'affliction. Notre Seigneur est certes Pardonneur et Reconnaissant. C'est Lui qui nous a installés par sa Grâce dans la demeure de la stabilité, où aucune fatigue, aucune lassitude ne nous touchent.﴿ *[Coran 35: 34-35]*

> ﴾Et ils diront: Louange à Allah qui a tenu Sa promesse envers nous et nous a fait hériter de la terre! Nous allons nous installer dans le Paradis, là où nous voulons. Que la récompense de ceux qui font le bien est excellente!﴿ *[Coran 39: 74]*

Leur dernière invocation, dans les jardins des délices, sera: «Louange à Allah le Seigneur de l'Univers»:

> ﴾Là, leur invocation sera: Gloire à Toi, ô Allah, et leur salutation: *Salâm* et la fin de leur invocation: Louange à Allah, Seigneur de l'Univers.﴿ *[Coran 10: 10]*

CHAPITRE 7

LA DISPUTE ENTRE LE PARADIS ET L'ENFER

Le Messager d'Allah (ﷺ) nous a informés qu'un jour, le Paradis et l'Enfer, débattirent auprès de leur Seigneur. Abu Houreira (رضي الله عنه) a dit que le Prophète (ﷺ) a dit: «*Le Paradis et l'Enfer se sont querellés; l'Enfer a dit: on m'a fait hériter des orgueilleux et des tyrans. Et le Paradis de dire: comment se fait-il que je ne reçoive que les gens les plus faibles et les plus défavorisés?(...) Alors, Allah (سبحانه وتعالى) dit au Paradis: "Tu symbolises Ma clémence par laquelle Je prends en pitié qui Je veux parmi Mes serviteurs." Et Il dit à l'Enfer: "Tu ne symbolises que Ma punition. Avec toi, Je châtie qui Je veux parmi Mes serviteurs." Le Paradis et l'Enfer seront tous les deux remplis. Quant à l'Enfer, il ne le sera pas avant qu'Allah (سبحانه وتعالى) n'y mette le Pied - et dans une autre version: avant qu'Allah le Tout-Puissant n'y mette Son Pied. Alors, il dira: ça me suffit, ça me suffit, ça me suffit! Là, il sera rempli et toutes ses parties se contracteront de part et d'autre. Allah (سبحانه وتعالى) ne sera injuste à l'endroit d'aucune de Ses créatures. S'agissant du Paradis, Allah (سبحانه وتعالى) lui créera des êtres.*» Hadith rapporté par Boukhari et Muslim.

Dans un autre Hadith rapporté par Boukhari, le Messager d'Allah (ﷺ) a dit: «*Le Paradis et l'Enfer se sont plaints auprès de*

Leur Seigneur. Le Paradis a dit: ô Seigneur! Comment se fait-il que ce soit les gens les plus faibles et les plus défavorisés qui y entrent? L'Enfer a dit: on m'a fait hériter des orgueilleux et des tyrans. Sur ces mots, Allah (ﷻ) dit au Paradis: "Tu es Ma Clémence." Et Il dit à l'Enfer: "Tu es Mon châtiment avec lequel je châtie qui Je veux." Le Paradis et l'Enfer seront tous remplis. S'agissant du premier, certes, Allah (ﷻ) ne fera du tort à aucune de ses créatures. Le Très-Haut créera pour l'Enfer ce qu'Il veut. Quand ils seront y jetés, ils demanderont: y en a-t-il encore? Jusqu'au moment où Allah (ﷻ) y mettra Son Pied. Alors, rempli, l'Enfer se contractera dans toutes ses parties, en disant: ça me suffit, ça me suffit, ça me suffit!»

Et dans une autre version de Boukhari (...): *«Ce jour-là, on dira à la Géhenne: tu t'es remplie? Celle-ci dira: y en a-t-il encore? Alors le Seigneur y mettra Son Pied et on l'entendra dire: ça me suffit, ça me suffit!»*

Muslim a aussi rapporté un Hadith semblable au premier et il s'est arrêté à la phrase suivante: *«Chacun des deux se remplira.»*

Le Paradis dit, selon une certaine version: *«Comment se fait-il que je ne reçoive que les gens les plus faibles, les plus défavorisés et ceux qui commettent le moindre mal?»*

Et dans une autre version: *«Concernant l'Enfer, il ne s'emplira pas avant qu'Allah (ﷻ) n'y mette le Pied. Alors, il s'emplira et ses parties se mettront à se contracter.»* Rapporté par Tirmidhi, de la même manière que le premier.

OUVRAGES DU MEME AUTEUR

1) La Foi en Allah (سبحانه وتعالى) (5e édition)
2) Le monde des Anges (4e édition)
3) Le monde des djinns et des démons (4e édition)
4) Caractéristiques de la personnalité islamique (4e édition)
5) Les Messagers et les Messages (4e édition)
6) La femme entre les propagateurs de l'Islam et ceux appelant au progrès (3e édition)
7) Le jeûne à la lumière du Coran et de la Sunna (3e édition)
8) L'origine de la croyance (3e édition)
9) Attitudes riches en enseignements (3e édition)
10) Orientations des Mukallaf: «persistance dans les pratiques culturelles» (1ère édition)
11) L'interprétation personnelle: partisans et détracteurs (1e édition)
12) Trois rites (3e édition)
13) Tournée à travers l'aréopage des savants et les événements de la vie (1e édition)

14) Les spécificité du droit islamique (1e édition)

15) Histoire de la jurisprudence islamique (1e édition)

16) La *Chari'a* est divine et non point dans la mouvance des lois antéislamiques (3e édition)

17) Vers une culture islamique originale (1ère édition)

18) Collection de conférences islamiques (1e édition)

19) La Petite Résurrection et les perspectives de la Grande Résurrection (1e édition)

20) La Grande Résurrection (1e édition)

21) Le Paradis et l'Enfer (1e édition)

TABLE DES MATIERES